日文报刊文章选读

(第二版)

刘振泉 刘 浩 ◎ 编著

图书在版编目(CIP)数据

日文报刊文章选读/刘振泉,刘浩编著. —2 版. —北京:北京大学出版社,2011.1
(21世纪日语系列教材)
ISBN 978-7-301-16123-4

Ⅰ. ①日… Ⅱ. ①刘… ②刘… Ⅲ. ①日语－阅读教学－教材 Ⅳ. ①H369.4

中国版本图书馆 CIP 数据核字(2009)第 222881 号

书　　　　名:	日文报刊文章选读(第二版)
著作责任者:	刘振泉　刘　浩　编著
责 任 编 辑:	兰　婷
标 准 书 号:	ISBN 978-7-301-16123-4/H·2719
出 版 发 行:	北京大学出版社
地　　　　址:	北京市海淀区成府路 205 号　100871
网　　　　址:	http://www.pup.cn
电　　　　话:	邮购部 62752015　发行部 62750672　编辑部 62759634
	出版部 62754962
电 子 信 箱:	zbing@pup.pku.edu.cn
印 刷 者:	三河市博文印刷有限公司
经 销 者:	新华书店
	890 毫米×1240 毫米　A5　10.5 印张　280 千字
	1993 年 10 月第 1 版
	2011 年 1 月第 2 版　2020 年 1 月第 7 次印刷(总第 25 次印刷)
定　　　　价:	26.00 元

未经许可,不得以任何方式复制或抄袭本书之部分或全部内容。
版权所有,侵权必究
举报电话:(010)62752024　电子信箱: fd@pup.pku.edu.cn

修订版前言

本书是大专院校日语本科高年级报刊课教材，也可供具有相应程度的日语学习者、涉外人员及日本问题研究者使用。

本书是在原书的基础上的修订版。全书共选用各类报刊文章二百多篇，并在附录部分对日本报刊及报刊的有关情况作了简要介绍。文章主要选自近年来的《每日新闻》、《朝日新闻》等日本的主要报刊、网络及各种杂志。

编选时尽量选用那些时间性不太强的文章，并注意到内容的多样性、代表性及趣味性。考虑到国内广大日语学习者阅读日本报刊的机会较少，对出现的新词语及语法难点做了注释。只需认真阅读选文及注释，便可打下阅读日文报刊的语言基础，提高日语的表达能力，并能掌握大量阅读日文报刊所必备的基本常识，扩大视野，了解日本社会及风土人情。在作为教材使用时，任课教员可以有选择地使用，并根据当时的报刊及杂志，适当补充一些有关的时事性文章。

由于编者水平有限，时间仓促，书中的错漏之处和不妥之处在所难免。热切期望诸位先生及广大读者不吝指教。

编　者
2010年9月于北京

目　录

一、日本人の話　　1

1. 日本の人口 …………………………………………………… 1
2. 「奸詐な日本人」 ……………………………………………… 3
3. 声かけると逃げる日本人 …………………………………… 4
4. 増えています「老人深夜族」 ……………………………… 6
5. 新婚生活はなかった ………………………………………… 8
6. 捨てられぬ扇風機 …………………………………………… 10

二、日本語の話　　12

1. 日本語はどこへ ……………………………………………… 12
2. 自国語を大切に ……………………………………………… 18
3. 日本語の「液状化現象」 ……………………………………… 20
4. 京言葉 ………………………………………………………… 21
5. おもしろい異体字 …………………………………………… 22
6. 辞書に載っていない漢字 …………………………………… 24
7. 傘寿と米寿 …………………………………………………… 25
8. 今さら聞けないコトバ ……………………………………… 26

三、社会の話　30

1. 自然食ブーム 30
2. 女も男も金ピカピカ 32
3. その名はスペースマン 35
4. 宅配弁当 37
5. 東京の自然 40
6. 富士山は疲れてる 42
7. さすが老舗の大眺望 45
8. 煙たい話 46
9. 健康的なヤキモチを 48
10. 「少子化歯止め」効果疑問 49
11. 過労死防止骨抜き 51
12. 離婚社会と子供たち 52

四、政治の話　55

1. 三権分立主義と議院内閣制 55
2. カネの泥沼から抜け出せず 57
3. 買収文化 59
4. 日本の投票率は低い 60
5. 代理人運動 62

五、文化・芸術の話　65

1. 昭和俳句の精神を次世代に伝えたい 65
2. 桜葬 66
3. 日本画とは？ 69
4. 心のほぐし絵 70
5. 炎天祇園に古都の華 72
6. 夜の寺　妖怪行列 72

六、教育の話　74

1. 忘れぬ教育の有り難さ……………………………………… 74
2. 不正入試を考える…………………………………………… 77
3. 規制緩和で揺らぐ大学の質………………………………… 81
4. 四月病………………………………………………………… 83
5. 小育ての悩み尽きず………………………………………… 85
6. 小学校の英語必修化………………………………………… 86
7. 外国語教育の実態…………………………………………… 87

七、IT業界の話　91

1. IT業界不人気の理由は？…………………………………… 91
2. 企業、ブログパーツとブロガー…………………………… 94
3. 休みもスキル磨き？………………………………………… 97
4. 過去に行けちゃうといろいろ困るんですよ！…………… 98
5. 新型HDカムの実力………………………………………… 101
6. コンピューター自ら判断して問題解決？！……………… 108

八、エレクトロニック・エンターテインメントの話　109

1. 「東京ゲームショウ」は今年も開催！…………………… 109
2. DSに新たなミステリーゲーム……………………………… 111
3. 『スペースインベーダー』伝説…………………………… 113
4. ギサブローのアニメでお茶を……………………………… 116

九、天気の話　124

1. 四季…………………………………………………………… 124
2. 日本の気候…………………………………………………… 125
3. 概況…………………………………………………………… 127
4. あすの天気…………………………………………………… 131
5. 井の頭公園　桜まだ残る…………………………………… 134

十、スポーツの話　　136

1. 大相撲 …………………………………………… 136
2. 勢いか面目か …………………………………… 137
3. スポーツ・ニュース …………………………… 139
4. プロ野球中継 …………………………………… 141
5. 走らない野球なんて …………………………… 142
6. 回転投法 ………………………………………… 144

十一、環境の話　　146

1. 深刻な環境問題 ………………………………… 146
2. 「沙棘」で健康と荒地の緑化 ………………… 147
3. 北極海の氷　史上最小に ……………………… 149
4. 「水危機」への挑戦 …………………………… 150
5. 省エネ、節水など工夫 ………………………… 153
6. 「豊かさ」とは何か …………………………… 154
7. 地球の気温が上がっている …………………… 159
8. 地球の未来 ……………………………………… 160

十二、珍聞の話　　163

1. 詫卵の謎 ………………………………………… 163
2. CD聴く猫 ……………………………………… 165
3. 新しい発見 ……………………………………… 167
4. 琥珀の中に最古のハナバチ …………………… 172
5. なんと脚の先から糸を出すクモ！ …………… 173
6. 地球サイズの超巨大台風！？ ………………… 174

十三、科学の話　　175

1. こっち向いてよ、宇宙人！ …………………… 175

2. 宇宙酔い ………………………………………… 178
　　3. 二十億年前の原子炉 …………………………… 179
　　4. ダチョウ検査薬産む …………………………… 180
　　5. メスだけで安定繁殖 …………………………… 181
　　6. 不思議な液体、開発 …………………………… 183
　　7. サバがマグロを産む！？ ……………………… 183

十四、金融・経済の話　　　　　　　　　　　　185

　　1. 為替 ……………………………………………… 185
　　2. 対外黒字 ………………………………………… 187
　　3. OECD …………………………………………… 188
　　4. MOSS …………………………………………… 189
　　5. 三つの不安、市場に疑心 ……………………… 190
　　6. 怪しい口座　自動検出 ………………………… 192
　　7. 経済気象台 ……………………………………… 194
　　8. 携帯の活用拡大 ………………………………… 199
　　9. GNIとGDPの差拡大 …………………………… 200
　　10. 都市　再生と創造性 …………………………… 202
　　11. 市場内外で大胆再編 …………………………… 203

十五、商業の話　　　　　　　　　　　　　　　206

　　1. 秘中の秘 ………………………………………… 206
　　2. 海産物 …………………………………………… 208
　　3. 果物 ……………………………………………… 212
　　4. 野菜 ……………………………………………… 215
　　5. 電気製品 ………………………………………… 216
　　6. 商法 ……………………………………………… 219

十六、動物の話　223

1. カラスと人間 …………………………………… 223
2. 珍鳥の発見に興奮 ……………………………… 225
3. アンデスヤマネコ ……………………………… 226
4. 水族館 …………………………………………… 228
5. カマキリ牧場 …………………………………… 230
6. カモシカ受難 …………………………………… 232
7. トガリネズミ …………………………………… 233
8. パンダの性別、取り違え ……………………… 235
9. コゲラ …………………………………………… 237
10. ジンベエザメ …………………………………… 238

十七、植物の話　240

1. 木守りの女性「口がさっぱり」………………… 240
2. 野の花に親しむ ………………………………… 241
3. 謎の草 …………………………………………… 243
4. サギソウ ………………………………………… 244
5. 復興支えた針葉樹 ……………………………… 245

十八、食生活の話　247

1. 日本料理事物起源 ……………………………… 247
2. 美味しさ宅配便 ………………………………… 249
3. おいしいのは黒いタケノコ …………………… 250
4. 美味巡礼の旅 …………………………………… 252
5. 30分でおいしい赤飯 …………………………… 254
6. 東西で食パンの厚み違うの？ ………………… 255
7. 食卓の野菜の花 ………………………………… 258

8. おいしさ発見 ……………………………………………… 259
　　9. 鍋貼餃子の作り方 ………………………………………… 260

十九、健康の話　262

　　1. 最高の医療を漢方で ……………………………………… 262
　　2. 肥満対策 …………………………………………………… 263
　　3. がん ………………………………………………………… 267
　　4. 忍び寄る病魔 ……………………………………………… 274
　　5. 猛暑と熱中症 ……………………………………………… 276
　　6. 高熱時の対応は …………………………………………… 277
　　7. ストレスに弱い男たち …………………………………… 279
　　8.「過換気症候群」について ………………………………… 280
　　9. いびき ……………………………………………………… 281
　　10. お米と健康 ……………………………………………… 283
　　11. ビタミンCが老化防ぐ？ ……………………………… 284

二十、文学の話　285

　　1. 夢の鈴をチリリと鳴らす身近な神さま ………………… 285
　　2.「坊っちゃん」を読んで漱石の問いを感じよう ………… 288
　　3. 今朝のうた（一）………………………………………… 289
　　4. 今朝のうた（二）………………………………………… 290
　　5. 毎日俳壇 …………………………………………………… 291

二十一、みんなの広場の話　295

　　1.「母の日」に寄せて ………………………………………… 295
　　2. 自然葬 ……………………………………………………… 298
　　3. うちのペット事情 ………………………………………… 300
　　4. 後悔 ………………………………………………………… 302
　　5. 自分のストレスサインを知る …………………………… 303

附录　305

一、日本报刊简介 ·· 305
二、都道府县县名索引 ·· 314
三、都道府县与所属地区 ······································· 318
四、县与县公署所在地 ·· 320

主要参考文献　323

一、日本人の話

1. 日本の人口

65歳以上が12%に 東京圏—極集中、一段と

　男女別の人口は男子が6069万6724人、女子が6291万4443人。女子百人に対する男子の比率は96.5。

　都道府県別の増加率<u>ベスト3</u>[1]は埼玉（9.2%）、千葉（7.9%）、神奈川（7.4%）でいずれも東京の隣県。東京の人口は0.2%増とほぼ横ばいだが、<u>東京圏四都県</u>[2]を合わせた人口は、総人口の四分の一に当たる3179万6702人で、前回調査より愛媛県一県分に相当する152万3524人（5.0%）増えた。

　逆に人口が減少したのは、前回の秋田一県から十八道県に増えた。減少率の最大は青森の2.7%。

　年齢別では、15歳未満の年少者の割合が18.2%（前回21.5%）と、1920年の調査開始以来最低に。一方、65歳以上の老年人口は、前回より26.8%増の約1489万人で、総人口に占める割合も過去最高の12.0%（同10.3%）と米国、カナダ並みに。このまま行くと2000年にはこの割合が17%を超え、<u>スウェーデン</u>[3]と並んで世界一になる見込み。

晩婚化一層進み持家率は減少

　29日発表の国勢調査確定値では、日本人の晩婚化が一層進んで単身者が増加、子供の数が減って世帯平均人数が初めて3人を割った。また持ち家率も20年

ぶりに減少する一方、通勤・通学時間が増加、「豊かさを実感できる生活」からは違ざかりつつある[4]。

【結婚】

年齢区分別の未婚率を見てみると、どの年齢層でも未婚が増えている。特に適齢期といわれる二、三十代の未婚率が増加しており、25歳以上29歳以下では男性が64.4％（前回調査では60.4％）、女性が40.2％（同30.6％）。30歳以上34歳以下の場合も男性が32.6％（同28.1％）、女性が13.9％（同10.4％）。女性が急速に晩婚化している。米、英、仏、カナダの場合、86、87年の調査で同年齢の男性の未婚率が39.6——48.5％、女性が25.7——32.3％だから、日本がかなり晩婚であることがわかる。

【世帯数】

全国の世帯数は4067万475世帯で、前回より269万491世帯（7.1％）増加。核家族化[5]と単身者が増えたため、世帯数は人口を上回る伸びが続いている。一世帯当たりでは2.99人と初めて3人を割った。一人世帯が四人世帯の数を上回ったのも初。単身者のうち下宿、寮などの共同生活者は減り、84.2％がアパートなどの一人暮らし。

【住宅】

持ち家に住んでいるのは前回より6.4％多い2405,9950世帯だが、世帯数の伸びに追い付けず、持ち家率は逆に前回の59.5％から59.2％に下がった。率が下がったのは70年以来。特に首都圏の率が低下した。

【通勤・通学】

今回、初めて通勤・通学時間を調べたところ、全国平均は31分で、30分以下が過半数だった。東京、大阪近県では通勤時間が長く、通勤・通学に一時間以上かけている人の割合は、奈良の39.9％を筆頭に▽神奈川39.1％▽千葉38.2％▽埼玉38.1％などで多くなっている。

《毎日新聞》1991年11月30日

【注釈】

[1] ベスト3：排在前三位的。

[2] 東京圏四都県：指东京都和埼玉、千叶、神奈川三县。

[3] スウェーデン：（国名）瑞典。

[4] つつある：接动词连用形后，这里表示某动作正在进行，意为"正在……"。一般用于书面语。

[5] 核家族化：「核家族（かくかぞく）」指仅由夫妇和未婚子女构成的家族。通常包括夫妇家庭、夫妇与未婚子女家庭、父子家庭和母子家庭等。

2.「奸詐な日本人」

　先日気の置けない韓国人の友人と雑談していたとき、たまたま「国連平和維持活動協力法案」の話になった。「日本人は奸詐だからな」と友人は言った。「奸詐」というのは、韓国語でも「カンサ」と発音する。日本語の意味は三省堂「大辞林」を引くと、「計略をめぐらして人を陥れようとすること」と書いてある。韓国語の意味も「ずる賢い」というようなものだが、日本語と違うのは、日本語では「奸詐」などという言葉はめったにお目にかかることがないのに対し、韓国語では日常語であることだ。

　例えば、何かのスポーツで日本と韓国が対戦したとする。そして日本選手が勝ったとする。「ああ、日本人は奸詐だから」と言う。

　<u>小火器</u>[1]であろうと、大火器<u>であろうと</u>[2]、軍隊が武器を携行して海外に出動し、部隊防衛のために武器使用が認められれば、それはれっきとした海外派兵であり、武力行使ではないか、と知人は考える。

　「それに新聞を読んでいたら、日本政府は『<u>国連平和維持軍</u>』[3]を『国連平和維持隊』と呼び方を変えたそうだが、呼称を変えた<u>ところで</u>[4]中身が変わるわけではないのに」と言う。確かに「敗戦」を「終戦」と言い、「戦車」を「特車」と呼ぶなど、言葉で実態をごまかす特性が私たちにはあるようだ。

　「最近の日本のはやり言葉は『国際貢献』だそうだが、『国際』という以上、国際的に通用している言葉で話すべきではないか。『軍』と呼ぼうと『隊』と言おうと、英語では『FORCE』だが、韓国も中国も漢字圏だ」

日本では「国際」とは欧米人の理解を得ることのように考えられいるのではないか。身近にある「国際」が抜け落ちているのではないか。しかも身近の「国際」に日本の被害を受けた人々が生きているというのに、これを視野に入れない「国際貢献」とはなんだ、というわけだ。

友人はどうもいつの日か「国連平和維持隊」から「国連」「平和」が抜け、最後には「日本軍」へ変身するのを「奸詐な日本人」ならやりかねない、と心配しているらしい。

(剛)

《毎日新聞》1991年10月3日

【注釈】

[1] 小火器（しょうかき）：轻型武器，小口径武器。反义词为「大火器（だいかき）」，指大炮等重型武器。

[2] ……であろうと……であろうと：常用词语。"……也罢……也罢"，"无论……还是……，都……"。例如：室内であろうと室外であろうと、きれいに掃除してあった。／无论室内还是室外，都打扫得干干净净。

[3] 「国連平和維持軍」：也叫「国連キプロス平和維持軍」(UNFICYP)。1963年底，塞浦路斯境内发生了希腊血统居民和土耳其血统居民的武装冲突。联合国安理事会根据塞浦路斯政府的请求，于第二年（1964)三月派遣了和平维持部队——联合国和平维持部队。其任务是防止再次发生武装冲突，帮助恢复、维持社会秩序，确保该地区的安全。

[4] ところで：接在动词过去时的后面，表示"即使……也……"，"尽管……也……"。例如：そうあせったところで、すぐは解決できないよ。／你那么着急，也马上解决不了嘛!

3. 声かけると逃げる日本人

絵やぬいぐるみ[1]、ブローチ[2]などを売る露天商に、最近、外人の姿が目につく。ターベラー[3]さんもその一人。町田市原町田の小田急町田駅南口に店を

広げ、カタコト[4]の日本語で「コノエ、イカガデスカ」。往来から見た日本人の姿を語ってもらった。

　——なぜ絵を売る商売を始めたのか。

　日本へは観光に来た。食べ物、交通費、すべて高い。国内旅行の合間に[5]絵を売って稼ぐ。稼いだお金でまた旅行するの。広島、金沢、京都、松本などに行った。

　週に二、三日、町田に来て絵を売る。お昼ごろから日が暮れるころまで。日曜日はたくさん売れるし、周りの商店が休みの日は売れない。

　——絵を売っていて、通る人の反応は[6]。

　目だけで見ていく人、立ち止まる人。立って見ているから声をかけると急に歩き出す人。多くの人は私が話しかけるとまじめな顔をして立ち去ってしまう。子供の反応は面白い。にっこり笑いかけると怖がってお母さんのほうに逃げて行ったり、このような格好（目を大きく開いて口を丸くして）で「ああ、びっくりした」と言う。

　——商売の邪魔をされることは[7]。

　歩いている人からはない。でも、少年たちが時々周囲で騒いでうるさい。日本人は外国人に慣れていない。私の国オーストラリアには世界各地から移民してくる。だからみな区別しない。日本は日本人だけだから、外国人が珍しいのでしょう。でもそれが日本の文化なのだから、それでいいと私は思う。

　——「日本人は国際人にならなくては[8]」とよく言われるが、どう思いますか。

　賛成しない。日本人は日本人[9]。古くからの、豊かな文化がある。それが素晴らしいし、大切にするのがいい。西欧人と同じになる必要はないではないか。

《毎日新聞》1991年11月26日

【注釈】

[1] ぬいぐるみ：（内填棉絮的）布制玩偶，布制动物玩偶。

[2] ブローチ：饰针，别针。

[3] ターベラー：（人名）塔贝拉。澳大利亚墨尔本人。

[4] カタコト：指只言片语，含混不清的话。例如：彼女はカタコトまじりの英語を話

す。/她英语说得含混不清。
- [5] ……の合間に…：在……的余暇，……之余。例如：仕事の合間にピアノを習う。/在业余时间学钢琴。
- [6] 反応は：在它的后面省略了「どうですか」等意思的词语。
- [7] ことは：后面省略了「どんなことですか」等意思的词语。
- [8] ……にならなくては：后面省略了「ならない」。
- [9] 日本人は日本人：日本人毕竟是日本人。后面省略了「だ」等意思的词语。"体言……は……同一体言（だ）"是由提示助词「は」构成的惯用句型。相当于汉语的"毕竟是……"。例如：冬は冬で寒さが激しいです。/冬天毕竟是冬天，冷得厉害。

4. 増えています「老人深夜族」

　都会を中心とした生活時間の二十四時間化が進み、一方で人口の高齢化が加速している。だが深夜時間帯の老人の行動を調べた最近のデータは、今のところほとんど無い。NHKの「国民生活時間調査」（85年）によれば、午後10時には60歳代で7割、70歳代では8割が床についており、高齢者は「早寝早起き」という常識を裏付けている。また70歳以上で午前零時以後の時間帯にラジオを聞いているとの回答はゼロだった。

　しかし、高齢者からのラジオ深夜番組の意外な人気ぶりは、これまでの常識を破るものだった。高齢者の地域活動に取り組んでいる東京都在宅介護研究会代表の大川優美子さんは「早めに床に入っても、夜中にラジオやテレビで情報を聞いているお年寄りはかなり多い」と語り、「老人が夜中はみんな寝ていると考える方が今ではおかしい」という。

　東京都立川市の有料老人ホーム「サンピナス立川」で五日、夜のロビーにいた約30人に聞いたところ、半数の人が「テレビやラジオの深夜放送を聞く」と答えた。うち二人は「ほとんど毎日、朝まで聞いている」。ラジオの場合は、寝つけないので子守歌代わりに、未明に目が覚めた時に聞く、という声が多かった。

日本テレビ調査部では「テレビは若者のもの、という発想は誤解」と話している。ビデオリサーチ社[1]の調べでは、テレビを見ている人の約4割は50歳以上だ。しかしことさら高齢者向けの番組はかえってヒットしない[2]そうだ。

　有線放送を聞く高齢者も増えている。全国に約八百の放送所を持ち、約百万件と契約している最大手の大阪有線放送では、老人向けのクイズ番組[3]などニチャンネルを午前四時まで流している。また落語やクラシック音楽[4]、小説の朗読など、必ずしも高齢者だけを対象にしていない番組の人気も数年前から高くなっており、最近は歌番組への高齢者のリクエスト[5]も増えているという。老人ホームからの契約も急増しており、現在全圏で980施設が契約している。「好きなジャズを夜中でも聞けてうれしい」などと手紙の反響もある。高齢者からの反響に、同社は「契約先に配布しているプログラムの活字を今までより大きくするように検討している」という。

　高齢者からの深夜メディア[6]への需要に対し、厚生省老人福祉課は「高齢者向けの電波メディアの確保は今後検討されなければならないが、はたして深夜帯まで必要だろうか」と疑問視している。また文部省生涯学習局の瀬沼克彰・社会教育官は「最近増えている老人の夜間徘徊（はいかい）を防ぐ効果はある」と効用を認めつつも[7]、「寂しさを紛らわすために受け身でただ聞いている状態は、老化を早める結果にもなりかねない。深夜の放送にも行動を手助けするような実用情報を盛り込むべきでは」との見方だ。

　こうした発想に対して、福祉問題研究家の木原孝久さんは「最近は若者の世界にスッと入り込んで、不思議なサークルをつくる[8]老人が増えている。ことさら老人向けの番組を考えるより、老人でも参加しやすいように工夫さえすればよいと思う」と反論。「もし老人向けというなら、深夜ということで少しエッチな内容を盛り込んだらどうか」と提案している。

　有線放送の番組で、プログラムには明示していない「隠れチャンネル」がある。かなりつやっぽい[9]内容で、お年寄りの夜のひそかな楽しみになっているという。

《朝日新聞》1991年6月8日

【注释】

[1] ビデオリサーチ社：影像调查公司。

[2] ヒットしない：不成功,不受欢迎。

[3] クイズ番組：电视智力竞赛节目,猜谜节目。

[4] クラシック音楽：古典音乐。

[5] リクエスト：点播节目。

[6] メディア：手段,媒介。

[7] つつも：「つつ」是文语接续助词,接动词连用形后,相当于现代日语的「ながら」。「つつも」同「ながらも」,表示并列两个具有相反内容的事项,相当于汉语的"虽然……可是……"。例如：笑っては失礼だと知りつつも、あまりおかしいのでつい笑ってしまった。／明知笑是不礼貌的,可是由于太可笑了,不由得笑出来。

[8] 不思議なサークルをつくる：组成奇特的团体。

[9] つやっぽい：妖艳,含有色情味儿。

5. 新婚生活はなかった

家事が一段落した２月の夕方。九州地方に住む女性(31才)は、台所に据えてあるデスクトップ型[1]のパソコン[2]に向かった。いつものようにインターネット[3]のサイト「ミクシィ」に入り、「システムエンジニア（SE）[4]の嫁の会」と名づけられたコミュニティー[5]を開く。

「会社に泊まり込むダンナ[6]の ためにエアベッド[7]買ったよ」

「帰宅の遅い夫を何時まで待つべきか？」

SEの夫を持つ妻たちの素直な書き込みが並ぶ。

カタカタと、女性はキーボード[8]をたたき始めた。

「今月は出張が２回。１回は排卵日にかかる可能性が大。自腹を切って[9]夫についていくのか…？先々に、ため息しか出てきません」

不妊治療のことを、初めて書き込んだ。不安をだれかに聞いてほしい……。

夫(31才)もソフトウェア会社[10]に勤めるSE。女性自身も元SEで、02年に職場

結婚した。月150時間の残業が当たり前の職場では「家庭と両立できない」と思い、仕事はあきらめた。

だが、「新婚生活はなかった」。夫は朝8時過ぎには家を出て、帰宅は午前1時を回る。東京や大阪にある大きなソフト会社のSEとシステム開発を進めることも多く、1〜2ヵ月の出張は珍しくなかった。

03年には数週間の東京出張が、行ったまま半年に延びた。会社に「転勤」はなく、家族はついていけない。夫は短期賃貸マンションで暮らし、納期前には徹夜で仕事。休みもない。自腹を切って何度も出張先へ行った。

それでも年収は残業代を含め約400万円。「同じ年の東京のSEは年収1千万円だって」。夫の話に、「地方のSEって何！」とつい大きな声が出た。

ようやく半年が過ぎるころ、さらに3年の「残留命令」が出た。「家庭が壊れる」と、女性は自分の元上司でもある夫の上司と交渉し、特例の「転勤」を認めてもらった。

04年1月、東京で一緒に生活し始めた。夫の仕事も少し落ち着き、午後10時に帰る日もでき、休日も取れるようになった。　（中略）

「結婚1年ですが、すれ違いの日が続いております。待ってる側としては不安なのです」

「うちなんか帰る帰らないコールを徹底するのに7年かかりました」

会員は300人を超え、まるでバーチャル社宅[11]だ。

「長時間働く夫を支えるストレスや悩みは相当なもの。なのにみんな孤立している」とNaoko[12]さん。不妊治療の女性の書き込みには「人生の可能性さえ狭めてしまう現実を知りとても驚いた」。

不妊治療の書き込みにはエールが次々に届いた。

「排卵日を理由に出張拒否は言いづらいかも[13]。家でもんもんとするよりは、今回はついて行っては」

女性は「理解してくれる人がいるだけで気持ちが少し楽になった」という。

7月に体調を崩し、精神的に落ち込む日が続いた。その話を夫から聞いた上司は夫に3日間の休みをくれた。うれしかった。

転職も何度も考えた。だが、夫は住み慣れた地元の九州で、何より好きなSE

の仕事を続けたいと強く希望している。

　夫はいずれソフト開発の一線に戻り、長期出張を繰り返すことになるだろう。不安がないと言えばうそになる。でも、夫や会社の協力、同じ悩みを抱える「嫁の会」の妻たちの励ましには光明を感じる。「人同士は助け合えるんだ」。そんな希望を今は抱いている。

《朝日新聞》2007年8月29日

【注釈】

[1] デスクトップ型：台式(计算机)。

[2] パソコン：计算机。

[3] インターネット：因特网。

[4] システムエンジニア（SE）：系统工程师。

[5] コミュニティー：地方自治团体，共同体。

[6] ダンナ：主人,丈夫。

[7] エアベッド：气垫床。

[8] キーボード：键盘。

[9] 自腹（じばら）を切る：个人出钱，自己掏腰包。

[10] ソフトウェア会社：软件公司。

[11] バーチャル社宅：虚拟的公司职员住宅。

[12] Naoko：(人名)直子。

[13] 言いづらいかも：也许难以启齿。形容词「つらい」接动词连用形后，变成「づらい」,表示"难以……"；「かも」是「かもしれない」的简略的说法。

6. 捨てられぬ扇風機

　古い扇風機が原因で火災が起きたとの記事があり、写真も載っている。我が家の扇風機とよく似ていて、メーカー[1]も同じである。早速、メーカーの相

談室へ電話をしてみた。72年製とのことで[2]「処分をお願いしたい。費用をこちらで負担しますので」と丁寧におっしゃってくださる。

　この扇風機は、10年前に亡くなった主人が高卒後[3]、郷里の山口を離れ、知人のいない和歌山に就職し、おそらく初めて買った電気製品であったと思う。良いものを大切に長く使う人だったから、当時としては最新の機能を持ったグレード[4]の高いものであったのだろう。

　デザインも35年前とは思えない斬新さで、透明な青い羽根がいかにも涼やかである。機能的にも細やかな心配が感じられる。首振りの角度は3段階に切り替えられ、風力は超微風まである。超微風にすると自動的にスイッチ板に沿ってエメラルドグリーン[5]のランプ[6]がつくから、就寝中の暗い中で目印になりありがたい。横にはコンセントまで付いている。扇風機にあたりながらドライヤー[7]を使うには便利で、娘、息子にはすこぶる好評である。

　70年代初めの、良いものをつくることに情熱と誇りを持っていた技術者の心意気を感じる製品だと私は思う。処分をする気持ちにはなれず、思案の毎日である。

　　　　　　　　　　　　　　　　　　　（和歌山市　河内清江）
　　　　　　　　　　　　　　　　　　　《朝日新聞》2007年9月3日

【注釈】

[1] メーカー：制造厂；制造商。

[2] とのことだ：惯用型。表示从外界听到的传闻。例如：日本ではもう桜の花が咲いたとのことだ。/听说日本樱花已经开了。

[3] 高卒後（こうそつご）：高中毕业以后。

[4] グレード：品级,等级。

[5] エメラルドグリーン：翡翠绿,巴黎绿。

[6] ランプ：灯；煤油灯。

[7] ドライヤー：干燥机；干燥剂。

二、日本語の話

1. 日本語はどこへ

（1）遠慮・無難

「あいまい」への逃避？

「余儀なく[1]路上生活を強いられている人、ならいい」

加藤秀俊・放送教育開発センター所長が、誌上対談である言葉を使ったところ[2]、後日、編集者に抗議が来た。「では、何と？」と問い返すと、この答えだった。

今、日本語に「遠慮現象」が広がっている、といわれる。表現をぼかした、あいまいな言葉に置き換えられていく。

九月、第十九期国語審議会の初会合。委員でもある加藤所長は体験を披露し、この「遠慮現象」を問題提起した。

元検事の弁護士が言う。「いつのころからか、訴訟の証言者らに職業を問うと、「建築関係」「飲食関係」などと、職種をあまりはっきり言わない。明確にしても何の不都合もないのに」

現象は、職業やプライバシー[3]だけではない。加藤所長は「たとえば、証券不祥事というが、『証券悪事』とすべきだ。マスコミの責任も大きい」と指摘する。「不詳」とは本来、縁起の悪いこと、不運、災難を指す。

意味は同じなのに、カタカナ言葉にして"遠慮"したり開き直ったりするケースもある。定宿のない人を「ホームレス[4]」。定職を持たない若者は「フリーター[5]」という、おかしな和製英語に置き換えられた。

　アメリカでも同じ現象が――八月、タイム誌は「不法在留外国人」を「書類不備労働者」と言い換えている例を挙げ、「いたわり[6]」が「言葉をねじ曲げている」。

　加藤所長は憂慮する。「差別語の廃止は当然です。しかし、それと今の『無難語』への回避傾向とは別の問題。『他者との対立・対決を避けたい』という現代人の深層心理がそこにある。過度の遠慮現象は言葉を非活性化させる」

　「話し言葉など今の日本語を取り巻く問題点を洗い出す」というテーマで発進した新国語審。本格審議開始を前に、身近な新現象を追う。

（つづく）

【注釈】

[1] 余儀なく：不得已而……。

[2] 「～たところ」：此处的「ところ」表示前后项的逆态接续关系。即表示前项的某种行为等导致了后项某种意想不到的情况的发生。用于此种意义时，一般用「～たところが、～」的表现形式。例如：忠告したところ（が）、却って恨まれた。／劝告他，反倒遭到了他的怨恨。

[3] プライバシー：私生活，个人隐私。

[4] ホームレス：无家可归者。

[5] フリーター：「フリーアルバイター」的简略的说法。指没有固定职业，边打工边谋生计的人。

[6] 「いたわり」："怜悯"。此处指把「不法在留外国人」改成「書類不備労働者」。

(2)「乱れ」なのか「活力」か

　短いセンテンス[1]。頻繁な段落替え。出版界で今、読み物として当てるには、一般的にまずこれが無難な原稿作法という。

もう一つ、若い読者層を<u>マーケット</u>[2]にした小説などには、文字通り「言文一致」が進んでいる。

　どーなることやら、わかりません。とッ。☆！テッ！イテッ☆

　少女小説の人気作家、小林深雪さんの作品には、初めて読んだ大人にとって意味不明の表現がちりばめられる。先のくだりは「おっと、あ痛っ、痛え、痛い！」の意。「☆」は目の周りに星が飛んでいるような状態を表すという。むろん愛読者には通じている。

　年間ざっと三千万部と肥大化した少女小説界。女子高校生らがいつも使っている、そのままの言葉に徹する。「すごく」は「すッごく」、「どうして」は「どーして」。書き言葉と話し言葉の一致だけでなく、声にならぬ感情の動きも、説明文は避け「☆」など記号に込めてしまう。

　戦後、仮名遣い、当用漢字、常用漢字、外来語表記法など主に「形式」の整理に腐心してきた<u>国語審議会</u>[3]が、この「超形式」にどこまで踏み込めるか。九月の初会合で<u>文化庁</u>[4]は「若者言葉を中心にした揺れ、ずれ、乱れ」をテーマとして例示したが、委員の間からはため息が漏れた。

　審議されるまでもなく、すでに不動の市民権を得た若者言葉は少なくない。たとえば「コーヒーとか飲む？」の「とか」。今秋、改訂された広辞苑は「一つのものだけ挙げ…それと特定しないで言う表現。近年の用法」と、認知した。

　委員の一人、歌人の俵万智さんは変転する若者語法にむしろ日本語の活力をみる。「言葉をかき混ぜるのは若い人の役目。けしからんといわれる中から、いい言葉が残る。言葉は生き物で、常に動くものです」

（つづく）

【注釈】

[1] センテンス：句子。

[2] マーケット：市場；行情。

[3] 国語審議会（こくごしんぎかい）：为文部大臣、文化庁长官设立的咨询机构。主要任务是调查、审议国语的改进及国语教育的振兴等问题，并对此提出合理建议。设委

員50名以内，任期両年。
[4] 文化庁（ぶんかちょう）：文部省下設的一个外局机构。主要任务是谋求日本文化的
　　　振兴、普及以及文物的保护、合理运用。

(3)「すれちがい」は平気

　「テスト、知らない問題が出たな」「あしたから部活」「英語のセンコー、範囲を言わないもんな」

　「対抗戦、絶対一勝しろって。日曜練習」…

　中学生二人の会話。かみ合わない。だが、互いに不満も不便もないようだ。

　東京板橋の中学校技術科教諭、四方繁利さんは、これを「テニス会話」と呼ぶ。相手に合わせる「キャッチボール[1]会話」が普通だが、テニス会話では相手がいないところへ打ち返す。十年ぐらい前から目立つという。

　コミュニケーション手段の「会話」ではない。相手に合わせて語法も微妙に変わる日本語の作法：文化に、異変をもたらしかねない。

　四方先生は、要因の一つに、テレビ、ファミコン[2]と現代っ子の深いつながりをみる。「メディア[3]からの一方的なコミュニケーションを受け、プリントされていく。たとえば、テレビの人気番組やCM[4]に今共通しているのは『ずれ』『のり』『うけ』。すれちがいのやりとり、アップテンポのリズム、それで笑いを誘う。ついていけなかったり、考えたりするのは『とろい』。それが怖くて合わせる」

　では、子供たちの「言葉感性」は枯れる一方なのか。

　人気漫画家、小林よしのりさんは「言葉遊びの才は、おとな顔負け」という。

　代表作「おぼっちゃまくん」の連載では、小中学生がイメージ画付きで投稿してくる新語をドシドシ採用する。

　「今CMにもある『こんばんワイン』[5]や『おはヨーグルト』[6]もそこから。単なる語呂合わせではなく、絵と一体になっている。子供の言葉遣いをおかしくしたと「良識」を振りかざして非難する人が増えたけれど、もっと子供の遊び心や創造力を信用していいんじゃないですか」

【注釈】

[1] キャッチボール：(棒球)投接练习。

[2] ファミコン：为「ファミリー・コンピューター」的简略的说法。(主要用来玩电视游戏的)家庭电脑。

[3] メディア：此处指"媒介"。

[4] CM：(电视、广播节目中插入的)广告节目。也称作「コマーシャル」。根据插入的地方，分为「前コマ」「中コマ」「後コマ」。CM根据内容和形式的不同，分别有不同的称法。例如，在电视画面中有实际表演的叫「実演CM」；由著名人士进行说明的叫「証言CM」；采用对话形式的叫「対話CM」。

[5] こんばんワイン：「今晩は」的「は」借用「ワイン」的「ワ」音，表示晚间问候，并为「ワイン（葡萄酒）」作广告。

[6] おはヨーグルト：「おはよう」的「よう」借用了「ヨーグルト」的「ヨー」音。「ヨーグルト」是一种牛奶、羊奶加乳酸菌发酵制成的乳酸饮料。

(4) 電子文字

漢字分解、絵もつけ

「糸吉女昏（結婚）しないんですか？」「亦心串心（恋患）い」「おイ士事（仕事）、元頁弓長（頑張）って」

SF作家[1]、大原まり子さんは加入しているパソコン・ネットワーク[2]でこんな漢字の「分解」遊びをよくやる。

手書きの文字では気後れしたり、面白みのない「ふざけ」が、電子文字の世界では不思議とちゅうちょなくできる。

ネットワーカーたちの間では、「絵文字」も盛んだ。

例えば、「バカ」と打っただけでは、怒っているのか、あきれているのか、親愛の気持ちを込めたからかいなのか不明。そこで、「バカ」の後に入力記号を組み合わせて作った（＾－＾）などの「ニコチャン・マーク」を付けるんです。

確かに笑顔に見え、「冗談ですよ」になる。

今、この、笑顔マークのバリエーション[3]は主なものだけでも四つ。それぞれに微妙なニュアンスがある。このほか、ネットワーカーたちの創作で「汗た

り」「大笑い」「一服」「ぺこり」「ふらふら」などを表す多種多様なマークも定着し、「電子市民用語」と銘打った解説本も出た。

　パソコン通信の世界では、漢字の分解遊びも記号の独創もすぐに広まり、簡単に「共通化」してしまう。記号やアルファベットを交ぜた新文体めいたものも芽生えた。

　そこに文化庁の「漠然とした不安」があり、「パソコンやワープロなど情報機器と日本語」が新国語審のテーマに持ち込まれている。

　「機器は自由なようで、知らず知らずに日本語を束縛する側面もある。例えば、JIS規格[4]の字体統一で「鷗」は「鴎」に。実用性を追求して「文化」を考えていない」と、プログラマーの中村正三郎さん。

　記号や絵文字とともに「森鴎外」が気にならない時代が来るのか？

【注释】

[1] SF作家：科学幻想小说作家。

[2] パソコン・ネットワーク：电脑网络。

[3] バリエーション：变化。

[4] JIS（ジス）規格：日本工业标准。厂家只有在通过设备、质量管理等方面的审查合格时，才能在其产品上标上此标记。该标记意为质量可靠。

（5）「心の鎖国」
国際語への遅れ

　「日本語はもはや日本人だけのものではない。科学技術からビジネス[1]まで、日本語を通じて外国人が学ぶ時代になった。今、国際語としての日本語の在り方を考えるべきだ」（新国語審初会合での委員発言）

　「アイ・アグリー・ウイズ・ユー」。日本人学者の英語の賛辞に、発表を終えたばかりのベネズエラ[2]人研究者、マヌエル・ブリトさんは「またか……」と心の中でつぶやいた。

　今月、広島市で開かれた日本金属学会。科学技術庁無機材質研究所に勤めるブリトさんは、よどみない日本語で研究成果を披露した。来日九年。母国語は

スペイン語[3]だが、日本語は自在に操る。「それなのに」。会場で日本人に英語で話しかけられるたび、彼は両腕をいっぱいに広げたくなる[4]。

日本の経済発展に伴い、日本語を学ぶ外国人が急増している。三百万人から五百万人と推定される。隣の韓国では高校生の三割が日本語を選択して大学入試を受ける。日本の内輪の「国語」ではなくなった。

それに日本人自身が気づいていない。

外国人日本語教師が再研修を受ける「日本語国際センター」（浦和市）。研修生は「若い日本人同士が『です』『ます』を使わない。「『見られる』を『見れる』とも言う」と初めて触れる"本場"の語法に戸惑う[5]。背景には、外国に対する日本語学習の教材、機会の整備が後手に回ってきたこともある。「もう一つの課題は、日本人自身」と駒井茂・副所長は言う。

新国語審の初会合では「民族間の意思伝達道具として、日本語に的確な言葉、機能を持たせる必要がある」という意見が出た。

ブリトさんのように「外国人に日本語は無理と決めてかかる日本人の『心の鎖国』こそ正しい日本語にとっての障害」と感じている外国人は多い。

《毎日新聞》1992年10月

【注釈】

[1] ビジネス：商业。

[2] ベネズエラ：「国名」委内瑞拉。

[3] スペイン語：西班牙语。

[4] 両腕をいっぱいに広げたくなる：意思为"高兴得想要拥抱对方"。

[5] 戸惑（とまど）う：感到困惑，不知如何是好。

2. 自国語を大切に

日本語は、世界に類を見ないほど恵まれた状況におかれている。いうまでもなく、それは、わが国が四方海に囲まれ、ひとつの完ぺきな国境の中にひとつ

の自己完結した日本語が存在し続けているからである。

　ちなみに、私が大学で担当しているスペイン語の場合、いや、そもそもスペイン語という名称すら怪しく、例えば、1978年に公布されたスペイン国憲法第3条には「カスティーリャ語[1]は、国の公用スペイン語である」と明記されているように、今日、われわれがスペイン語と称しているのは、何のことはないマドリード[2]を中心とするカスティーリャ語のことであり、これ以外に、カタルーニャ語[3]、バスク語[4]などが加わり、現在、合計8種の言語が使われ、言語の使用をめぐって「言語戦争」が各地に頻発している。

　スペイン以外においては、ソ連・東欧の崩壊やEU（ヨーロッパ連合）の統合・拡大によって、今まで強力な枠組みの中に押し込められた少数民族の自己主張とともにその少数言語の復権運動が沸き起こり、その典型的な例として、ケルト系言語[5]は、その何百年の、いな[6]千年以上の桎梏[7]からの復権運動を最も先鋭な形で行われ、国によっては、バイリンガル（二重言語使用）となり、ケルト系言語のテレビ番組や新聞も生まれている。

　何故だろうか。言語はその民族のアイデンティティー[8]を屹立させる唯一の手段だからだ。

（川成　洋）

《聖教新聞》2005年10月19日

【注釈】

[1] カスティーリャ語：(西班牙)卡斯蒂利亚语。

[2] マドリード：(西班牙首都)马德里。

[3] カタルーニャ語：(西班牙)加泰罗尼亚语。

[4] バスク語：(西班牙)巴斯克语。

[5] ケルト系言語：克尔特语系。

[6] いな(否)：（文语）与「いや」、「いいえ」、「ノー」意义相同。

[7] 桎梏(しっこく)：比喻束缚人或事物的东西。

[8] アイデンティティー：同一性。

3. 日本語の「液状化現象」

　一方、このような熾烈な言語戦争をかつて一度も経験せずに、しかも、漢字、ひらがな、カタカナの3種類の文字が有機的に補完している、まことに世界的に稀有な多元的な文字伝統（そして、今やローマ字も加わり）の遺産を受け継いでいる日本語が、今危機に瀕しているのだ。

　世にいわれている「活字離れ」なのだが、その程度が看過できないものとなっている。とりわけ若い世代に漢字が読めない、書けない人の増大。とはいえ、句読点のない平仮名だけの文章では、もはや日本語とはいえまい[1]。

　例えば、「べんけいがなぎなたをもって……」を読んで「弁慶が薙刀を持って……」と瞬時に読めるだろうか。いわば「日本語の液状化現象」である。このまま放置すれば、千数百年にわたる3種類の文字伝統は完全に消滅してしまい、われわれは日本人としてのアイデンティティーを失ってしまうのだ。

　ちなみに[2]、自国語の存在が絶えず脅かされてきたチェコ[3]の国民的作家チャペックは「言葉は民族の精神と文化そのものです。……言葉のどんな腐敗も民族の意識を腐らせます。民族が完ぺきになるためには、言葉も完ぺきにならなくてはなりません」と述べている（『カレル・チャペックの新聞讃歌』青土社）。

　それ故に[4]、私も、あえて声を大にして言いたい。「まず、ちゃんと自国語を学ぼう！」と。私は常に自分の学生たちに、「自分を表現するのは、日本語」「アジアの国々で、英語や外国語を話せなくても、自国語だけで社会的に十分に認められるのは、唯一、この日本だけである」と常に訴えている。

　そう、1900年の時点で、西欧列強に植民地として占領されなかったアジアの国は、タイと日本だけであった。従って、これ以外の国はかつての宗主国の言語を使えることが社会的栄達の最短手段となっている。そのかわり、民族固有のアイデンティティーをきわめて曖昧なものにしてしまうという高い代償を支払ってであったが。

（川成　洋）
《聖教新聞》2005年10月19日

【注释】

[1] まい：推量助动词。此处表示否定推量，意义相当于「ないだろう」。例如：この分なら雨は降るまい。/看样子，大概不会下雨。

[2] ちなみに：接续词。顺便说明，顺便说一下。

[3] チェコ：「チェコスロバキア」的略称。捷克斯洛伐克。

[4] それ故に：接续词。因此。与「それだから」意义基本相同。

4. 京言葉

—ごめんやす[1]。
—はい。おいでやす。
—その一番端のお煎茶器のセット、ちょっと見せとおくれやすか。
—へえ、これどす[2]か。これは清水焼の中でも、ええもん[3]どっせ。
—ほんまに[4]ええ色出てますなあ。
—よそさんにあげはんのどすか。それとも、おうちでお使いやすのんどすか。
—大文字を見にうちに来たはる東京のお人に持って帰ってもらおとおもて[5]。
—そら、喜ばはりまっせ。
—そやけど、ちょっと高すぎんなあともおもて。
—そやったら、こっちのんにしはったらどうどす。色もよう似てますし。
—そらやっぱりさっきの方がはんなりしててよろしょす[6]わ。
—そらねえ。そやったらやっぱり先のんにおしやすか。
—そうしまひょ。あんじょう[7]包んどくれやす。かいてしもたら何にもならへんし。
—おおきに。ちゃんと包ましてもらいます。ちょっと待つとおくれやす。
—急がしまへんえ。
—お待ちどおさんどした。
—おおきに[8]。ほしたらお金、ここに置きましたさかい。
—おおきに。気いつけて帰っとおくれやす。

京言葉は、聞いていてとても快い言葉です。変化に富んだ抑揚、やわらかい響き、微妙な表現力をもつ豊かな語彙、婉曲で洗練された言いまわし。それだけに，京生まれの京育ちでないと、なかなか使いこなすことができません。長い歴史の中でみがかれてきた京言葉は、ある意味で京都の文化を代表していると言えます。

　京言葉は、その優雅な響きで、人々を歴史と古典の世界に誘います。

日本事情シリーズ《京都・大阪とその周辺》

【注釈】

[1] やす：なさい。

[2] どす：です。

[3] ええもん：いいもの。

[4] ほんまに：本当に。

[5] おもて：思って。

[6] よろしょす：よろしいです。

[7] あんじょう：上手に、うまく。

[8] おおきに：どうもありがとう。

5. おもしろい異体字

　僕が卒業した中学の校長先生は「圡田冨士雄先生」（つちだ・ふじお）という名前だった。「富」のテンがすっとんでいって[1]「土」の右肩にひっついたみたいな不思議な名前だけど、本名だからどうにもならない。学校の和文タイプに「冨」はあっても「圡」がないらしく、プリントには「土」の字の右肩にいつもでっかい句読点のテンが印刷されていた。

　同じテンでも「大」なら「犬」や「太」に、「王」なら「玉」「主」にと、別の字になるけれど「圡」の場合は土と変わらない。こんな具合に、字形がちがっても、読みも意味も同じという漢字を「異体字」という。

JISコードの表には、異体字どうしにちゃんと記号がついていて、わかるようになっている。JISにある字で例をあげてみよう。

　字の一部分が入れかわったもの。位置関係がかわったもの。字の一部を省略したもの。ケースはいろいろだ。

　かんじんの「圡」だけど、残念ながらJISコードにははいっていない。現にこういう苗字の人がいるのに、お気の毒。

　とはいえ、これもまあ仕方がないか。限られたJISコードの中に一点一画がくっついた異体字をみんないれてたら<u>きりがない</u>[2]からね。

　そうはいっても、JISコードには一点一画違いの異体字もけっこう入っている。（中略）

　ここで登場するのが「閆」という字。この字、例のJISコード幽霊漢字の一つで、漢和辞典にも国語辞典にもない。一見して「閏」（うるう）という字にそっくり、テンが一つ加わっただけに見える。でも「閆」と「閏」の間には異体字の記号がついていないから、なにか別の字に違いない——そんなわけで「閆」は幽霊扱いされていた。

　ところが、去年完結した中国の漢字辞典『漢語大字典』（全8巻）を見てビックリ。幻の「閆」がでているのだ！説明によると、中国の「広韻」「正字通」という由緒正しい昔の字典に載ったいる字で、日本の漢和辞典にないのが不思議なくらいだけど意味は「閏に同じ」——なあんだ、やっぱり「圡」と同じか……。JISコードを作るとき、異体字の記号をつけ忘れたらしい、という<u>オソマツ</u>[3]でした。

（ワープロ漢字研究家小駒勝美）
《毎日新聞》1991年9月3日

【注釈】

[1] すっとんでいって：「素っ飛んで行って」。飞走，飞掉。「すっ」是接头词，用来加强语气。

[2] きりがない：没有止境。

[3] オソマツ：粗糙，不精致。

6. 辞書に載っていない漢字

　ちょっとお手数ですが、あなたのパソコンあるいはワープロで「くぬぎ」と打って漢字に変換してみてください。

　僕がいま使っているのはNECのPC——9801UX、ワープロソフトは松なんだけど「くぬぎ」と打ってXFERキーをおすと「橡」という字がでてくる。さらに単漢字変換キーを押すと椚、栩、椁、椡、櫟、槲、櫪と、見慣れない字ばかりゾロゾロ[1]でてくるではありませんか。「くぬぎっていう字、こんなに多かったの！

　びっくりして「広辞苑」をひくと櫟、椁、橡、櫪の四つが載っている。じゃあ漢和辞典ならどうだ！というわけで「角川漢和中辞典」をひくと載ってるのは栩、椁、椢、櫟、櫪の五つ。

　この「くぬぎ杯争奪パソコン辞書対抗選手権」は8対4対5のスコア[2]で見事パソコンが優勝！さすがパソコンの辞書は偉大だ。——ちょっと待って。これってどこかヘンだとおもいませんか？

　だいたい、辞書にも載ってない字の読み方はいったい何で調べたんだろう？疑問がふつふつと[3]わいてくる。パソコンの辞書にしか載っていない字のうち「櫟」は「櫟」の略字だからいいとしても、「椚」と「椡」はどんな大きな漢和辞典をひいてもでてこない字なのだ。そんなバカな。どうしてこんなことがあるのだろうか。その原因は、JISコードの側にある。JISコード6355字のなかにふだん絶対にお目にかかれないような字がたくさん入っているのだ。

　さきほどの漢和辞典に載っていない「くぬぎ」のうち「椡」のほうは新潟県の「三ツ椡（みつくぬぎ）」という大字にしか使われない字。JISコードのなかには地名や人名にしか使われない字がたくさん入っている。まあこれは納得できるよね。だれだって自分の名前や住所はパソコンやワープロで使いたいもの。

　ところで、「椚」のほうはというと、「椚柑」と書いて「ポンカン」と読む。あと「はえ」と読んで米俵なんかを十五夜のお団子のように積んだものという意味もあるそうだけど、どこをどう引っくり返しても「くぬぎ」とは読ま

ない字なんだ。

　僕の想像だとJISコードができたとき読み方の分からない字がずいぶんあるのでメーカー各社が集まってこの字は「くぬぎ」と読もうと決めたんじゃないかな。その証拠にたいていどこの会社のキカイを使っても「くぬぎ」とうちこむと「椪」の字が出てくるんだから。

（ワープロ漢字研究家小駒勝美）

《毎日新聞》1991年7月23日

【注释】

[1] ゾロゾロ：副詞。也可以用「ぞろぞろと」的说法。络绎不绝,一个跟着一个地。例如：猿廻しの後ろに子どもがぞろぞろとついていく。/一群孩子跟在耍猴的后面。

[2] スコア：得分，得分记录。

[3] ふつふつと：「ふつふつ」原本为形容动词,此处为副词的用法,表示某种感情的流露。例如：喜びがふつふつとわいてくる。/一种喜悦油然而生。

7. 傘寿と米寿

　八十歳を「ハト寿」とか傘寿とか言い出したのは、いつ頃からだったろうか。たしか古い辞書にはそんな字句は出ていなかったと思う。手もとにあり合わす四つの辞書を開いて、古希から白寿[1]まで、年齢の異称に関する七つのコトバを見くらべてみた。四つの辞書というのは、①1953年刊行の「大辞典」②1976年版「新世紀大辞典」③広辞林（1979年刊）④「広辞苑」（1983年刊）である。

　まず、古希[2]・喜寿[3]・米寿[4]の三語は、四つ全部の辞書に登載されていた。次に白寿は②③④それぞれに載っていて、①にだけは出てない。そして卒寿[5]は④にだけ、傘寿は③と④とに初めて登場してくる。ハト寿に至ってはどの辞書にも出ていない。

　これでみると傘寿と卒寿の二つは、少なくとも昭和五十一年以前は、辞書の

上で市民権を与えられてなかったことになる。ハト寿は全然辞書から黙殺されている。

それから、大辞典の中にだけ「米寿」についてこんな義解が施してあるのを発見した。

《❶八十歳の称。米の字を分画すれば八十人となるよりいう。八十の人。❷八十八歳の称。米の字を分画すれば八十八となるよりいう。米年。》

つまり米寿は、八十歳と八十八歳の両方に通用する。実はわたしがことし八十になったのでそんな穿鑿を始めたわけだが、一生に二度も米寿にめぐり合えたら、幸せだなと思う。

（名古屋市博物館顧問　浅井　蛎）

《毎日新聞》1991年11月1日

【注釋】

[1] 白寿（はくじゅ）：99岁。"百"字去掉"一"为"白"字。

[2] 古希（こき）：70岁。

[3] 喜寿（きじゅ）：77岁。"喜"字草体为"㐂"，读成"七十七"。

[4] 米寿（べいじゅ）：88岁。"米"字折开读作"八十八"。

[5] 卒寿（そつじゅ）：90岁。"卒"的俗体字为"卆"，"卆"折开为"九十"。

8. 今さら聞けないコトバ

(1) 薄型テレビ

家電店に行けば、数限りなく並んでいる薄いテレビのこと。『月刊現代』でルポライター[1]の中田潤さんが書いた記事によると、昨年度、国内総需要が従来型のブラウン管[2]テレビの364万台を抜いて468万台に。04年度は314万台で、今年度は637万台の見込みだから2年間で倍増という急成長ぶり[3]だ。

なぜ、そんなに薄型テレビが売れるのか。答えは簡単。ほうっておくと5年後には、従来型テレビがただのゴミになりかねないからだ。

2011年に、これまでのテレビ放送は終わり、地上波デジタル放送なるものに変わる予定（番組内容は基本的に変わらない）。こうなると、従来のテレビは専用の装置を別に買わない限り、何も映らないただの箱になってしまう。そこで、従来の放送だけでなく、地上波デジタルも見られる薄型テレビに買い替える家庭が急増しているというわけ。

ただし、従来の放送が本当に終わるかどうかは、微妙なところだ。国内に1億3000万台あるテレビのうち、この年までにデジタル対応に置き換わるのは、せいぜい約4000万台。残り9000万台がゴミになる事態は、さすがに避けられるとする識者もいる。

とはいえ、従来の放送がどうなろうと、平らなディスプレー[4]に横長で美しい映像が出る薄型テレビの魅力は大きい。特に映画のDVDや紀行番組などを見ているときは、「買ってよかった」としみじみ思う。これは、私の感想です。

《毎日新聞》2006年5月28日

【注釈】

[1] ルポライター：采访记者，通讯员。

[2] ブラウン管：（电视机）彩色显像管，光屏管。

[3] ぶり：结尾词。a. 情况，状态。例如：生活ぶり/生活情况。b. 时间的间隔。例如：五年ぶりに会う。/时隔五年再次见面。

[4] ディスプレー：显像。

(2) 道州制

今の47都道府県を合併させ、10前後の「道州」にする考え方。合併で地方の力が強まり、国の業務を一部担うことで、地方の自主性が増すという。

今年2月には、内閣府の地方制度調査会小委員会が、全国を9〜13の道州にする例をまとめた。この例は3パターン[1]ある。いずれも、北海道や沖縄は現状のまま。東北や九州は地方全体で一つになるか、南北二つになる。

問題は、本州中央部。長野はどの例でも、北関東の茨城や埼玉とくっつく。新潟と福井が、同じ北陸として合併したり、それぞれが北関東や近畿の一部分

になったり。

　そこで、論客[2]としても活躍する商社マン、泉幸男さんは、『諸君！』5月号で27都道府県制を主張している。泉さんに言わせれば、そもそも[3]地方制度調査会の案は、合併後の道州が大きすぎる。アメリカやドイツの州の数から考えて、日本は25ぐらいに分かれているのが妥当だという。

　泉さんの案は、合併後の1県の最低人口を200万人以上と低めに設定し、宮城や静岡など一部の県はそのまま残す。合併させる場合、京都府と滋賀県など、できるだけ、既につながりが深いところ同士でやる。また、地域の独自性が強い沖縄県は、「府」に昇格させるという考え方だ。

　いずれにせよ[4]、地方制度調査会は、「いつまでに合併すべき」という提案まではしていない。道州制が実現するのは、議論が十分に詰まった後になるようだ。

《毎日新聞》2006年5月14日

【注釈】

[1] パターン：模型，模式。

[2] 論客（ろんかく）：好发评论的人，论者。

[3] そもそも：接续词。毕竟；说起来。

[4] いずれにせよ：a. 反正，无论如何；b. 都（副词的用法，与「どれも」意义相同）。

(3) アキバ

　東京にある日本一の電気店街・秋葉原を略してアキバ。これに「糸」をつけると、秋葉原に来る人たちやその服装、趣味などの意味になる。アキバ系は、ゲーム[1]やアニメ[2]が好きな「おたく」[3]系という意味でもある。アキバは今や、電気店街というよりおたくの街だ。

　『中央公論』4月号で、若手建築学者の森川嘉一郎さんが、おたくの街の歴史を語っている。森川さんによると、80年代後半から、秋葉原は郊外の大型家電店にお客を奪われだした。そこで、一部の店で、主力商品がマニア[4]向け[5]パソコンに移ったのが、そもそもの始まりだという。

パソコンマニア[6]は、おたく趣味もある人が多い。こうした客層を当て込んだゲームやアニメグッズ[7]、プラモデル[8]の専門店が次々に増え、90年代末にはお宅の街になっていた。（後略）

（鈴木　英生）
《毎日新聞》2006年4月2日

【注釈】

[1] ゲーム：游戏。

[2] アニメ：动画,卡通。

[3] おたく：俗语。指沉迷于某种兴趣而封闭自守的人，宅男、宅女。

[4] マニア：狂热者。

[5] 向け：接名词后，表示"面向……"的意思。例如：海外向けの放送/面向海外的广播。高齢者向けの雑誌/针对老年人的杂志。

[6] パソコンマニア：电脑狂。

[7] アニメグッズ：动画商品。

[8] プラモデル：塑料模型。

三、社会の話

1. 自然食ブーム[1]

「無農薬」信じる消費者

　「食べ物」がいろいろな<u>ブランドを着る</u>[2]ようになって、いま流行は「有機・無農薬」。健康ブームも手伝い、需要<u>はウナギ登りだ</u>[3]。作る者、食べる者、両者を結ぶ者それぞれが、信頼し合って初めて生まれる収穫物。そこにさまざまな触手が伸び、群がり、<u>まがいものがまかり通る</u>[4]。生産と流通の現場をルポした。

　「農薬を使っていない<u>洋ナシ</u>[5]のジュースを作ってくれないか」。

　岩手県・一戸町の開拓村で農薬や化学肥料なしの野菜作りに取り組んでいる沼沢洋一さん（51）の自宅に昨年秋、電話がかかった。相手は、東京で自然食品の店を経営する社長。

　農薬のかかった果物は、<u>皮ごと口にすると</u>[6]、舌にピリッとくる刺激を感じる。

　開拓村は北上山中にある標高千メートルの高地。沼沢さんは牧畜の傍ら、昨年、県内、近県の約七十世帯で「岩手有機農産物<u>ネットワーク（チャンス）</u>[7]」を作り、代表でもある。

　依頼を受けた沼沢さんは県南部にあるナシ産地の農協から農薬散布十八回の洋ナシを購入。県内の缶詰工場で100％果汁ジュースに加工し、社長に送った。

　十一月、都内の駅前商店街の自然食品店にジュースが並んだ。真っ白い缶に

三、社会の話

一枚のラベルが張ってある。「岩手有機農業ネットワーク（チャンス）無農薬有機農法洋梨」と記されていた。今春上京し、不正を知った沼沢さんは社長に抗議したと言うが、それから半年近くが過ぎた九月末まで、店頭には白い缶が並んでいた。

毎日新聞の取材にこの社長は「ラベルはミスプリントだった。張り替えるのも手間なので、そのまま売ってしまった。まずかったと思う」と事実を認め、商品を店頭から引き揚げた。

十年前から、一切の化学肥料と農薬を使うのをやめにしたという沼沢さんは「農家が大型機械や農薬などを買うために借金を重ねる悪循環を断ちたかっただけ」と、動機を語る。

無農薬で野菜を作るのは難しい。だからグループにも強制はしない。農家を苦しめる無農薬には意味がないと思うからだ。ただ「使ったら使ったと書くことが最低のモラル」と言う。

しかし、今も「チャンス」はこの会社と取引を続けている。

「取引をやめようと何度も思ったが、よそに比べるとまだまし。売ってくれなきゃ[8]、農家はどうにもならない[9]し……」

店には「チャンス」の大きな幟（のぼり）が掲げられ消費者はそのブランドを信じ自然食を求める。

有機農産物を専門に扱う大手の流通事業体は、現在約十団体。88年1月、会員約2000人でスタートしたグループは現在25000人、年商40億円を上げるまでに成長。東北、関東地方の生産者が作ったネットワークでは、契約消費者が88年の発足時の70人から6000人に。生協などを含めると、いわゆる「有機農産物」総売り上げは1兆円以上とみられる。

茨城県行方郡の農家の二代目、Aさん（47）は一昨年から、20年末農薬を使ってタバコを作ってきた畑の一部でサツマイモとミツバの有機栽培を始めた。来年からは「無農薬の野菜」として都内の業者に出荷する予定だ。しかし、無農薬とはいっても、除草剤だけは一回まくという。

除草剤は、有機農業のグループや流通業者が「土壌消毒剤と同じで、まいたら有機とも低農薬とも言えない」と口をそろえる農薬だ。

31

Aさんは有機農業にはさほど知識も関心もない。「除草剤なしでは手間がかかり過ぎメリットはない。無農薬がいけなければ、低農薬にしましょう」と屈託なく笑った。

《毎日新聞》1991年10月2日

【注釈】

[1] 自然食ブーム：自然食物热。「……ブーム」相当于"……热"的意思。

[2] ブランドを着る：标上标记。「ブランド」：商标，符号。

[3] ……はウナギ登りだ：……直线上升。

[4] まがいものがまかり通る：伪造品横行市场。「まがいもの」：伪造品，冒牌货。
「まかり通る」：此处意为「明目张胆地（在市场上）流通」。

[5] 洋ナシ：西洋梨。

[6] 皮ごと口にすると：带皮放入口中就会……。

[7] ネットワーク（チヤンス）：商店联网的"机会"。

[8] 売ってくれなきゃ：「売ってくれなければ」。

[9] どうにもならない：毫无办法。

2. 女も男も金ピカピカ

いま、時ならぬゴールドラッシュ[1]

　世の中がキラキラしてきている。女性の耳から首、腕、腰、そして足首から靴の先にまで金色のメタリック・アクセサリー[2]があしらわれ、若い男も負けじと胸元をキラルと光らせる。いま流行を紺ブレ（紺色のブレザー[3]）も金ボタンがもてはやされ、地味な銀ボタンは敬遠されがち。パチンコの景品にも純金のインゴット[4]が登場した。平和な時代ほど金は売れるという。19世紀の米国ならぬこの"平成のゴールドラッシュ"は、日本の豊かさと平和のシンボル？

　まずは原宿や六本木といったファッショナブル[5]な街で、あまりイヤラシク

ない程度に[6]道行く若い女性を観察していただきたい。耳のピアス[7]かイヤリング[8]はどれも大きく。しかもほとんどが金ピカ。小さな金のピアスを片方の耳だけで三つもつけているピアス大好きギャル[9]もいる。。

首には金のネックレス[10]が1本か2本、中には幾重にも巻き付け、腰には金色のメタリック[11]のベルト。足首にはアンクレット[12]といわれる金の輪を、セクシーさを強調するかのようにフィットさせている[13]。視線をもっと下げると。金の飾りがついた靴の多さにも気が付く。これでもか、これでもかといった金ずくめ[14]なのだ。

百貨店のアクセサリー売り場にも変化が出てきた。1階正面入り口に近いところは、これまでは高級婦人バッグや、ネクタイ売り場というのが通り相場。それがいまではアクセサリー売り場がドーンと場所を占めている。夕方近くになると、この売り場が若い女性で埋め尽くされるほどのにぎわいぶりなのだ。

小田急百貨店のアクセサリー売り場では、この3年、売り上げが毎年2ケタの伸びを続けている。「消費税導入で3万7500円以上の貴金属にかかっていた15％の物品税が廃止されて割安感が出てきたことと、ファッショナブルな服装に金のアクセサリーが合うことが人気の原因」という。

"金ブーム"に悲鳴を上げているのは金ボタンメーカー。折からの世界的な紺ブレブームと重なって生産が追い付かない状態。金ボタンは東南アジアなどでも生産されているが、洗濯すると黒ずんだり、メッキ[15]の色が不ぞろいなものが多い。そこにいくと日本製は色、形とも均一で、メッキに色あせもなく[16]、引っ張りだこ[17]。

ボタン大手卸の清原（本社・東京都千代田区）は「日本もほとんどが家内工業で、しかも手作業の部分が多いことから、完全な品不足になっている。大手のアパレルメーカー[18]は何とか手当てできているが、中小のメーカーでは手に入らない」という。また、これまでの紺ブレの金ボタンは直径20ミリだったが、最近は23ミリと一回り大きくなった。このため、以前の金ボタンで代用できないことも品不足に拍車を掛けている。

また、紺ブレブームは若者がリード役だったが、ここにきて、中年の男女にも広がりを見せている。伊勢丹婦人服第一部の二橋千裕課長は「ブラウスやス

カートなど紺ブレが合わせやすく、金のおしゃれっぽさもミセスを引き付けている。今がピークかもしれないが、紺ブレ人気は当分続きそう」と見ている。

「ゴールドラッシュ」の波は、パチンコ店にも押し寄せている。今年5月、東京都目黒区碑文谷地区のパチンコ店の景品に純金がお目見えした。3000円で1グラムの換金率と、まだまだささやかだが、将来的には全国展開し、0、5グラムから3グラム程度まで品ぞろえも増やしていくことを考えている。

日本興業銀行調査部によると、日本の国民1人当たりのゴールドジュエリー[19]向け金消費量は89年で1.1グラム弱と初めて1グラムを超え、米国（0.8グラム）を抜きイタルア（1.5グラム）に次いで世界第2位なった。こうした金の需要増から、非鉄金属、商社のほかアパレル、呉服商、運輸、化粧品、スーパーなど異業種からの参入が相次いでいる。

銀座にゴールドジュエリーの直営店「トレセンテ」を出店している住友金属鉱山の斉藤興彦・貴金属事業部副部長は「野球選手がユニホームからチェーンをのぞかせているのが格好良く見え、男性も金製品を身に着けるようになってきた。若い女性については「みつぐ君」からのプレゼントという背景も見逃せない」という。金ブームの行方はみつぐ君の懐具合にもかかっているようだ。

《毎日新聞》1991年7月4日

【注释】

[1] 時ならぬゴールドラッシュ：突发的抢购黄金热。「時ならぬ」：意外的，不合时宜的。「ゴールドラッシュ」：黄金抢购风。

[2] メタリック・アクセサリー：（妇女用）金属服饰品。

[3] ブレザー：运动上衣，运动夹克衫。

[4] インゴット：锭。

[5] ファッショナブル：时髦的，流行的。

[6] イヤラシクない程度に：（做到）不要让人太讨厌的程度。

[7] ピアス：「ピアスドイヤイヤリング」的略称。穿孔耳环。

[8] イヤリング：耳环。

[9] ギャル：少女，女孩子。

[10] ネックレス：项链。

[11] メタリック：金属的，金属制的。

[12] アンクレット：踝（踝子骨）部装饰品。

[13] フィットさせている：合适。与「体にぴったりする・似合う」意思相同。

[14] 金ずくめ：纯金色。「ずくめ」接名词下，表示清一色、完全的意思。

[15] メッキ：镀。

[16] 色あせもなく：不褪色。

[17] 引っ張りだこ：争先抢购的、很受欢迎的东西。后面省略了「だ」。

[18] アパレルメーカー：服装制造商。

[19] ゴールドジュエリー：黄金装饰品。

3. その名はスペースマン[1]

広告空間競う

　東京には「スペースマン」と呼ばれる人たちがいる。車内ポスター[2]や駅の広告を担当する広告代理店の社員のことだ。地下鉄やJRの人気路線[3]や駅の、限られた広告空間（スペース）を求めて競い合う。

　10月1日午前9時半[4]。JRの交通広告を一手に扱う東京・競町のジェイアール東日本企画本社[5]で、一風変わった[6]抽選会があった。月始めに翌月分の首都圏の約300駅にはる約一万枚の駅ポスターについて広告の割り当て数をクジ引きで決める。

　「電通さん3番[7]」。86人のスペースマンが、木の箱に入ったクジを引く。クジの番号順に必要なだけの枚数をとっていく。大手の広告代理店が1番や2番を引き当てると、中小の広告代理店への影響が大きい。会場には溜め息や歓声が流れる。

　同企画6階車内ポスター一部の一角に「JRスペースマンクラブ」がある。スペースマンの親ぼく団体だ。3個の机と電話がある。月曜から金曜の毎日正午に、20人ほどのスペースマンが姿を見せる。

35

お互いに中つり[8]や額面ポスター[9]の限られたスペースの融通、交換をし合う。緊急にスポンサー[10]から注文[11]をライバル[12]社に譲ってもらわざるを得ない[13]。机の上で、紙にメモを取りながら取引する。朝、会社に出勤し、情報をつかんで、クラブに現れ、午後4時ごろまで交渉をする。

この道[14]10年のスペースマンは「狭い広告空間だから、いつも自分だけの都合で、無理を押し通す[15]ことはできない。ギブ・アンド・テーク[16]の世界だ」という。乗客は、様々なポスターにスポンサー会社のメッセージ[17]を見るが、スペースマンたちは、それを扱った代理店の名前を読み取っている。

ジェイアール東日本企画によると、通勤通学者が1日にJRの電車に乗る時間は往復で平均1時間13分。電車内で「何をしているか」のアンケートでは「車内ポスターを見ている」が39%、「本を読んでいる」が32%などの順で、混雑すればするほどポスターを見る傾向が強いという。朝夕の通勤通学時間にどれだけ、広告の印象をうえつけるかに企業は知恵を絞ることになる。

地下鉄やJR、私鉄の電車やホームなどを使った広告を「交通広告」という。同じ情報を定期的、広域に提供する媒体の一つとして成長を続けている。電通によると、90年には、日本の総広告費約5兆5600億円の4.5%にあたる2480億円に達した。ラジオを抜いてテレビ、新聞、雑誌に次ぐ第4の広告メディアといわれている。

《日本展望》1992年（3）王希

【注释】

[1] スペースマン：宇宙人。后面省略了「という」。
[2] 車内ポスター：火车、地铁车厢内的广告。
[3] 人気路線：热门线路。指线路经由大企业聚集的市中心，乘客较多，车内拥挤，且地铁内又看不到窗外景色，视线势必落在广告上。
[4] 9時半：后面省略了「のことである」等词语。
[5] ジェイアール東日本企画本社：JR东日本企划总公司。
[6] 一風変わった：别开生面，与众不同。例：これは一風変わったデザインだ。／这是别开生面的设计。

[7] 「電通さん3番」：电通公司3号。此句话表示主持人在唱号。「電通」是日本最大的一家广告公司。称呼有业务关系的公司时，后面常加「さん」。

[8] 中つり：「中つりポスター」的简称。指垂挂在车厢顶部的广告。每节地铁车厢内各挂20张左右。

[9] 額面ポスター：挟在车窗上部框内的广告。

[10] スポンサー：广告主；资助人。

[11] 注文：此处是"要求"的意思。

[12] ライバル：劲敌。

[13] ……ざるを得ない：此整句意为：遇有客户紧急要求时，就得请竞争对手把空间匀出来。

[14] この道：这一行。「道」在这里指某一专门领域。

[15] 無理を押し通す：强人所难。

[16] ギブ・アンド・テーク：等价交易。此处有兼顾双方利益而相互妥协之意。

[17] メッセージ：留言。

4. 宅配弁当[1]

笑い止まらぬ売れて売れて[2]

宅配弁当の需要が伸びている。一般家庭や独り暮し世帯[3]はもちろん、残業で会社に遅くまで残っているサラリーマンに大人気だ。グルメ時代[4]を反映しての高級折り詰め料理[5]やダイエット用の弁当[6]を扱う店も登場、いずれの店も[7]笑いが止まらないといった売れ行きである。

宅配弁当の老舗ともいえるのは「キッチン・ジロー[8]」（本社・神田）。昭和29年から「出前[9]」をしている。最初は惣菜[10]、オードブル[11]が中心だったが、3年ほど前から、弁当の宅配を始めた。都会で独り暮しをする世帯が増えたこと、家事の合理化などもあって、たちまち需要が伸びた。

同社は都内を中心に33店舗あり、一店舗あたり一日に売れる数は平均300食。多いところでは450食売れる店もあり、宅配が四割を占めるという。

現在のメニューは揚げ物、ハンバーグ[12]が中心で値段は800円前後。女性のデリバリースタッフ[13]にしたら売り上げが5割近くも伸びた。

　一方、折り詰め宅配弁当と銘打って[14]展開をしているのは、24時間営業の「KAKIEMON[15]」。「レストランの料理を食卓に」と本膳料理[16]、特選御膳[17]、洋食アラカルト[18]など多彩なメニューで高級感を打ち出している。同社では特定の農家と専属契約を結び、材料を直接仕入れるという徹底ぶり。

　例えば、本膳料理のメニューには8800円というおよそ宅配らしからぬ値段の弁当もある。牛肉のたたき[19]、うなぎのかばやき[20]に松茸ご飯[21]といったデラックス・メニュー[22]。こんなの[23]売れるのかと思ったら[24]、「企業の重役会議や接待に使われている」そうで、なかなかの人気。

　ランチ商戦にもしっかり食い込んでおり[25]、ドリア[26]やカレー[27]はOL[28]の人気メニュー。得意先の中にはアメリカ大使館もあるという。

　1500円台の弁当をよく注文するという会社員は「残業で遅くなり、席を離れられない時でも電話一本で届けてくれるので、とても便利。おかずもいろいろあって満足できる」という。

　目黒にある「バランス食品[29]」では、糖尿病患者やダイエット中の人向けのメニューが用意されている。厳密なカロリー計算をした健康メニューで専門の営養士が献立を考える。

　もっともこちらは宅配弁当というより宅配食事。ごはんはごはん茶碗に、おかずはお皿に盛りつけて運ぶ。暖かさを保つため、届けるのは3キロが限度。自分で食事を作れない老人、やせたい若い女性、一般家庭と需要は広い。

《日本展望》王希

【注釋】

[1] 宅配弁当（たくはいべんとう）：送上门的盒饭。

[2] 笑い止まらぬ売れて売れて：生意兴隆，笑不可遏。此句为倒装形式。「笑い止まらぬ」为乐得合不拢嘴之意；两个「売れて売れて」为销路非常好之意。两个「売れて売れて」表示重叠强调。

[3] 独り暮し世帯：独居者。

[4] グルメ時代：美食时代。指由于生活富裕，而讲究膳食的时代。

[5] 折り詰め料理：盒饭。原指装在用薄木片或纸做成的盒子里的菜肴。现在一般用漆盒。

[6] ダイエット用の弁当：减肥盒饭。

[7] いずれの店も：不论哪家店都……。

[8] キッチン・ジロー：(店铺名)"次郎厨房"。

[9] 出前（でまえ）：饭馆往外送饭菜。送外卖。

[10] 惣菜（そうざい）：家常饭。

[11] オードブル：西式冷盘。

[12] ハンバーグ：汉堡牛肉饼。

[13] デリバリースタッフ：送货员。

[14] 銘打って（めいうって）：号称……，以……为名。例：ブランド商品と銘打ってある。/号称名牌商品。

[15] KAKIEMON：(店铺名)"柿右衛門（かきえもん）"。

[16] 本膳料理（ほんぜんりょうり）：和式宴席大菜。指和式宴席上的主要菜肴。

[17] 特選御膳（とくせんごぜん）：和式特选菜。

[18] 洋食アラカルト：西餐点菜。

[19] 牛肉のたたき：拍松牛肉。「たたき」是拍松的意思，指烹调时把牛肉、鱼肉等拍松。

[20] うなぎのかばやき：烤鳗鱼片。

[21] 松茸ご飯（まつたけごはん）：松蘑米饭。把新鲜松蘑拌在米中焖出的米饭。

[22] デラックス・メニュー：豪华饭菜菜单。

[23] こんなの：这里指前面说的高档饭菜。

[24] ……かと思ったら：原以为……，谁知道……。表示前后两种情况的相继出现。例：彼女は体が丈夫かと思ったら、病気ばかりしている。/原以为他身体挺结实，谁知道净闹病。

[25] ランチ商戦にもしっかり食い込んでおり：还打进了午餐商战中。

[26] ドリア：西式炒饭。

[27] カレー：咖喱饭。

[28] OL：女职员。

[29] バランス食品："平衡食品"。

5. 東京の自然

(1) 暖冬化で南国の<u>イイギリ</u>[1]も定着

　「イイギリ」。関東の人にはあまり聞き慣れない名前である。秋から冬にかけて、葉をすっかり落としても、赤(せき)橙(とう)色のナンテンの実のような房を枝一面につけた大きな木……と言うと、思い当たる方もいるだろうか。都心の公園、墓地や境内、大きな施設の敷地内、また放射状にのびる各沿線の車窓から、この時期になれば必ず目に止まるようになった木である。

　名前が知られていないのも理由がある。面積20ヘクタールの自然教育園は都心の緑地の代表と言える。ここの記録を見ると、現在は316本あり樹木全体の4％にも達する。東京オリンピックのころでは、120本、さらに大戦後5年の1950年にはわずか31本だけであった。

　私が植物の勉強を始めた学生のころ、電信柱のような幹に車輪状の横枝が規則正しくついた独特な樹型であることを初めて知ったのもこの自然教育園であった。やはり東京では珍しい木だったのであろう。

　この木は関西以南の照葉樹林帯に自生するが、本場は台湾や中国南部の亜熱帯地域で、日本は分布の北限に当たる。都市での、<u>シュロ</u>[2]や<u>ヤツデ</u>[3]の急激な増加と同様に、冬の冷え込みがなくなった事と密接な関係がありそうである。

　美しい実もよほどまずいらしく、最後の最後になって<u>ヒヨドリ</u>[4]や<u>オナガ</u>[5]に食べられる。一つの実の中に50個以上もある種子の分散には、これらの都市に結び付いた種蒔鳥の増加との因果関係も見逃せない。

　イイギリは飯桐と書く。大きな葉に食物を包んだころのなごりである。この用途のためか、植栽されたと思えるイイギリは青森県まで分布している。

　別名ナンテンギリとも言い、生け花などにも使われ、人気があるそうだ。実を付けるのは雌め木ぎだけで、苗木での雌雄の判別は難しい。

（国立科学博物館附属自然教育園）

《毎日新聞》1991年11月26日

(2) 都会ではヒヨドリも凶暴に

　最近の都会のヒヨドリは、凶暴性が目立っ<u>てならない</u>[6]。餌台に飛来しても、ピーヨ、ピーヨという鋭い声を発して、ヒヨドリ同士で争ったり、他の小鳥たちを攻撃したりする。筆者の庭の餌台でも、猛烈な勢いで突っ込んできたヒヨドリに、採餌していたスズメが突っかけられ、嘴でつつかれ、羽根がパッと何枚も飛び散ったことがある。スズメは何とか難を逃れ、ヒヨドリはそのまま飛び去ってしまった。

　ヒヨドリが、小鳥を襲うように見える。しかし小鳥を捕食するために襲ったとは考えにくい。嘴の形は、細くてまっすぐなので花の蜜穿を吸ったり、木の実を食べたり、あるいは小昆虫を捕食するのには適している。しかし、猛禽え類のように小鳥の肉を引きちぎって食べるようにはできていない。では、なぜ、都会のヒヨドリはスズメや<u>キジバト</u>[7]、<u>シジュウカラ</u>[8]などに襲いかかるのだろうか。

　餌が豊富な秋には、ヒヨドリは大群で生活し、数百羽、数千羽という大群で南の国へと移動していく。ヒヨドリはもともとは南方系の鳥だ。ところが餌が少なく寒さの厳しい日本で冬を過ごすヒヨドリもいる。この残留組のヒヨドリが、餌不足が深刻化するにつれ、次第に<u>ヒステリックになり</u>[9]、凶暴性が出てくるのではあるまいか。

　写真は、リンゴを食べていたツグミを、一瞬にして追い払ってしまったヒヨドリである。ツグミを追い払うと、むさぼるようにリンゴをつつき、その日のうちに平らげてしまった。都会のヒヨドリを見ていると、生きるためにもがいている都会人の姿と重なって見えてきてならない。

（都市鳥研究会代表・唐沢孝一）
《毎日新聞》1991年11月28日

【注釈】

[1] イイギリ：饭桐。一种卵形叶的落叶乔木。雌雄异株，五月开黄绿色小花，十一月结红色果实。

[2] シュロ：棕榈属。

[3] ヤツデ：八角金盘属。

[4] ヒヨドリ：鹎鸟。

[5] オナガ：长尾鸟。

[6] ……てならない：接动词、形容词连用形或形容动词词干后。接形容动词时用「でならない」的形式。表示"非常……"、"……得不得了"的意思。例：はがゆくてならない。／令人非常不耐烦。

[7] キジバト：雉鸠。

[8] シジュウカラ：山雀。

[9] ヒステリックになり：变得歇斯底里。

6. 富士山は疲れてる

　　日本の象徴、富士山。見る者を魅了する美しいその山に、鉄筋コンクリート四階建ての立体駐車場を含めた大規模な整備計画が持ち上がっている。山梨県は、国際観光地にふさわしい環境をつくると説明するが、果たしてこれ以上、富士山に人の手を加える必要はあるのだろうか。毎年大勢の登山、観光客を受け入れる富士山はもう疲れ切っているように思えてならない。「富士山にやさしい」ケア[1]を考える時にきているように思う。

　　「富士山銀座だなあ」。7、8月のピーク時、五合目[2]（2305メートル）に足を踏み入れると、ごった返す登山者で、ここが果たして富士山の登山口かという錯覚にとらわれることがしばしばある。スバルライン五合目付近の渋滞もすさまじく、約4キロに及ぶときもある。8月、地元団体の呼び掛けで五合目の清掃活動が行われた際、激励に訪れた愛知和男・環境庁長官も渋滞に遭い、五合目駐車場までの1.5キロを歩かねばならなかった。この日集めた空き缶などゴミは約800キロにのぼった。

　　立体駐車場は交通渋滞を解消するため、というのが県の言い分。約33億円を投じ、現在青空の第二駐車場のスペースに鉄筋コンクリート4階建て、高さ11.6メートルの駐車場を1993年度末までに造ろうという計画だ。現在の収容能力200

台が大型54台、乗用車449台に増える。その他の駐車場と合わせ800台収容可能となる。環境庁は「新たな開発でなく、現状を利用した整備で景観上も問題ない」との見解だ。

(1) 一日1万2千人の「富士山銀座」

　「雪峰富士」の言葉どおり富士山はもともと信仰の山。江戸時代から富士浅間神社（富士吉田市）を起点とする吉田登山道が、富士登山のメインルートとして栄えた。二泊三日の行程が普通だったが、64年に標高856メートルから五合目まで総延長約30キロの富士スバルライン（片側一車線）が日本の山岳ハイウエーの先駆けとして開通してからは大きく様変わり。五合目は4月から11月までにぎわう。初年は約31万7000台の利用でスタート。以後利用台数はどんどん増え、ここ数年は55万——70万台を前後。今年も9月末までに52万台が利用している。

　スバルライン開通後は、五合目に登山の起点が移り、半日ちょっとで比較的容易に山頂に登れるようになった。この手軽さが受けて老若男女の観光登山が増えた。ピーク時には一日12000人を超え、混雑で登る時一歩も前に進めない「富士山銀座」現象を起こしている。

　登山者の狙いは山頂のご来光だ。これまで山頂に六回立ったが、確かに刻々と展開する自然の荘厳なドラマは、何度見ても飽きることがない。しかし登山道を引き返すたびに、無造作に捨てられたごみや簡易酸素ボンベなどに閉口する。つむじ風にビニール袋や紙くずが踊る光景は「これが日本の象徴の姿なのか」とやるせない思いに駆られる。

　今、富士山はごみの山といってもいい。夜行登山が多いため、安易に暗やみにごみを捨てる人が後を絶たない。赤茶けた溶岩の荒廃とした雰囲気のためだろうか。「富士山は一回登れば十分」とよくいわれるが、それは通常言われている「景色が単調」と言う理由だけでなく、汚い山だからという理由もあるのでは[3]と思いたくなる。

　今年、富士山の山小屋としては初めて簡易水洗トイレを設置した八合目（3100メートル）の山小屋経営、井上洋一さんが「使用開始二日後に紙おむつ

などが詰まり使用不能になった。マナーが悪すぎる[4]。これなら前の垂れ流しの方がよかった」と嘆いていたのを聞いたことがある。

　むろんみんながこうした心ない登山者ではない。しかし、毎年ボランティア[5]の人たちがゴミ回収に精を出すのを見ると、拾うことも大事だが、いかに捨てさせない運動を起こすかを考えなくてはならない時期だと思う。

　こうした"汚染"を防ごうと、尾瀬や立山では、自然を守るためのマイカー規制が行われている。山梨県も、立体駐車場のほかに総合管理センターや展望デッキ[6]などの設置を含む五合目の整備計画と合わせて、7、8月のピーク時などに一定車両の入山しか認めない総量規制も行うとしている。しかしそれは、自然保護というより、「交通整理」という発想のようだ。

(2) 日本一の自然で「日銭稼ぎ」

　かつて、作家の故・新田次郎氏が、スバルライン建設についてこう批判した。「私は一合目から五合目にかけてのあの荒廃ぶりを見て、涙が出てしようがなかった[7]。自動車道路の犠牲となって滅びていかねばならない富士山の自然がかわいそうでならなかった。日本第一の自然を自らの手で破壊して日銭を稼ぐ飽食観光を行って恬然（てんぜん）として恥じない山梨県に対して怒りを感ぜずにはおられなかった」。富士山をこよなく愛してやまなかった新田氏の心情がひしひしと伝わってくる。

　信仰の対象として畏敬（いけい）された時代はとうの昔。今はすべてとはいわないがスバルライン利用者、登山者が自分の欲求を満足させるだけの一回コッキリの「使い捨て」富士観光といえる。無防備な富士山は、人のなすがままだ[8]。つづら折りの新下山道に雪が降ると道筋がはっきり浮かぶ。まるで手術の縫い目のようだ。世界の富士との付き合い方を考え直すことが大事ではないか。

（富士吉通信部・還藤和行）
《毎日新聞》1991年10月18日

【注釈】

[1] ケア：关怀，照顾，护理。

[2] 五合目（ごうめ）：「合」：山的高度的十分之一为一合；「目」：接尾词，接数

量词后，表示顺序。"第……"。
- [3] 理由もあるのでは：后面省略了「ないか」。
- [4] マナーが悪すぎる：做法太坏，态度恶劣。
- [5] ボランティア：志愿者，社会事业义务工作者。
- [6] 展望デッキ：展望台。
- [7] ……てしようがなかった：接动词、形容词连用形或形容动词词干后。接形容动词时用「でしようがない」的形式。"禁不住……，"……得厉害"。例：あの時のことを思いだすたびに泣けてしようがない。／每当想起那时，就禁不住哭起来。
- [8] 人のなすがままだ：就看人们如何做了，人们怎么做就怎么是。

7. さすが老舗[1]の大眺望

　東京タワー[2]といえば、たぶんみんな知っている。でもそばまで行った人は少ないんじゃないか。ぼくも上京したてのころ、アルバイトの用事で一度行ったきりである。たしか東京タワーが出来て間もないころだ。

　とりあえず最初の散歩は、この東京タワーのまわりから見て歩く、という言い訳にした。面白いことに、こういう高い塔は遠いとどこからでも見えるのに、近づくほどに、だんだん見えなくなる。まわりのビル群に隠れてしまうのだ。何だか不思議だ。昔はこんなにビルはなかったのに、と思いながらいくつか角を曲がると、突然姿をあらわした。

　やはりでかい[3]。巨大な建造物の前に立つと、人間は偉い、という感慨に一瞬ひたる[4]。よくやった、と思う。でも東京タワーの場合、それが感動として定着せずに逃げていく。

　理由があるのだ。これは高い鉄塔だから四つの脚部をぐっと広げていて、当然その下の空間は広い。その空いた敷地がもったいないというのか、そこにビルを建ててしまっている。それが何だか貧乏性で、せっかくの雄大な建造物に、狭苦しさがくっついている。

　例えばパリのエッフェル塔[5]は、さすがにそういうことはしていない。美学

優先である。東京タワーの場合は経済優先で、こうなってしまった。

　今日は散歩だからまわりからタワーを見て歩くだけ、と思っていたが、やはり来たからにはタワーの上まで登りたい。これは空中散歩ということにしよう。

　最近は高層ビルブームで、高い所からの展望は珍しくないが、でも東京タワーはその老舗だけあって、その展望感は堂々としている。とくに凄いのは床がガラスになってはるか下の地面が見える「ルックダウンウィンドウ[6]」の部分。これは鉄塔ならでは[7]のもので、その上を歩いても大丈夫と知っていながら、足を置いた瞬間にぞわぞわっとくる。この感覚は凄い。パソコン的バーチャル[8]で何ごとも知ったつもりの気持ちが、一瞬に吹っ飛ぶ。

《毎日新聞》2006年4月5日

【注釈】

[1] 老舗（ろうほ）：老铺子；老买卖。
[2] 東京タワー：东京塔。
[3] でかい：(俗语)大的。「でっかい」。
[4] ひたる：沉浸在……里。例如：勝利の喜びにひたる。/沉浸在胜利的喜悦中。
[5] エッフェル塔：（法国巴黎的）埃菲尔铁塔。
[6] ルックダウンウィンドウ：俯视窗。
[7] ならでは：「……しかない」、「……だけの」。例如：この土地ならではの名酒。/只有这个地方才能酿造的名酒。
[8] バーチャル：虚拟的，假想的。

8. 煙たい[1]話

　新幹線の禁煙席が取れなくて喫煙車両に座ったが、あれはたまらない。ふだんは隣人のたばこが気にならない私も、前後左右から煙が漂い、燻されてスモークサーモン[2]にでもされそうな気がした。それからは1〜2本遅らせても必ず

禁煙席を取ることにしている。

　ところが、禁煙席にいて妙なことに気づいた。時々、席を立ってデッキ[3]に行く人がいる。携帯電話をかけているのだろうと思ったが、たばこのにおいをさせて帰ってくる。喫煙車両はすいていたはずなのにおかしい。もしやと思い、ヘビースモーカー[4]の友人に聞いてみたら、やはりそうだった。

　「あんな煙だらけの車両になんかいられないよ。おれはいつも禁煙席に座り、たばこを吸う時にはデッキに行く」

　20年前には私も1日60本はたばこを吸っていたので、その気持ちはわからないでもない。たばこはきれいな空気のところで吸う方が絶対にうまい。しかし、それで禁煙席が満員なのだとしたら、なんだか腑に落ちない話ではある。というか、そういう人が多くなったら喫煙・禁煙車両の制度は破たんする。

　きれいな空間で自分だけたばこを吸っているうちはいいが、みんなが吸い始めたらその場にいることすらできなくなるというのは、化石燃料を使って快適な近代生活を謳歌していた先進国が、人口の多い途上国[5]も大量に石油を使い出してから、地球環境の危うさをアピール[6]するようになったのを連想させる。

　地球には禁煙車両もデッキもない。地球全体が大きな喫煙車両だと思うと笑えない。

（社会部・野沢和弘）

《毎日新聞》2006年4月1日

【注释】

[1] 煙たい：「けむい」。满是烟的,呛人的。

[2] スモークサーモン：熏桂鱼。

[3] デッキ：火车车门外的地板。

[4] ヘビースモーカー：抽烟抽得很厉害的人,烟鬼。

[5] 途上国(とじょうこく)：发展中国家。

[6] アピール：控诉，呼吁。

9. 健康的なヤキモチ[1]を

　夫婦におたがいが知らないそれぞれのメル友がいるのが、あたりまえの時代になりましたね。

　しかし、ただのメル友のつもりがいつしか心を通わせる[2]ようになって、気がついたら不倫していた、ということもけっこうあるようです。

　ケータイ[3]がない時代がなつかしい。家族（妻）がいて電話が鳴ると、彼女からではないか、とドキッとしたり、郵便が配達されるとすぐにチェックして、差出人が女性の名前のものがあると素早く隠したりしたもんです。

愛の一方通行

　余談はともかく、この相談者は奥さんをたいへん深く愛していたようですね。

　愛するあまり、その愛に自分自身が強く執着してしまったのかもしれません。左右を見ない馬車馬[4]のように一筋に愛し続けてきたのでしょう。

　こういう方にありがち[5]なのは、自分がこれだけ愛しているんだから、妻もおなじように愛してくれているはずだ、という思い込みなんですね。だから、奥さんが浮気するなんてことは思ってもみなかったでしょう。

　ところが、偶然、浮気していることがわかった。これはショックだったでしょうね。思い出の写真を破り、翌日には離婚届を突きつけたというんですから、やることが極端から極端へいくタイプなんでしょうか。奥さんは浮気した理由をいくつかあげたそうですが、そのどれもがこの方には理解できなかったのも当然のような気がします。

　奥さんは、あなたが強く愛してくれていることは、よおくわかっていた[6]はずです。ただそのあなたの愛が奥さんの気持ちをまったく考えない、というか、くみとってあげる[7]ことのできないものだった。つまり、一方的なおしつけの愛だったということです。

もう一度新婚

でも、雨降って地固まるで、じつは奥さんもほんとうはあなたを愛していたことがわかって、よかったよかったです。

過去は洗い流し、新たなあなたと奥さんが結婚する——とてもすばらしいじゃないですか。

古い妻の30年前よりずっとすてきに見える新妻との新婚生活は、いい意味でもてる新妻にあなたが健康的なヤキモチを焼くことで大いに盛りあがるはずです。

《毎日新聞》2006年4月10日

【注釈】

[1] ヤキモチ：吃醋；嫉妬。
[2] 心を通わせる：心相通。
[3] ケータイ：手机。
[4] 馬車馬（ばしゃうま）：拉马车的马。
[5] ありがち：形容动词。常有。
[6] よおくわかっていた：「よく分かっていた」，「よおく」是对「よく」的一种强调的说法。心里非常清楚。
[7] くみとってあげる：原谅対方，体谅対方。

10.「少子化歯止め[1]」効果疑問

小学3年生終了までだった児童手当の支給対象が、きょうから「小学校卒業まで」に拡大される。与党が昨年暮れ、急きょ、たばこ税の値上げで財源をひねり出し実現した。ただ、場当たり的[2]な感は否めず、年間総額9000億円のバラマキ[3]に終わる可能性もある。

昨年は日本の人口が初めて減少、合計特殊出生率（1人の女性が一生に産む子供の数に相当）も1、29の過去最低値を更新することが確実となつた。危機感

が与党の背中を押し、支給対象の拡大とともに所得制限も緩和した（サラリーマン[4]世帯で子供2人の場合、年収780万円未満が860万円未満に）。支給を受けられる子供の割合は、85%から90%に増える。

　しかし、増えた財源は約2600億円だけで、月額（第1、2子5000円、第3子以降1万円）は変わらない。自民党若手議員らは3歳児以下への支給を手厚くする提言をまとめていたが、年齢拡大にこだわる公明党案とどちらが効果的かといった議論はほとんどなかった。

　児童手当は72年、第3子以降に月額3000円を支給する制度としてスタート[5]。今回は6度目の対象拡大だが、制度発足時に2、14だった同出生率は下がる一方だ。

　海外では、フランスが90年代に1、7台に低迷していた同出生率を1.9台に回復させている。20歳未満の子供が2人いれば月1万6000円、3人なら3万6000円を支給され、さらに0～3歳未満の子供には月2万3000円の基礎手当もある。

　ただ、フランスの場合、経済支援に傾く日本と違い、仕事と子育ての両立を可能とする施策も豊富だ。子供が3歳まで育児休暇が取れ、父親にも11日間の取得が法制化されている。子供が2人以上なら、賃金も3歳直前まで一部補助される。

　先進国で同出生率が高水準のノルウェー[6]、オランダ[7]も児童手当に加え、仕事と子育ての両立支援が充実している。日本は理念先行気味で、男女共同参画意識も未成熟。福祉を支えるためにどこまで負担するかについても、国民的合意が形成されていない。

　自民党税調は、税制面での子育て支援の検討を始めた。しかし、低所得層への恩恵は小さい。政府は経済的支援充実と同時に、仕事と子育ての両立支援重視への転換という二重の課題を背負うが、800兆円の財政赤字の前に身動きは難しくなっている。

（政治部　吉田啓志）
《毎日新聞》2006年4月1日

【注釈】

[1] 歯止（はど）め：抑制(事态进一步恶化)。

[2] 場当(ばあ)たり的：应付场面式的，即兴式的。

[3] バラマキ：「ばら撒く」の名词形。撒钱，到处花钱。

[4] サラリーマン：靠薪水生活的人，工资生活者，职员。

[5] スタート：开始。

[6] ノルウェー：(国名)挪威。

[7] オランダ：(国名)荷兰。

11．過労死防止骨抜き[1]

　昼過ぎ、夫はいつものように工場の遅番勤務[2]に出かけた。帰りは決まって翌日の朝食の時間だ。「早く切り上げられないの」。尋ねる妻に「それができないんだ」とうつむいた。

　02年2月9日。内野健一さん（当時30歳）は愛知県の自動車工場で申し送り書を仕上げた直後にいすから崩れ落ちる。午前4時過ぎ。意識は戻らなかった。00年に品質管理の班長に昇進後、年休も取れなくなる。亡くなる直前1ヵ月の残業は144時間余。「起きられない」と目覚ましを2個買った。

　「時間外業務」の解釈に隔たりがあり、今も労災と認定されていない。

　先月半ば、厚生労働省労働基準局長名で「残業を月45時間以下とする」ことなどを事業主に指導するよう求める通達[3]が出された。法的拘束力のないことを示す「努力義務」の表現が目立って増えている。これを見た現場の労働基準監督官は落胆した。「こんな指導にどこの会社が従うのか」

　省庁の通達は民間の自由を制限する「規制の象徴」として批判もある。

　同省は02年、リストラ[4]で増えた過労死や過労自殺を防ぐ通達を出した。規制改革・民間開放推進会議（議長・宮内義彦オリックス会長）は昨年6月、同省の担当課長を呼び、02年通達について「事業主に対する強制力はございません」と明言させた。昨年9月の提言でも例に挙げ「拘束力がない旨を明示する必要がある」と主張した。

　02年通達をめぐっては、もう一つの動きがあった。一昨年8月、医師らでつ

くる厚労省の検討会が臨床データを基に報告書をまとめた。月の時間外労働が100時間を超えた場合、会社が労働者に医師の面接を受けさせる——。02年通達の内容に法律で強制力を持たせる内容だ。

　しかし法制化を論議する審議会は最終段階で「労働者の申し出があった場合」とする条件を加えた。会社側委員の反対意見に配慮したためだ。

　元検討会委員の保原喜志夫・北海道大名誉教授は「自ら進んで残業するしかない中、本人の申告を面接条件にするのは非現実的すぎる。過労死防止の最後の一線を骨抜きにした」と憤る。

　会社側委員の激しい抵抗には背景がある。財界の目指す米国型の「ホワイトカラーエグゼンプション[5]」。労働時間の規制をしない対象を管理職から「管理職手前」の社員にまで広げる狙い[6]だ。労働基準監督官は「命にかかわる労働基準法の根幹が危うい」と心配する。

《毎日新聞》2006年4月5日

【注釈】

[1] 骨抜（ほねぬ）き：(計画等)去掉主要部分，去掉主要内容。

[2] 遅番勤務（おそばんきんむ）：晩班。

[3] 通達（つうたつ）：通告，通知。

[4] リストラ：「企業再建築」。为了达到目的，其手段之一就是裁减人员，解雇职员。

[5] ホワイトカラーエグゼンプション：白領阶层免除。

[6] 狙（ねら）い：目标。目的。

12. 離婚社会と子供たち

　最高裁が、離婚に直面した両親に対し、子供を最優先に考えるよう促すDVDを制作した。異例ともいえる取り組みの背景には、未成年の子供を伴う離婚が年16万件（04年人口動態調査）に上る「離婚社会」がある。養育費の支払いや子供との面接交渉をめぐる父母間の紛争も増加する中、子供のために社会的な

手立て[1]が必要になっている。

　DVDのドラマ編。小学1年の「えみちゃん」の両親は、仕事と育児をめぐる意見の対立が絶えず、母親が離婚を決意したという前提で始まる。

　カメラはえみちゃんを追う。「映画を見よう」と2人をテレビの前に誘い、間を取り持とうとする[2]が、応じない。そっと部屋のドアを閉め、一人で映画を見る。別の日の夜、別室から養育費や親権をめぐって両親が言い争う声が聞こえる。「教育費を払える方が育てるべきだ」「足りない分はあなたが払ってくれればいい」。えみちゃんは祈った。「きっと自分のせい[3]。いい子になるので離婚しませんように」

　その後、えみちゃんは不安がストレスになり、学校でかんしゃくを起こす[4]などして不登校に。父親の父が「調停を申し立てる方法もある。いつまでも角を突き合わせ[5]れば、えみは不幸になる」と2人に助言。両親の離婚に直面した子供に起こり得る心身の変化がリアルに[6]映像化されている

　DVDは、争いの渦中で子供の変化を見落とし[7]がちな両親に気づいてもらうためのものだ。「養育費を払う以上、面会は当たり前」「親権を取るなら養育費も自分で稼げば」など子供に関する取り決め[8]が、互いの取引材料になるのを避け「子供の幸せを優先に」と促す目的もある。

　「えみちゃん」のように両親が離婚した未成年の子供は、04年の人口動態調査によると27万人を超える。一方で、同年の司法統計によると、養育費や面接交渉をめぐる「子の監護に関する調停」の新規受理件数は2万2273件。10年前の2倍以上に急増している。

　家裁調査官OBで組織し、面接交渉の取り次ぎなど離婚家庭を支援している社団法人「家庭問題情報センター」（FPIC）の永田秋夫事務局長は「父親が育児参加するようになり、父親が親権を求めたり、得られなかった親権の代わりに、面接交渉を求め、争うケースが増えているのではないか」と指摘する。

（望月麻紀）

《毎日新聞》2006年5月19日

【注释】

[1] 手立（てだ）て：方法，办法；手段。

[2] 間を取り持とうとする：想要调处两个人之间的关系。「取り持つ」：调停，调处；斡旋。

[3] せい：表示原因。多用来表示导致某种消极的事态发生的原因。经常采用「……せいで、……。」、「……せいだ。」或者「……せいにする。」的表现形式。例如：君たちが遅くなったのはまったく僕のせいだ。/你们晚了全都是为了我。勝ったのは皆が努力したせいだ。/胜利是大家努力的结果。此处的「せい」后面省略了「だ」。

[4] かんしゃくを起こす：发脾气，动肝火。

[5] 角（つの）を突き合わせ：冲突，闹别扭。

[6] リアルに：真实地。

[7] 見落（みお）とし：「見落とす」。看漏,忽略过去。

[8] 取り決め：规定。

四、政治の話

1. 三権分立[1]主義と議院内閣制[2]

　たいていの近代国家は、基本的な政治の組織原理として、三権分立の原則をとっています。日本もこの例外ではありません。

　日本でも、立法権は国会[3]に、行政権は内閣[4]に、司法権は最高裁判所その他の裁判所に属するものとされ、三つの権力はそれぞれ分離、独立しています。それとともに、それぞれの権力は、自主性をもって相互に牽制し、抑制しあって、力の均衡を保つようにしくまれています。たとえば国会の内閣に対する不信任決議権に対しては、内閣は衆議院[5]の解散権によって対抗することができます。最高裁判所は国会の制定した法律に対する違憲立法審査権[6]をもっていますが、同会は裁判官にたいして弾劾裁判権をもっています。また、内閣の最高裁判所長官の指名権、その他裁判官の任命権にたいしては裁判所は違憲立法審査権、行政事件訴訟の裁判権をもっているのです。こうして、3権は分立するとともに、相互に抑制し、監視しあうことによって、権力の集中化をふせいでいるのです。

　ただ、ここで注意すべきことは、立法、行政、司法という三つの機能は、実際の運用においては、それぞれ有機的な関連をもっているということです。とくに立法機能と行政機能とは密接な相互依存の関係にあります。法を作るものとその法を執行するものとがまったく意思の疎通を欠き、相反する考えをもつ

とすれば[7]、政治の効果的運用は期待しえないでしょう。ですから、三権分立といっても実際には三権を完全に分離したり、切断したりすることではなく、一つの機関が他の機関を完全に支配したり、併合したりしないかぎり、ある程度の権力のあいだの依存関係は認められているのです。

　もちろん、分立という原則の適用の程度は国によってちがいます。たとえば、議会と内閣との相互関係でいえば、大きくわけて、アメリカの大統領制のように、行政部の首長である大統領を国民が直接えらび、大統領の地位が議会とまったく独立しているもの、イギリスの議院内閣制のように行政部の首長である総理大臣を、国民が直接えらぶのではなく、議会が指名し内閣がその存立を議会の信任に依存するもの、とがあります。つまり、国会と内閣との相互関係で、アメリカのようにより厳密に分離したもの、イギリスのように、分離をより緩和したものです。そして、日本の場合は、分離を緩和したイギリス型の議院内閣制をとっているのです。

　日本国憲法はその前文において、「日本国民は、正当に選挙された国会における代表者を通じて行動し、……」とのべて、国会が主催者である国民の代表機関であることを明らかにしています。そして、そのとうぜんの帰結として、41条において「国会は、国権の最高機関であって、国の唯一の立法機関である。」とし、国会を国政の中心にすえるとともに、国会と内閣との相互関係については、

　1.「内閣総理大臣は、国会議員の中から序会の決議で、これを指名する。」（67条1項）

　2.「内閣総理大臣は、国務大臣を任命する。但し、その過半数は、国会議員の中から選ばなければならない。」（68条1項）

　3.「内閣は、行政権の行使について、国会にたいし連帯して責任を負う。」（66条3項）

　4.「内閣は、衆議院で不信任の決議案を可決し、又は信任の決議案を否決したときは、十日以内に衆議院が解散されないかぎり、総辞職をしなければならない。」（69条）と規定しています。

　こうして、国会優位の議院内閣制の原則をさだめ、三権分立主義を原則的に

はくずさない範囲で、国会に国権の最高機関としての地位をあたえ、国民の代表機関としての国会を中心とする政治のしくみをさだめているのです。

《日本入門》（節選）

【注释】

[1] 三権分立：指立法权（议会）、行政权（内阁、总统）、司法权（法院）在组织上独立,各自行使其职能，但又互相牵制、保持力量均衡的一种制度。

[2] 議院内閣制：内阁成立于议会的信任案、而倒于议会的不信任案的制度。

[3] 国会：由选举产生的议员构成的合议体。是决定国家大事的最高权力机关，也是国家唯一的立法机关。

[4] 内閣：即政府。由"大臣"、"长官"等官僚构成的合议体。在实行议院内阁制的国家中，是行使行政权的最高机关。

[5] 衆議院：国会的两院之一。在日本，由全国130个选区选举出来的512名议员构成，同参议院共同构成国家的最高权力机关,是立法权的主体,任期四年。在法律和预算案的制定、条约的承认、首相的指定等方面优先于参议院。在众参两院表决结果不一致时，则众议院的表决结果便为国会的表决结果。

[6] 違憲立法審査権：审查法令是否违反宪法的权限。

[7] ……とすれば：接在用言终止形或者体言的后面，表示"如果……就……"，"要是……的话"的意思。例如：歩いて行くとすれば、どのぐらいかかるでしょうか。／要是走着去的话，需要多少时间呢？

2. カネの泥沼から抜け出せず

「君は金の苦労は一切せず、総理大臣の栄冠だけをかぶってくれと嘆願されたんだ、と思い込んでいるようだが、そんなお人よしでは、やがて君は政治の泥沼でアップアップするだろう」

早朝か深夜、人目の立たない[1]時間に吉田邸を訪ね、持ち株を売ったカネを古新聞に包み、玄関先に忘れものをした格好で[2]届けていた当時の日清紡[3]の

宮島清次郎社長。いつも偉そうに構えた吉田の顔を見ながら、「政治家は一般的にずるいんだ。そんなお人よしで……」と注意したのであった。

今から四十余年前のことである。公職追放された鳩山一郎の後がまに据えられた[4]外交官出身の吉田茂は、「自分は好き好んで総理を引き受けるのではないのだから、政治資金[5]の調達は鳩山の方でやってくれ」などと言って、首相の座についた。

今では考えられないような条件を付けたのである。

が、1956年の石橋湛山と岸信介の自民党総裁選から「カネは数、数はカネ」の論理が支配的となった。集金力の優れた派閥の領袖が"札束で議員の横っ面をたたく"買収が常識になった。

当時は一議員を買収するのに、50万円が相場で、"一本釣り[6]のまき餌（え）"といわれるカネを、石橋と岸両派がそれぞれ4、5億円も用意したといわれる。

まき餌は年を追うごとに膨れ上がり、池田勇人対佐藤栄作時代は2、3百万円に。そして総裁選が札束の泥沼におぼれてしまったのが、72年のポスト佐藤を争った田中角栄氏と福田赳夫氏の"角福戦争"。まき餌はケタが一ケタ増え[7]数十億円近くのカネが永田町に氾濫（はんらん）したという。

その後、三木武夫が「諸悪の根源は総裁公選にある」と言い出し、党員、党友が参加する予備選制度[8]が導入され、現行の公選制につながる。が、地方は金権選挙に巻き込まれ、派閥が地方に拡散しただけだった。

「政治家に100％理想主義を求めるのは不可能だ。政治は現実であって、あまりかけ離れたことを言っても実行出来ない。政治浄化は大事だが、それだけでは生きていけない」といったのは、今回の総裁選候補の一人である。

第十五代党首を決める総裁選が19日始まった。すでに10億円ものカネが動いたなどというウワサも。

（政治部土屋繁）

《毎日新聞》1991年10月20日

【注釈】

[1] 人目の立たない：不引人注目的。

[2] ……に忘れものをした恰好で：装成把东西遗忘（丢失）在……地方的样子。「恰好」：样子，外形。「で」：格助词。此处表示方式、方法。

[3] 日清紡（にっしんぼう）：「日清紡績株式会社」的略称。日清纺织股份有限公司，是一家棉花占比重较大的纤维公司。

[4] ……の後がまに据えられた：被放在……的继任人的位置上。「後がま」：后任，继任人。「据（す）える」：给与……地位、职位。

[5] 政治資金：政党、政治团体及政治家个人在进行各自的政治活动时所需要的资金。其资金的正常来源是党费、会费、机关报或出版物的收入、外部团体或个人的捐款等。

[6] 一本釣り（いっぽんづり）：用一根钓丝（一个钓钩）钓鱼。此处意为单线收买。

[7] 一ケタ増え：增加一位数。

[8] 予備選制度：一种根据选民投票选举结果决定指名政党候补人的制度。

3. 買収文化

リクルート事件[1]の法廷で、検察側証人の元リクルート社長室長が、当時の官房長官[2]・藤波孝生被告にカネを届けたときの様子を証言した。

カネの授受の手法として注目されたのは、①場所が首相官邸内の官房長官室だったこと、②5百万円が現金でなく、小切手だったこと、③それも、額面5百万円一枚ではなく百万円5枚だったこと、の三点だ。

汚職がらみのカネのやりとりには、おおむね人目につかない[3]場所が選ばれる。ロッキード事件[4]のときには、二台の車が路上で落ち合う手法もとられている。首相官邸といえば、新聞記者が詰めているし、来客簿などにも記録が残る。

それに、足跡を残さないため現金を用いるのが普通だろう。今回の法廷で、時期を尋ねられた証人は「（小切手の）伝票がそうなっいるなち、そのころだったと思う」と検察の主張を忍めている。

なぜ、官房長官室なのか。なぜ小切手なのか。いくつかの理由が推測される。

双方が、もともと5百万円という金額に緊張感をもたなかったこと。あるい

は、双方が日常的な政治献金[5]だと信じていたこと。弁護側は、白昼堂々のやりとりを挙げてそれを主張するかもしれない。その逆もある。あらかじめ露見したときに備えて「正当な政治献金」の形式を整えたという見方だ。

現行の政治資金規正法[6]には欠陥がいくつもある。政治家に対する企業の献金を「年間150万円まで」と制限しながら、政治家が受け皿さえ増やせばいくらでももらえる仕組みになっているのもその一つ。百万円までなら詳しい報告も不要、としているのは致命的な抜け穴だ。

現金で5百万円だと金額制限に触れる心配があるが、小切手5枚なら受け皿が別だからと釈明しやすい。この世界で「百万円の小切手」が多用されるようになったのはこのためだろう。

政治改革の中には規正法の改正も含まれている。しかし、別の抜け穴をつくる[7]のでは、買収文化が変わるだけだ。

《毎日新聞》1991年6月1日

【注釈】

[1] リクルート事件：1987年,利库路特公司对当时的政府要员行贿事件。

[2] 官房長官：是内阁官房的最高领导,相当于国务大臣。

[3] 人目につかない：不显眼,不引人注意。

[4] ロッキード事件：1973年,美国洛克希德公司对田中角荣内阁的行贿事件。

[5] 政治献金：用于政治的捐款。

[6] 政治資金規正法：要求公开政党的财务内容,规定政界与政治资金之间的关系的一种法律。此法律规定：个人捐款最多不得超过两千万日元,企业或工会组织等的捐款最多不得超过一亿日元。禁止特定公司、赤字公司、外国人、外国法人捐献。

[7] 抜け穴をつくる：制造漏洞。逃脱手段。

4. 日本の投票率は低い

知事選たけなわ[1]。十八歳で選挙権を得て以来、本国ではほぼ欠かさず投票

していたという<u>スコフ</u>[2]さんに選挙について聞いた。

——両国の選挙運動に違いはありますか。

静かな住宅街に候補者の名前を連呼する<u>選挙カー</u>[3]が乗り入れたり、街頭で候補者が集まった人たちと握手して歩くなんてことは<u>デンマークではありません</u>[4]。

——では、支持を広める方法は。

テレビに候補者や政党の代表者らが順番に登場して政策を訴えたり、学校など公の場に候補者が集まって討論したり。国政選挙の場合は、投票日の前日にテレビで各党の党首が<u>政策を戦わせ</u>[5]、支持を求めます。

——似ているところはありませんか。

ポスターをたくさん張るのは同じですが、かけたお金の大きさで勝負が決まるような言い方をする人はいません。日本では候補者の人柄が分かりやすく紹介されていいのですが、能力、政策よりもイメージが先行しているように感じます。

——<u>有権者</u>[6]の関心は高いのでしょうか。

選挙権は民主主義の同に住む者の大切な権利だから、投票率は高い。国政選挙なら80%、地方選挙でも70—80%ぐらいにはなります。それに比べると、日本の投票率は低いみたい。

——なぜでしょう。

日本では「仕方ない」という言葉をよく耳にします。選挙に関しても自分が投票しても何も変えられないというあきらめがあるのではないですか。特に男性は一生懸命働き疲れ切ってしまって余裕がないみたい。私たちは、自分の力でまわりを変えられるはずだと考えているから、一票を大切にしているのだと思う。

——日本で有権者が力を発揮する<u>手がかりは</u>[7]。

私の住む町田市でも<u>草の根の市民運動</u>[8]が盛んになってきています。その中心は女性が多い。女性の力が、住民の政治に対する関心を高めていくのではないでしょうか。

〈ルセ・スコウさん〉

《毎日新聞》1991年3月26日

【注释】

[1] 知事選たけなわ：意为「知事選は今正にたけなわだ」，（都道府県的）知事选举正处于高潮。

[2] スコフ：斯克福。丹麦哥本哈根人（人名）。早稻田大学留学生。

[3] 選挙カー：选举宣传车，竞选车。

[4] デンマークではありません：此处意为"不是丹麦的作法"。

[5] 政策を戦わせ：（各自）表明自己的主张，阐述自己的政策，进行舌战。

[6] 有権者：拥有选举权的人。

[7] 手がかりは：意为"关键作用是什么？"在它的后面省略了「何ですか」等意义的词语。

[8] 草の根の市民運動：群众性的市民运动。

5. 代理人運動

「生活者の代理人を議会へ」をスローガンに[1]、生活クラブ生協[2]が選挙運動に取り組むようになってから十余年。さきの統一地方選挙でも、全国各地でさまざまな波紋を広げた。

市民運動[3]や環境問題などを追っている月刊誌、『社会運動』の最近号が「代理人運動——その十四年間の成果」という特集を組んでいる。

そのまとめによると、運動の先進地東京では、都議会の一議席をはじめ区議会に九、市議会に二十の計三十議席を有する勢力に成長した。

隣の神奈川でも県議一、市議二十、町議四の計二十五議席をもっている。このほか埼玉、千葉、長野、北海道、福岡の各地で議席を獲得している。

議会に代理人を送り込むことに成功した自治体[4]は、大都市や周辺のベッドタウン[5]が多い。しかし中には、伝統的な地域推薦がはばをきかせる中で[6]、県下初の代理人を誕生させた長野県岡谷市のような例もある。

同市からの報告だと、今度の選挙でも地域推薦候補は17人のうち16人が当選した。選挙は「生活クラブはアカだ」[7]という中傷に始まり「飲み食いさせな

いのか」といった不満まで、さまざまな地域の圧力との格闘だったという。

　しかし、生協女性候補は1260票を得て、候補者28人中13位で当選した。選挙中、他候補の陣営から「女衆が走り出すと何をするかわからん」と<u>不気味がられ</u>[8]通りの力を発揮することができた。

　すでに8年の議席確保の経験をもつ東京・多摩市の選挙ではうぐいす係が「もう、政治に<u>プロ</u>[9]はいりません。私たちの街のことは自分たちで考えよう」と連発する威勢のよさ。

　だが、大型景気が続き人手不足が深刻化する中で、パート勤めの主婦が多くなり、地域政治への女性の参加も曲がり角に来ているのかもしれない。

　千葉県佐倉市からの報告にこうあった。「前回にくらべて驚くほど街に人がいない、とみんなびっくりしていた」（「社会運動」の連絡先は03—3325—7861）

（澄）

《朝日新聞》1991年6月7日

【注释】

[1] ……をスローガンに：以……为口号。后面省略了「して」。

[2] 生協（せいきょう）：「消費生活協同組合」的略称。也称作「CO—OP（コープ）」。根据1948年日本政府制定的消费生活协同组合法，设立了以地区或行业为中心的协同组织。宗旨是消费者生活水平、保障物资供应、医疗保险、互助协作及解决住宅需求等生活。

[3] 市民運動：也叫「住民運動」。50年代后期在日本各地发生的一种反核、要求和平的自发性、民主性的社会运动。

[4] 自治体：以一定的区域为基础，居民具有在其所属区域行使政治、行政权的统治主体。原则上虽然处于独立状态，实际上在事务及财务等权限上仍受中央政府的制约。一般也称作「地方自治体」、「地方団体」。现在也有称「地方政府」的。

[5] 周辺のベッドタウン：（大城市周围的）住宅区，市郊住宅区。

[6] はばをきかせる中で：在有势力（威望）的人中……。

[7] 「生活クラブはアカだ」："生活倶乐部太肮脏"。「アカ」：肮脏，不洁。这里指

"生活俱乐部选举作弊（不光彩）"。

[8] 不気味がられた：「不気味がる」的被动形式。原意为令人毛骨悚然的，这里转意为"惊人的，超凡的"等意。

[9] プロ：专职的。

五、文化・芸術の話

1. 昭和俳句の精神を次世代に伝えたい

　男性的な文芸といわれた俳句だが、いまは女性の俳人の活躍が目立つ時代。戦後間もない1947年に俳句の発展を願って結成された現代俳句協会に、初めての女性の会長が誕生した。

　「過去の先輩俳人たちが持っていた熱い思いを、若い世代の人たちに伝えたい。私は、前の世代の偉大な俳人と<u>リアルタイム</u>[1]に過ごした最後の世代ですから」

　同協会は、現代的で自由俳句作りを指針にしている。季語にとらわれない無季俳句も認め、かつては前衛俳句の拠点になっていた。だが、桂信子さんや<u>鈴木六林男</u>[2]さんら協会を支えた大俳人たちが<u>相次いで</u>[3]亡くなった。ただにぎやかな俳句<u>ブーム</u>[4]が続く中で、先輩たちの骨太な「昭和俳句」の精神を次世代に伝える「<u>パイプ役</u>[5]」に徹したいという。

　俳壇きっての理論家といわれる。18歳から俳句を始めたが、分析力と時代を見る目を兼ね備えた評論で活躍。作家の中上健次が提唱した「熊野大学」に参加したり、古い季語の研究を続けるなど行動力も抜群だ。「<u>定型にとらわれない</u>[6]自由律や無季俳句など少数派で目立たない人たちの仕事にも目配りしたい」と言う。

　「女性の会長といってもそんなに意識はしていません。ただ作品の上で女

性の特質を私自身が見いだしていければと思っています」。とはいえ就任が決まった日の懇親会で、圧倒的な拍手で熱い歓迎を受けた。高齢化の進む協会に「切り札[7]」登場を思わせた。

(酒井佐忠)

《毎日新聞》2006年4月6日

【注釈】

[1] リアルタイム：实时。

[2] 鈴木六林男：读音为「すずきむりお」。

[3] 相次いで：相继。

[4] ブーム：热。接名词后，表示突然出现的某种热潮。

[5] パイプ役：桥梁作用。

[6] 定型にとらわれない：不拘一格。

[7] 切り札：王牌；最后的招数。

2. 桜　葬

　　樹木葬は99年、岩手県一関市にある祥雲寺（千坂住職）が始めた。「墓地、埋葬等に関する法律」により樹木葬墓地として許可された雑木林が墓域。荒廃が進む里山の回復など環境保全を主眼に樹木葬を考え出した。今までの墓と違うのは、普通は墓石の下にあるカロート（遺骨を納める場所）がなく、遺骨を土に直接埋葬する点。さらに墓標は墓石ではなく、環境に合つた花木を植えることだ。

　　桜葬はそうした樹木型墓地の一種で、墓域には個別に花木は植えず、シンボルとなる一本の桜の木の下に個別区画で埋葬される。提案したのは、よりよい葬送に取り組む市民団体「エンディングセンター」。同センター代表でノンフィクション作家[1]の井上治代さんは、「個別に植樹する形式の樹木葬は広い敷地がないと難しい。桜葬は都市型の樹木葬といえる。またシンボルに桜を選んだ

五、文化・芸術の話

のは、日本人の桜に対する特別を愛着があったからです」と語る。桜は大きく成長するため個別植樹タイプには合わないという。

東京都町田市にある町田いずみ浄苑にエンディングセンターの桜葬墓地はある。桜葬を始めて一年たち、今月2日、1回目の合同供養をした。135平方メートルの墓域にエドヒガンザクラ[2]、ヤエザクラ[3]などの3本の桜の木が植えられ、それらを中心に合計250区画ある。契約は55件、すでに23体が埋葬された。使用料は30万円、環境保全費20万円。年会費5000円。

この日集まったのは遺族やエンディングセンター会員など140人。お琴の「さくら」の調べ[4]にのって墓に向かった。宗派は問わないが今回は日蓮宗の僧侶に読経を依頼した。まだ桜は小さいけれど「これからの成長が楽しみ」と参加者は一様に語る。

東京部世田谷区の著述業、まつばらけいさんは昨年末、母を埋葬した。合同供養には親族10人で訪れた。「継承者のいらないお墓をいろいろ調べた中から、母はガーデニング[5]が趣味だったので自然の中に眠りたいと、ここを選んだ。交通の便も考えだ」と語る。

桜葬を申し込む人は首都圏を中心に北海道から九州まで幅広い。「各地にあった方がいい」と、エンディングセンターは樹木葬などをしている各地の寺に呼びかけ、桜葬ネットワークを作った。5寺が参加し、山口県萩市の宝宗寺（三上隆章住職）、神奈川県茅ケ崎市の成就院（鳴海善通住職）、千葉県いすみ市の天徳寺（二神成尊住職）の3寺が桜葬も行つている。

天徳寺では昨年3月から樹木葬墓地を始め、その一画に桜葬の墓地（1区画65万円、年会費8000円）を作った。契約は30件。「普通の樹木葬を見に来た方が桜葬を知って、こちらに決めるケースも多い。桜に対する思いは特別のようです。草木の声を聞こうと呼びかけるのですが、そこから供養が始まると思います」と二神住職。

井上代表は「桜葬の特徴は共同性だと思う。個別区画に埋葬されながらシンボルの木を共有するというつながりが、今の日本人の精神的な落ち着きどころといえるのではないか」と話している。

樹木葬は急速な広がりをみせている。89年に新しい墓の形として普及した永

代供養墓をしのぐ勢いだ。最初に始めた祥雲寺では、開設から6年半余で1160件の契約があり、埋葬者は426体に上る。昨夏には第2弾の樹木葬墓地を開設した。申し込みは首都圏在住者が多い。桜葬ネットワークに参加した寺院のように、首都圏をはじめ各地で樹木葬墓地が増えつつある。

　葬送文化評論家の碑叉谷創さんは、「ここ15年ほどの間に永代供養墓など新しい墓の形が登場し、受け入れる土壌が出来ていた。こんな墓地があったらいいなという市民の<u>ニーズ</u>[6]があったともいえる」と分析。「既成の墓地の範囲内で出来ることなので、行政も参入するのではないか」と指摘する。

　実際、横浜市は戸塚区に市営霊園「<u>メモリアルグリーン</u>[7]」を整備中だが、その一画に<u>クスノキ</u>[8]や<u>ケヤキ</u>[9]を<u>シンボルツリー</u>[10]にした合葬式樹木型墓地を予定している。今秋から募集を始める。さまざまな形態の樹木型墓地が誕生しそうだ。

（内藤麻里子）
《毎日新聞》2006年4月7日

【注釈】

[1] ノンフィクション作家：报告文学作家。

[2] エドヒガンザクラ：（日本樱花的一个品种）江户彼岸。

[3] ヤエザクラ：（日本樱花的一个品种）八重樱。

[4] 調（しら）べ：音调；曲调。

[5] ガーデニング：园艺。

[6] ニーズ：需要。

[7] メモリアルグリーン：纪念草坪。

[8] クスノキ：樟树。

[9] ケヤキ：榉树。

[10] シンボルツリー：纪念树,象征树。

五、文化・芸術の話

3. 日本画とは？

　日本画とは何か？しばしば話題にのぼる問いかけだ。その都度、納得できない思いを抱いてきたと山崎さんは言う。岩絵の具をはじめ支持体として用いる紙や絹、さらに膠[1]など独特な素材、技法を前提とするのは紛れもない。ただその違いだけなのか？

　近代以後、西洋から移入され、盛んになった油絵（西洋画）に対して、既存の絵画を本画と呼んだなど制度上のことと片付けてよいのか？もちろんそれらも大切な視点だ。だが素材や技法、制度、あるいは市場など、まるで外堀をつつくような印象がどこか否めないようにも思う。

　日本の風土、独特の環境がはぐくんだ[2]日本の絵とほかの国の絵を隔てる特徴は？それも肝心な表現のなかに特徴を見いだし、新たな創造のヒントにしたい。その願いを胸に中心となって企画した一連の試みが、自分を含めて4人が順に個展を開き、最後に全員が集ってグループ展を開催する「日本画の手法~充満する四つの時間」だ。

　皮切りに始まった自らの個展に並ぶ新作が『即今』だ。主として青、黄、白に配色されたこの作品は、古代中国で生まれた陰陽五行に由来すると言う。「く」の字に見える形は、蛇のうろこを表す。古代の倭絵[3]、中近世の和画、近現代の日本画としばしば区分けされる日本の絵は、一貫して根底に蛇信仰、陰陽五行、仏教などの伝統思想を抱えていると考えるからだ。試みには、ほかに山田宴三さん、新恵美佐子さん、山崎純子さんが集う[4]。いずれも同世代だ。日本の絵とほかの国の絵を隔てる特徴をめぐって、独自の考えをぶつけ合えたらと山崎さんは話す。

（石川健次）

《毎日新聞》2006年4月6日

【注釈】

[1] 膠（にかわ）：骨胶。

[2] はぐくんだ：培育的；养育的。
[3] 倭絵（やまとえ）：日本风景画；日本风俗画。
[4] 集（つど）う：聚会；集合。

4. 心のほぐし絵

　忙しい毎日。世の中は慌ただしく、時代の変化は猛スピード。ちょっと心の休まるときがないような…。そんなとき、こんな絵を見ると、なんだか「ほっと」しませんか。

　「かわいいお地蔵さまのお顔を見ると、思わずにっこり」（71歳・女性）

　「忘れかけていた大切な何かを思い出させてくれた」（57歳・男性）

　「毎朝毎晩、絵に感謝しながら暮らしている」（66歳・女性）

　「病気療養中の友人に贈ったらとても喜んでくれた」（83歳・男性）

　いま、見る人の心を癒す「心のほぐし絵」が注目を集めている。作者は紀州、根来に庵を結ぶ画僧の牧宥恵（まき・ゆうけい）さん。清らかな風が流れる根来寺の画房を訪ね、お話をうかがった。

　「人はみを悩みます。誰でもそうなのです。この悩みをどうにかして解消したい、答えを見つけたい。けれど、答えは必ず心の中にあるものです。そんな見えない本当の『心の存在』に気づくヒントが、この絵の中にはあります」。と、牧宥恵さんは語る。

　和歌山県岩出町にある根来寺。春には桜、秋には紅葉など、広い敷地内には見所も多く、訪れる人々を年中楽しませてくれそうである。

　この根来寺の境内に宥恵さんの画房はある。もともと伝統仏画を描く画僧である。高野山の遍照尊院には宥恵さんの描いた阿弥陀如来二十五菩薩来迎図があり、その迫力たるやまさに圧巻の一言だ。

お釈迦さまの教えとの出会い

　宥恵さんはもともと僧侶の家系に生まれたわけではない。我々と同様、普

通の人生を歩むはずであった。小さい頃から絵が好きで、日大の芸術学部に進学。当時は時代が西洋の文化、思想に向いている頃。

「東京に出て絵を学ぶのですが、どうもしっくりこない[1]。今思えば、その頃は物質的なものが充実してきて、逆に精神的なものが弱ってきた世の中だった。今もその傾向は続いていると思いますが」。

25歳のとき、思いと現実のギャップに悩み、友人のインド旅行へ同行する。「別にどこだって良かったのです。日常から抜け出せれば」。しかし、そこでインドの雄大な自然、滔々と流れるガンジス河[2]のほとりで育まれたお釈迦さまの教えに出会う。「ああ、これだ、と思いました。何も思い煩うことのない、あるがままの暮らしこそが最良の道という教え。そしてこれを絵にしたいと思ったのです」。帰国後、仏画師になることを決心し、出家、得度。画僧として修行の日々を送るようになる。

かわいくてほっとする絵と言葉

けれど、宥恵さんの描くほぐし絵は、普通の仏画ともちょっと異なる。とっつきやすく[3]、何より見ているだけでほっとする。

「もともとお釈迦さまの教えというものは、こういうものだと僕は解釈しています。難しく考えることはありません。優しく、温かく心をほぐしてくれるものなのです」。

とにかく絵が良い。かわいい菩薩さまたちがお茶を飲んだり、温泉に入ったりするのである。そして書かれている言葉はいたって[4]シンプル[5]。さりげなくお釈迦さまの教えが入っているそうなのだが、何も難しく考えることはない。言葉どおりに受け取る、ただそれだけでいい。胸にしみじみと伝わる。

《毎日新聞》2006年4月5日

【注釈】

[1] どうもしっくりこない：怎么也不合适。

[2] ガンジス河：印度恒河。

[3] とっつきやすく：容易接近，容易接受。

[4] いたって：副詞。最，极,甚。

[5] シンプル：质朴；单纯。

5. 炎天祇園に古都の華

芸妓武妓があいさつ回り

　芸舞妓[1]日ごろ世話になっている芸事の師匠やお茶屋にあいさつ回りをする「八朔」[2]が1日、東山区の祇園であった[3]。朝から強い日差しが照りつけるなか、黒紋付きを着た芸妓や舞妓が数人ずつ連れ立って祇園を行き交い、「おめでとうさんどす」とあいさつした。

　八朔は旧暦8月1日のこと。稲作の収穫期前に豊作を願うことから転じ、祇園では新暦のこの日に感謝を表す風習が残る。三重県鈴鹿市から写真愛好家仲間と訪れた主婦、樋口千恵さん（66）は「舞妓さんがきれいで見とれてしまい、写真がこの次になってしまいました」と話した。

《朝日新聞》2007年8月2日

【注释】

[1] 芸舞妓（げいまいこ）：舞妓。

[2] 八朔(はっさく)：阴历的八月一号。

[3] であった：「で」：格助词,此处表示行为动作的场所。「あった」：「行った」,进行了。

6. 夜の寺 妖怪行列

高台寺で夜間拝観

　東山区の高台寺で一日、夏の夜間特別拝観が始まった。古道具が化け物や妖怪に姿を変え、列をなして闇の中を移動する「百鬼夜行」をテーマにした映

像が白砂の庭に投影された。おどろおどろしい[1]音楽が流れる中、コミカルに描かれた傘や竹、釣り鐘などの妖怪が動き、参拝高台寺で夜間拝観客は「涼しさ」を味わっていた。

　同僚と訪れた三重県桑名市の北村洋子さんは「怪談は得意ではありませんが、なじみのあるお化けが出ていて楽しめました」と話した。

《毎日新聞》2007年8月2日

【注釈】

[1] おどろおどろしい：非常令人恐惧的。

六、教育の話

1. 忘れぬ教育の有り難さ

　私の子供の頃、思いかえせば、今から大方80年も昔々の話。私はその時、満5歳の直前だった。南国徳島の5月の日ざしは明るく強かった。私は唇を嚙みしめ、ひとりで<u>脇目もふらず</u>[1]歩きつづけていた。家から、姉の通学している小学校まで、大人の足で二十分もかからなかったが、幼い私には予感していたよりはるかに遠かった。いつの間にか汗にまみれ、下駄をはいた足は<u>埃だらけになっていた</u>[2]。口も咽喉もかわききっていた。泣きそうになるのをこらえて、私はひたすら前進していった。姉の小学校への道は、何度か行って覚えていた。小学校の校庭の片隅に幼稚園があった。ようやくそこへたどりついた時、緊張と疲労で、私は<u>へなへなと</u>[3]坐りこんでしまった。

　私を見つけた先生が助け起こして、園長先生の部屋につれていってくれた。

　「どこから来たん？お名前は何ていうの？」

　袴をはいた園長先生にやさしく声をかけられたとたん、私は安堵で涙がこぼれてしまった。名前をつげたが、家の住所は知らなかった。五つ上の姉が、この小学校にいること、姉はこの幼稚園に二年通ったのに、自分は送り迎えしてくれる祖母が死んだので、一年しか来させてくれないこと。でも、どうしても二年来たいので、今日思い立って、ひとりで頼みに来たことを、必死になって訴えた。いつのまにか私のまわりにはさらに二人の先生が増えて、<u>かわるがわ</u>

る[4]私のたどたどしい[5]話をうながしてくれていた。
　「ひとりで、よう[6]来たね、えらい、えらい」
　私を見つけてくれた一番若いきれいな先生が私を抱きよせて、ぎゅっと腕をしめつけ、頭を撫でてくれた。その時の若い先生の胸もとからした甘い匂いを、今でも私は覚えている。
　園長先生の目尻の下がったまるい白い顔も、もう一人の背の高い色の黒い、ちぢれっ毛の先生の顔も、今でもはっきり覚えている。ただし名前は出て来ない。
　そのまま、私は園児といっしょに遊ばせでもらった。昼休み、姉と、担任の先生が来てくれ、私の話を実証してくれた。両親は私の冒険旅行のてんまつを送ってきてくれた幼稚園の先生から逐一聞かされ、恐縮しきってしまった。私が居なくても気にもせず、どうせ近所の原っぱか、川っぷちで遊んでいるのだろうと思っていたらしい。うちは父は指物職人で住みこみの弟子が十人ほどいて、母は店番やら、大所帯のまかない[7]やらで、子供にかまける時間もないほど忙しがっていた。放任主義といえば聞こえはいいが、要するに子供に手が廻らなかったのだ。
　翌日から私は姉と一緒に登校し、幼稚園が終わると、姉の教室で、姉の授業の終わるまで待った。古島先生が、私の机に次々絵本を並べてくれた。ノートも鉛筆も一人前に与えてくれた。その時から小学校四年の授業を受けたようなものだ。
　家の都合で二年幼稚園に通ったあと引っ越したので、小学校は別のところに入った。武原はんさんと中原淳一さんの卒業した小学校である。家から歩いて三分とかからない学校だった。入学の時、もうその頃ランドセル[8]が普及していたのに、私は母の手作りの手提げ鞄を持たされていた。それが恥ずかしいとは思わなかったが、家は金持ちではないのだなと思ったことを覚えている。
　家では勉強しろといわれたことがない。私たち姉妹とも勉強が好きで、学校が大好きだったからだ。
　父は小学校四年、母は高等小学校止まりの学力だったので、子どもの教育は学校まかせだった。それでも好きな本を買う小遣いはいつでもくれていた。子供心に親に負担をかけまいと私は小学生の頃から県立図書館を利用することを

覚えている。

　小学一年から六年間を通して私の通信簿は全甲で、成績はクラス一番だった。通信簿を貰った日は、さすがに私も心が弾んで家に帰るなり、仕事場の父や台所にいる母にそれを見せびらかした。ところが二人とも全く喜んでもくれず、父は、「全甲もとれんようなアホな子は生んどらん」[9]というのだった。母も、「子供は勉強するのが仕事やもん、成績ようてもうぬぼれたらあかん[10]よ」という。耳に残っている母の教えは、うぬぼれるなという一言だった。

　小学校でも、女学校でも、東京女子大でも、忘れられない良師に恵まれた。

　登校拒否の子供が多い現在の日本の教育のあり方が気がかりでならない。私は自分の生涯に教育の有り難さを実感しているからこそ[11]、敦賀女子短大（現・敦賀短大）で学長を四年間引き受けたり、徳島や京都で、くり返し、個人塾を開いてきた。

　その成果は予想以上に手応えがあった。一人でも二人でも、塾に通ってよかったといってくれる人が出れば以って瞑すべしだ[12]と思っている。

　今度、自民党と民主党の党首討論に、教育問題が取りあげられたことはよかった。

　現在の社会の不穏な歪みの根本原因は、戦後の教育の歪みのつけが廻ってきたというのが私の日頃の持論である。この問題を軽く流してしまわないで、しっかり論及していってほしい。親の愛を存分に受けた子でも、学校ぎらいはいくらでもいる。

（瀬戸内寂聴　作家）
《毎日新聞》2006年5月21日

【注釈】

[1] 脇目もふらず：聚精会神地。「脇目」意为"旁视"。

[2] 埃だらけになっていた：弄得满是灰尘。「だらけ」是结尾词,接名词后。意为"满是……","净……"。

[3] へなへなと：副詞。形容物体柔软的样子。例如：彼女はへなへなとくずおれた。／地软瘫瘫地倒了下去。

[4] かわるがわる：副词。轮流地。

[5] たどたどしい：a.话说得不流畅，磕巴；b.步伐不稳,蹒跚。

[6] よう：竟然。：「よく」。

[7] 大所帯のまかない：负责一大家子的伙食。

[8] ランドセル：(学生用)背包。

[9] 全甲もとれんようなアホな子は生んどらん：「全甲（ぜんこう）」＝所有课程的成绩都是甲等；「とれん」＝「とれない」,不能取得,拿不到；「アホな」＝「阿呆（あほう）だ」,关西方言，愚蠢的。

[10] ようてもうぬぼれたらあかん：「ようても」＝「よくても」,关西方言，即便好；「うぬぼれ」＝骄傲，自满；「たらあかん」＝「てはいけない」,不可。

[11] からこそ：惯用型。接用言终止形后，表示对原因的特别强调，"正因为……才……"。

[12] 以って瞑すべしだ：就是死也可以瞑目了。

2. 不正入試を考える

農高の改ざん[1]心から怒り[2]

　兵庫県立農業高校での入試答案の書き直し事件は、校長の指示で行われでいたことが明るみに出た。

　あと三年で創立百周年を迎えるこの高校を長男は十年前に卒業した。大学で食品化学を勉強し、大手食品会社に勤め、現在は三重県に住んでいる長男も、苦々しい気持ちで成り行きを見守っているに違いない。

　同じ筆跡で15人もの答案を改ざんすれば、どんなことになるか。最初から分かりきっている。指示した校長と直接手を下した[3]教諭の幼稚な発想は、到底理解することは出来ない。元教諭らの証言でOB[4]と癒着しての不正入試は、十年も前から行われていたと報じられているが、事件に関与していない卒業生、在校生、受験生にとっては、不愉快なことこのうえない。

　毎年行われる「県農祭」には家族そろって出かけ、楽しい思い出もいっぱい

ある。ユニークで自由な校風を知る身近な高校だけに、やり切れない思いだ。関係者の処分について、県の教育委員会は厳しい態度で臨む必要がある。

主婦　朝見房子　48（兵庫県姫路市）

公正だったことを快く思う

　校長、教諭の入試不正事件で、教育界は大揺れしている。選抜する側がこれでは、一般の入試もどこまで公正に行われているのやら、と不信の念を持たれても全く弁解の余地がなくなる。厳密に、公正にと腐心し、入試を実施している大多数がこうむる害は甚大である。

　ところで今回の兵庫県立農業高校での不正事件で、他からの働きかけ、圧力があった旨の報道がなされているが、どんな圧力があるにせよ、校長自らがそれに屈するようでは、学校教育を根本から切り崩してしまうも同然である。

　かつて私も中三担任だった時、ある父母から、わが子の都立入試の結果を事前に手を回して[5]探ってくれるよう「いくらでも積むから」と頼まれたことがあった。言下に断り、不正意識を非難した私と激しい口論となった。

　「そのくらいのことができないで、進路指導のベテランか？」とも言われ、腹も立った。当然のことだが、今この事件に触れ、公正であったことを快く思っている。

教員　山田暁生　54（東京都町田市）

腐敗した教育界厳罰で立て直せ

　兵庫県立農業高校の入試答案改ざん事件で、同校校長らが逮捕された。教育界にとってあるまじき行為である。弁明の余地はなく、教育界への不信をつのらせた[6]と言える。

　その背景には、教育者を含めた公務員に対する処罰が軽いことがある。

　まず、一切の資格をはく奪する懲戒免職の適用を広げていくことである。戒告、訓告、それに一般国民には不可解な依願免職の実体は、悪事の隠れみのになっている[7]と思う。

　重要な地位にあるほど罰が軽いのは国民として納得出来ない。むしろ重い地

位ほど罰を重くして、えりを正す[8]のが本当ではないだろうか。

自営業　藤岡靖雄 57（広島県呉市）

学校は教育理念の確立を

兵庫県立農業高校の入学試験で、受験生15人の答案用紙が改ざんされるという不祥事が発生した。あきれてものが言えない。学校や教師に対する子供たちの信頼感を自ら断ち切った校長の行為は、断じて許せるものではないが、この事件で最も重要なのは子供たちの気持ちの動揺であろう。

子供の理想を手助けするのが教育の原点だが、偏差値の輪切りで進学校を一方的に決められ、しかも今回のように学校に不正があったとすれば、彼らにはなんともやり切れない思いがいつまでも残る。

今後、事件の背景に潜むと思われる試験問題の漏えいや、贈収賄等に関する真相の究明も大切だが、二度とこのような不祥事が発生しないよう、学校は確固たる教育理念の確立に万全を期してほしいものである。

無職　豊田俊雄 65（熊本市）

校長の談話が不自然な時も

マスコミ一般に対して、私がずっと思っていることを述べます。

それは児童、生徒が関係した事件で、必ず校長先生が出てきて「性格はいい子で……」と話すことです。

校長先生というのは、代表として出てくるのでしょうが、いかにも児童、生徒について知っているといった感じで、私は不思議です。

私はすでに12年間の学校生活を終わっていますが、12年間で校長先生と会ってお話をしたという思い出はありません。なぜ、マスコミは校長先生に児童、生徒の性格を聞く必要があるのでしょうか。それを聞くなら、同級生とか担任の先生に聞く方がずっと正確だと思うのですが……。

会社員　橋本菫 22（東京都五日市市）

ラジオ番組欄の充実を望む

「今やテレビ時代で、ラジオなど聞く人がいない」と思うのは大間違い。下手なテレビ番組より、はるかに有意義で、ためになるラジオ番組がたくさんある。

ところが、新聞のラジオ番組欄は活字が小さく、出演者の名前や内容の説明などが見当たらない。

例をとれば、NHKの「ことばの歳時記」「ラジオ深夜便」など、その内容と放送時間を明示してほしい。NHKでは新聞社に知らせてあるはず、とのことだ。

医師　還藤芳郎　67（福島県会津若松市）

精神医療の状況を的確に伝えて

最近、精神医学に関する何冊かの本を読み、正直驚いた。私たちの少年時代には不治、あるいは難治とされてきた精神病（特に分裂症）が薬剤の進歩でかなりの率で良くなり、社会復帰される人も多いという。こうした現象を表現するのに、精神病の軽症化という言葉も生まれているようであり、この病の克服のため、先駆的に活躍されている医療関係者に敬意を払う。

しかし、一般人のレベルでの精神病に対する認識は百年前のそれと余り変わらないのではないか。何か精神病者のかかわる事件が起きると、一部マスコミは病気の本質や、世界の先進国と言われる国々のすう勢が病者の社会への積極的参入をめざしていることを考慮しないで、いたずらに危機意識をあおる。

今必要なのは、精神医療に従事する人々の啓発的な活動ではないだろうか。マスコミは精神医療のここ30年間の進歩の状況を一般大衆に的確に伝えることによって、認識の<u>ギャップ</u>[9]を埋めていってほしい。

自由業　玉田誠宏　39（大阪市旭区）

テレビにない新聞の歴史性

本紙の「編集局発」で、湾岸戦争報道におけるテレビ報道に新聞がどう対抗したか、苦心を述べていた。振りかえってみると、テレビはどのチャンネルもアメリカのテレビ局が収録したもので、キャスターの顔は違うが、映像はほと

んど同じものであったと思う。

　視点を変えて極言すれば、電波を使った無駄な報道が多すぎたとも思える。しかも時間を追いかけるテレビ報道は、何も残してくれず、視聴者の映像記憶も遠からず霧散するだろう。

　テレビに対抗する新聞の武器は、その記録性と資料性だと述べているが、私はそれに歴史性もつけ加えたい。記録と資料は心ある庶民に永久に受けつがれると思う。新聞はテレビの映像を意識せず、じっくり構え、この戦争の歴史的事実と意義を書きつづけてほしい。

無職　藤山三郎　64（山口県光市）
《毎日新聞》　1991年3月26日

【注釈】

[1] 改ざん：在它的后面省略了「に対して」。

[2] 怒り：在它的后面省略了「をおこした」。

[3] 手を下（くだ）した：亲自干，亲自动手。等于「手を下（お）ろした」。

[4] OB：毕业生；学兄，学姐。

[5] 手を回して：事先暗中派人，暗中布置。

[6] ……への不信をつのらせた：招致对……的不信任。

[7] ……の隠れみのになっている：成为……的隐身草，是……的遮羞布。

[8] えりを正す（ただす）：端正姿势,正襟。

[9] ギャップ：差距；裂缝。

3. 規制緩和で揺らぐ大学の質

　耐震欠陥マンションの問題が社会に極めて大きな衝撃と動揺を与えている。大学の質の保証にかかわる職務に携わる者として、人ごと[1]とは思われない。

　この問題では、建築士による書類偽造という行為に大きな問題があることは当然だが、それと同様に注目すべき点は、検査機関のチェック[2]が機能しなか

ったという、システム[3]上の問題である。自治体による検査に加え、新たに民間検査会社の参入が認められて以来、チェックの甘い検査会社への依頼が増えるとともに公的チェックの緩みが生じたと指摘されている。規制緩和の影の面が浮かび上がってきているのではないか。

　大学の質を保証するシステムとしては、大学・学部等の設置の公的な認可制度と、評価機関による定期的な第三者評価の義務づけという二つの仕組みが設けられている。「事前規制から事後チェックへ」という規制緩和の流れの中で、国による設置認可やそのよりどころである大学設置基準等が最近10年くらいにわたって大幅に緩められる一方、04年度から第三者評価を担う評価機関が発足し、徐々にその数を増やしつつある。

　少子化が進行中にもかかわらず[4]、わが国の大学数は増加し続け、今や「大学全入時代」と称される中、大学の質をめぐる懸念が強まっている。新設校の中には、設置認可のための審査が緩やかになった影響もあって大学としてふさわしいかどうか疑問を呈されるような事例もあらわれている。「何でもありの状態だ」と形容する識者もいる。

　しかし、大学がどの機関から評価を受けるかを自由に選択できる現在の仕組みの下、問題を抱える大学が厳正な評価機関に自らの評価を委ねるであろうか。仮に委ねたとして、国の認可を最低ラインで得た「境界例」の大学は評価機関独自の基準により「不適格」と判定される可能性がある。それに伴う混乱はどうなるのか。

　現行制度では評価機関は大学の主体的な改善を促す役割を期待されており、法令・基準への不適合状態を是正させる権限はない。この点、設置認可制度とは基本的に性格を異にしており、両者は代替的な関係にない。

　ところが、大学をめぐるこのような社会環境や制度のありようにもかかわらず、「参入を促進して競争させることが大学の質の向上のために必要」という教条化した考え方がいまだに払拭されてはいないようだ。

　例えば、認可制度や基準を参入障壁と批判し、構造改革特区向けの簡略な審査で株式会社立大学に門戸を開放した結果はどうか。今年3月に公表された調査結果では、資格試験予備校と「大学」の授業が渾然一体となっているなど法令

にかかわるさまざまな問題が明らかになった。

　事業者だけの問題ではない。彼らの利益実現にかかわる要望や提案ばかりに耳を傾け、株式会社立大学の全国解禁、補助金導入、税制上の優遇措置などを提唱してきた政府審議会の見識が問われねばなるまい。特区自治体は事業者の言いなり[5]ではなかったのか。その責任感や事業内容の実態把握の程度についても、国は十分に検証すべきだ。

　マンションの問題は、住民の生命・身体への危険という形で、極めて大きな社会的コストを発生させた。一方の大学の質の問題も、対応を誤れば学生の利益、日本の大学に対する国際的な評価などのさまざまな面で大きな代償を払うことになろう。欠陥マンションと異なりその危険性やコストが見えにくい分、バランスのとれた制度設計の検討が難しく、ある意味で深刻な課題とも言える。実態を正確にとらえ腰を据えた議論が各界で行われることを望みたい。

（大学評価・学位授与機構教授　荻上紘一）
《毎日新聞》2006年4月9日

【注釈】

[1] 人ごと：不关自己之事,旁人的事。

[2] チェック：核对，查对。

[3] システム：体系，系统。

[4] にもかかわらず：惯用型。接在用言连体形、名词或指示代词「それ」的后面，表示后项的结果与前项事项相反。例如：雨にもかかわらず、人が大勢集まった。／尽管在下雨,还是来了许多人。

[5] 言いなり：惟命是从。「なり」是结尾词。

4. 四月病

　初々しくて無邪気。新社会人は一目で分かる。通勤ラッシュ[1]の人の流れを妨げ、電車の中で陽気に騒ぐスーツ姿の若者たちが温かく見守ってもらえるの

も「新人」の特権だろう。

　彼らを送り出した大学はいま、「2006年問題」に戦々恐々としている[2]。教える内容を戦後で最も減らした現行学習指導要領（高校で03年度導入）1期生がこの春、大学にやってくる。

　学力不足は今に始まったことではない。理工系学部でも、多くの学生が高校で物理を十分学んでいない。補習しないと、本来の授業に入れない。それが深刻さを増す。

　ある大学で学生相談を担当する理工系教授が嘆く。入学式当日から相談室に駆け込んでくる新入生がいる。学科の説明を聞いているうちに「こんな大変なことができるのか」と不安になるという。講義が始まると「授業についていけない」「転部する[3]か退学したい」という相談が増える。

　昔は「5月病」といった。大型連休が明けるころ、入学時の緊張感が緩んでファイト[4]が出なくなる。今は「4月病」である。学力不足が心の体力まで奪っている。

　切ない[5]のは、社会の厳しさが変わらないことだ。産業界は「基礎学力と専門性を備えた、素直で粘り強い人材」を求める。じっさい、そんな技術者、研究者たちが、チームワーク[6]で技術立国を支えてきた。

　団塊世代の熟練技術者がいっせいに退職するのが07年。その後を継ぐ人材をどう育てるか、大学は正念場だ。ここを切り抜けられなければ、今度は企業社会が「2010年問題」を経験することになる。

（科学環境部）

《毎日新聞》2006年4月5日

【注釈】

[1] 通勤ラッシュ：上下班高峰。

[2] 戦々恐々（せんせんきょうきょう）としている：战战兢兢。

[3] 転部する：转系。

[4] ファイト：战斗精神，斗志。

[5] 切ない：形容词。难过，难受，苦闷。

[6] チームワーク：团队合作，协作。

5. 小育ての悩み尽きず

　晴れた週末の昼下がり、団地の中に青空市場が出ていた。ビニールシート[1]の屋根の下、市場から届いた野菜が箱に入ったまま並んでいる。インド人主婦が多い。カレーに使うコリアンダー[2]が手に入るし、故郷のバザール[3]と雰囲気が似ている。隣の集会所をのぞくと、100人近い男女が集まっていた。壇上では民族音楽ののど自慢、カレーの立食コーナーまである。

　「子供のお誕生日会をやっているんだよ」。市場帰りの若夫婦が教えてくれた。夫は「インド人は子供の成長に関心が高いんだ」と買い物袋を一人で抱え、おなかの大きな妻を気遣いながら駐車場へ向かった。

　日本の保育園や学校に子供を預けるインド人家庭は少ない。仕事で日本語に接する男性と違い、妻たちは日本語がよく分からず、先生の話や連絡帳の内容を理解できないからだ。理由は他にもある。

　週明け。正午過ぎの東京メトロ西葛西駅で、専業主婦のメガナさん（29）が長女ネーハちゃん（4）の手を引いていた。隣駅のインターナショナルスクール[4]までお見送りだ。ホームで待っていた同級生とはしゃぐ娘に、メガナさんは「危ない」と英語で注意した。家では故郷のマラティー語も話すが、子供が覚えるようにできる限り英語を使う。

　メガナさんが10歳の時、クラスの全員が30×30までの掛け算を暗記していた。十分な教育が日本で受けられるのか。インターナショナルスクールの教育レベルにも満足できない。帰国した時、子供がインドの教育についていけないのではないか。「娘が10歳になるまでには帰りたい」と言う。

　3月、ネーハちゃんのお誕生日会をファミリーレストラン[5]で開いた。あいさつするだけだった日本人の母親たちも誘ってみた。「子供がうるさくて」と、下の階の人から怒られたことで相談すると、「うちも一緒よ」と言われホッとした。

　プレゼントに囲まれ、ネーハちゃんが笑っていた。

（安高晋）

《毎日新聞》2006年4月5日

【注釈】

[1] ビニールシート：塑料板；塑料布。

[2] コリアンダー：(调料) 胡荽。

[3] バザール：商场。

[4] インターナショナルスクール：国际学校。

[5] ファミリーレストラン：家庭式西餐馆。

6. 小学校の英語必修化

　中教審が小学校の英語必修化を検討する背景には、英語への取り組みの質と量が学校や自治体間で異なる現実を是正しようという狙いもある。

　小学校の英語への取り組みは、02年度導入の総合学習でなし崩し的に[1]始まった。一方、学習指導要領に縛られない教育特区でバイリンガル[2]養成を掲げる自治体も現れた。実際、東京部内の北区と足立区の取り組みには差があり、「英語の出来不出来が社会的格差につながりかねない」と懸念する親もいる。

　必修化といっても、中教審は道徳のような扱いや総合学習での取り組みを想定し、教科として英語を教え、点数をつけることは当面、考えていない。私立中学校も学習指導要領下で、入試に英語を謀すことはできない。とはいえ、近年の英語教育熱が必修化で一段と熱を帯びるのは確実だ。

（中教審）

《毎日新聞》2006年4月6日

【注釈】

[1] なし崩（くず）し的に：一点一点地。

[2] バイリンガル：能够自由地使用两个国家的语言，双语。

7. 外国語教育の実態

(1) 中国

　「英語を学ぶ国民の総数はすでに3億人を突破した。数年後には英語を母国語とする国の総人口を上回るだろう」。中国教育省が3月末に明らかにした統計と予測は、英語学習熱の高まりを示すのに十分な数だった。人口13億の、実に4分の1近くが、英語習得への意欲を抱いているわけだ。

　中国でもチャンスを広げるには語学を身につけるのが早道とされるが、中でも英語が突出している。もちろん「学ぶ」と「話せる」「聞き取れる」は異なる。同省は「大学生の英語能力は低い。同時通訳の人材は不足している」と指摘する。

　北京市は04年以降、小学1年生から英語を必修科目とした。五輪や万博が控える北京、上海などの都市部がとりわけ熱心とされる。幼稚園児・小学生を対象にチェーン[1]展開する英語教室もあり、注目されるビジネスにもなっている。

（北京・飯田和郎）

(2) アメリカ

　米国では、移民が英語を学ぶための教育システムは充実しているが、英語を母国語とする米国民の外国語熱は高くない。だが、国家安全保障の観点から外国語教育を促進する国家プロジェクト[2]がスタートし、外国語教育事情は将来、大きく変わる可能性がある。

　米民間団体の97年の統計によると、全米の小学生の31％、中学生の81％が学校で外国語を学ぶ。小学生は87年に比べ約10％増加したが、中学生は逆に2％減少した。中南米移民の増加を反映し、履修生徒のうち小学生79％、中学生93％がスペイン語を学び、仏語、独語、日本語と続く。

　しかし、ブッシュ大統領は同時多発テロ[3]を契機に[4]、「世界各地域との相互理解の欠如」が国家安全保障を脅かしていると判断。今年1月には「国家安全保障言語イニシアチブ[5]」を提唱し、07年から幼稚園児〜大学生を対象に外国

語教育拡大を開始する。09年までに、アラビア語や中国語、ペルシヤ語[6]などの専門家2000人を養成する計画だ。

（ワシントン・吉田弘之）

(3) イギリス

　欧州委員会の調査（01年）によると、住民の65.9％が母国語しか話さないという「外国語オンチ[7]」ぞろいなのが英国。

　政府は04年に「外国語を早期にマスターすれば身につく」と、10年までにすべての小学生（7～11歳）が外国語を学ぶ方針を打ち出した。その一方で04年に中等学校生（11～18歳）が16歳で受ける中等教育修了試験（GCSE）の必修科目から外国語を削除したため、中等学校で外国語を学ぶ生徒が激減した。

　05年の調査では、外国語を必修とする学校は34％。公立校では26％にまで低下した。慌てた政府は昨年暮れ、16歳までの生徒の少なくとも半数が外国語を学ぶ新しいガイドライン[8]を公表。今年秋からの導入を決めた。

　成人はもっぱら自治体の語学教室で外国語を学ぶ。イングランドで05年に69の自治体を対象に行われた調査では、約9万7000人が36の外国語を学習中。人気はスペイン語、仏語、イタリア語の順。動機（複数回答）の最多は「休暇をその国で楽しむため」が74％。「不動産を買うため」というのも46％と高い。老後に温暖な所で暮らすために外国語を学ぶ大人が少なからず[9]いるようだ。

（ロンドン・山科武司）

(4) フランス

　「フランス語が万能」と思われがちなフランスでも、実は大学生の96.3％、高校生の99.5％が英語を学んでいる。かつては仏語圏では仏語ですべてが済んでいたが、今や米国の強大化と経済のグローバル化[10]の中で、英語学習熱は高い。

　フランス人にとって英語は文法的にも難しい言葉ではなく、学ぶ意思、つまり「外国への関心」があるか否かが習熟度の分岐点となっている。

2番目に人気のある外国語は隣国のスペイン語。同類の「ラテン語仲間」のため習熟が容易で、しかも南米など、国際語としての利用価値も高い。3番目は独語。戦後から欧州連合（EU）創設時までは「欧州の仏独2大エンジン」として独語熱が高かったが、今や英語で代用できるため徐々に比率が下がっている。4番目はイタリア語で、以下、中国語や日本語など。ちなみに中国語は伸びているが、日本語も落ちてはいない。

　街角の私立外国語塾はパリに約300ある。仏では大学の授業料が安いため、学生が通うケースは少ない。私立塾は主に企業の社員向けのようだ。

（パリ・福井聡）

(5) ロシア

　他の国々と同様、外国語といえば英語が圧倒的に重視されている。次に独語、仏語などの学習が盛んだ。

　ロシアでは小学5年生から英語教育を始めるが、小学1年から英語の授業を導入している大学付属校や私立校もある。大学受験科目で英語の難易度はソ連時代よりかなり高くなった。大学受験生をもつ親たちは英会話学校よりも入試に向けて英語の家庭教師を雇うことに関心がある。

　モスクワで英語の家庭教師の相場は、大学院生や教師の場合、1回（約2時間）で20ドル。これが「入試問題に精通した大学教授になると一回50ドル」に跳ね上がり、週2回で一ヵ月400ドルの出費になる。モスクワ市民の平均月収は約500ドルだ。

　「語学力もカネ次第[11]」。拝金主義の悪弊が外国語教育の世界にも及んでいる。

（モスクワ・町田毒彦）

(6) イラン

　核問題で米国と激しい対立が続くイラン。公用語はペルシャ語だが、イスラム国家でもあるため、小学校から聖典「コーラン」を、その言葉であるアラビア語で学ぶ。

　中学校に入ると第2外国語はアラビア語が必修で、第3外国語として英語、独

語、仏語から一つを選択する。教育省によると、この国でも大半は英語を選択するという。

　生徒の間では、アラビア語より英語の方が人気がある。「アラビア語はコーランを読む時だけ。英語が分かれば、西洋の映画や音楽がナマで[12]楽しめるから」。女子生徒の一人はそう言った。しかし、学校での英語教育は文法と読解が主で、教える側の質にも問題があるという。そのため少し余裕のある家庭の子供たちは町の英語塾に通うことが少なくない。

（テヘラン・春日孝之）

《毎日新聞》2006年5月11日

【注释】

[1] チェーン：使用同一资本的剧场、小商店、超市、饭店等。(商业)联号。

[2] プロジェクト：计划，项目。

[3] テロ：恐怖主义；恐怖行动。

[4] を契機(けいき)に：表示"以……为契机"，"以……为转折点"的意思。一般接动名词后。也可以用「……を契機にして」、「……を契機として」的表现形式。例如：彼女は就職を契機に、生活スタイルをがらりと変えた。/她以就职为契机,一下子就改变了生活方式。

[5] イニシアチブ：倡议；主动精神；首创精神。

[6] ペルシヤ語：波斯语。

[7] 外国語オンチ：外语盲。

[8] ガイドライン：方针,指导原则。

[9] 少なからず：副词。不少，很多。

[10] グローバル化：全球化。

[11] カネ次第：看钱的情况如何。「次第（しだい）」接体言后，表示某个事项的成立与否取决于某种情况如何。例如：世の中は金次第でどうにでもなる。/这世道,有钱能使鬼推磨。作物の出来具合はこの夏の天気次第だ。/庄稼的收成如何就看今年夏天的天气如何了。

[12] ナマで：直接地。

七、IT業界の話

1. IT[1]業界不人気の理由は？

　最近の新卒採用で人気が低迷する国内IT業界。不人気の理由は何なのか、人気回復はできるのか。情報処理推進機構（IPA）は10月30日のイベント「IPAフォーラム[2]2007」で、IT業界の重鎮と理系学生による討論会を開催した。テーマは「IT産業は学生からの人気を回復できるのか」だ。

　討論したのは、東京大学、筑波大学、日本電子専門学校の現役学生10人とIT業界の重鎮2人。IT業界の重鎮とは、自身ではメインフレーム[3]開発しか行ったことがないというNTTデータ取締役相談役で、情報サービス産業協会会長の浜口友一氏と、TISの代表取締役社長岡本晋氏だ。加えてIPA理事長の藤原武平太氏が答えた。

そもそもイメージがわかない

　「IT産業へのイメージ」との質問に対して学生の1人は「IT産業は自分たちの生活に欠かせないもの、生活を支えてくれる基盤である」と優等生な回答。しかし、別の学生からは「トヨタ自動車[4]やソニー[5]のようなユーザー企業と違い、IT（の導入）しか行っていないNTTデータのような会社が一番謎」といった疑問が出た。イメージを聞かれても、そのイメージ自体が何もないという皮肉な答えだ。別の学生からは「（情報を発信するテクノロジなのに）IT業界が

何をしているのか分からないのは問題」といった、そもそも論も聞かれた。

　いくつか挙げられたIT業界のイメージは実にネガティブな内容だった。いわく「きつい、帰れない、給料が安いの3K」に加えて、「規則が厳しい、休暇がとれない、化粧がのらない、結婚できない」の"7K"というイメージだ。学生は、ほかの業界と比べて「IT業界は特に帰れない」というネガティブな印象を強く持っているようだ。

　ネガティブイメージ[6]を突きつけられた浜口氏は、「必ずしも全員が3Kではない」と反論。岡本氏も「3Kの"帰れない"は、帰りたくない人が帰れないだけ。スケジュール管理の問題だ。私は40年間近くIT業界で仕事しているが、何が一番幸せかというと退屈している暇がないことだ。技術が進歩するにつれわれわれの仕事も複雑化してくるが、一生懸命追いかけていくだけでも退屈しない。いい仕事を選んだと思う」と自らの仕事を振り返りつつ、学生に反論した。

　また岡本氏は「モノをつくっている会社は、イメージがモノで通じている。われわれの業界はモノを作るといってもソフトウェア[7]、もしくはサービスを提供している。目に見えてイメージはわかないかもしれない。インターン[8]などで実態を見てからもう1度考えていただければいい」と学生を諭した。

　さらに藤原氏はネガティブイメージについて「ハードウェア開発は迂回生産で生産工程が長いが、IT、特にソフトウェア開発は、頭脳とサーバ[9]とオフィス[10]があればよく、投入する物的資源が少なくて済む。あとは頭の勝負。そういう産業構造だから若い人の活躍の場が非常にある。（IT業界は）そこをもっと訴えていく必要がある」とIT業界の魅力をアピールした。

　だが、学生にとってはIT技術者も謎。「工程ごとにいろんな呼称があるが、ITコーディネータ[11]やITアーキテクト[12]など、具体的に何をやっているのかさっぱり分からない。横文字だけが並ぶ」と、ITスキル標準をプロモート[13]する重鎮を前に指摘した。

IT業界就職「絶対に嫌」も

　IT業界はどのような学生を求めているのか。重鎮たちは「コミュニケーション[14]能力に長けている人」（浜口氏）、「チャレンジング[15]で好奇心旺盛な

七、IT業界の話

人」（岡本氏）の2点を挙げた。

　だが、学生たちは、コミュニケーション能力とは具体的にどういうことかと首をかしげる。学生の1人は「コミュニケーション能力の重要性は、就職活動をしているとどこの業種でもいわれること。だが、例えば、ドキュメント[16]化能力のようにIT業界に限って必要な能力とは具体的に何か」と質問した。

　岡本氏は、システム開発で顧客のニーズ[17]（なぜIT化するのか、どんな効果を期待するのかまで）を深く引き出すことの難しさを例に挙げ、相手の考えを推し量る能力が必要だと述べた。浜口氏は「ドキュメンテーション[18]も大事だが、システムを作るうえで世の中の物事を5W1H[19]できちんと整理できることが大事」と答えた。

　セッション[20]の最後は学生に対しての「将来ITの仕事に就いてみたいか？」という質問。学生10人のうち8人が「働きたい」、残り2人は「絶対に嫌」という回答だった。

日本综合资讯网站 "@IT CORE" 2007年10月31日
Copyright © 2000-2009 ITmedia Inc.

【注释】

[1] IT：（英）Information Technology，信息技术。

[2] フォーラム：（英）forum，论坛。与会者全体就某一议题展开讨论的集会形式。

[3] メインフレーム：（英）mainframe，大型电脑、大型商业服务器。企业处理核心业务时使用的大型电脑系统的统称。

[4] トヨタ自動車（トヨタじどうしゃ）：（企业）丰田汽车公司。

[5] ソニー：（企业）索尼公司。

[6] ネガティブイメージ：（英）negative image，负面印象。

[7] ソフトウェア：（英）software，软件。

[8] インターン：（英）intern，实习。

[9] サーバ：（英）server，服务器。企业进行网络运营时使用的处理系统以及在系统中使用的高性能电脑。

[10] オフィス：（英）office，办公自动化软件。

[11] ITコーディネータ：（英）IT coordinator，IT协调员。兼具信息技术与企业经营知识，对决策者的经营战略进行IT化支援的专家，以及企业中为这种人才设置的职位名称。

[12] ITアーキテクト：（英）IT architect，IT架构师。精通软件工程学的高级设计人员，在企业中负责管理程序员和系统工程师，完成软件的整体设计策划。

[13] プロモート：（英）promote，宣传、宣扬。

[14] コミュニケーション：（英）communication，交流。

[15] チャレンジング：（英）challenging，有挑战性的、富于挑战精神的。

[16] ドキュメント：（英）document，资料，记录。

[17] ニーズ：（英）needs，需求。

[18] ドキュメンテーション：（英）documentation，文献整理、资料制作、情报文件化。

[19] 5W1H：企业管理中的一种思维决策程序，指面对情况时首先要解决的六个问题：目的（Why）、对象（What）、地点（Where）、时间（When）、人员（Who）、方法（How）。

[20] セッション：（英）session，会期。会议的进行期间。

2. 企業、ブログ[1]パーツとブロガー

　今回は、新サービスの販売開始に併せて、ソニーでFLO:Qプロジェクト室室長を務める竹下直孝氏に、ブログパーツ[2]利用者の現状や、新サービスについてうかがった。

企業ブログパーツは年々増加の傾向

　開始当初は認知度が低かったブログパーツだが、現在では環境の変化からブロガー[3]にも浸透してきているという。iMiリサーチバンク[4]が昨年5月に実施した調査では、70％がブロガーのブログパーツを認知、さらに40％が実際に利用している。

　また、ブログパーツポータルサイ[5]ト「ブログパーツ.com」では、2007年

1～3月時にはブログパーツの登録数が170個だったのに対し、2008年10～12月では329個と2倍近い登録数となっている。注目すべきは、ブログパーツが登場して間もない頃は、クリエイターからの登録が約7割を占めていたのに対し、現在は9割が企業のブログパーツであるということだ。

竹下氏は「多くの企業がブログパーツを配布するようになった背景として、企業が個人メディア（CGM）との繋がりを持ちたい、という意識が高まってきたことが挙げられる」と指摘する。

2007年頃から、CGMを活用したプロモーションを行う企業が増加している。個人メディアにただバナー[6]を掲載するのでなく、ブロガーにも楽しんでブログパーツを掲載してもらうことで、双方の需要と供給のバランスがマッチしてきたことが、利用者増加の要因であるとされている。

しかし、CGMプロモーションの取り組みとしてブログパーツが一般化し、供給数が増加することで、最近では個々のパーツの露出が減少し、想定配布数に到達できないといったケースも増えてきているという。

新サービス「ブログパーツAD×PRパッケージ」

「ブログパーツAD×PRパッケージ」は、ウィジェット[7]サービス「FLO:Q（フローク）」とパートナー[8]契約を交わしたBlogプロバイダー[9]5社、およびブログパーツポータルサイト5社の特設スペースに、企業のブログパーツを一斉に表示し、より効率的にブロガーへリーチできる場を提供する、というものだ。

「ADパッケージにおける最大の特長は、実物のブログパーツを貼ることができるところです」（竹下氏）

ブログパーツはFlash[10]で作られているケースがほとんどであり、同じページにすべてFlashでブログパーツを貼ってしまうと、技術的な干渉などの問題からブログパーツがうまく動作しないことがある。そのため、同じページで複数のブログパーツを紹介する場合は、画像で表示するというのが一般的だ。

「パートナー10社のサイトすべてに、本物のブログパーツを貼れる専用の枠を作ってもらうことで、実物のブログパーツを通して、多くのブロガーに触れてもらい、企業コンテンツへの接触機会を増やすことが可能です」と竹下氏。

ブログパーツの効果測定ASPサービス「BAMPER（バンパー）」を活用することで、費用対効果を明確にすることも可能だ。ブログパーツの設置数やクリック数といった一般的な管理機能はもちろんのこと、ブロガーのサイトから自身の Blog にブログパーツを貼った人がどれだけいるか、といったクチコミ[11]の世代数・紹介数も管理することができる。

　「最近では、企業がブロガーとコンタクト[12]を取ることも多く、測定結果が影響力の高いブロガーを発見するための指標にもなります。また、単に『PVが高いBlog』といった結果だけでなく、実際にブログパーツが利用されているBlogを発見することも可能です」

　料金は、ブログパーツADやPR、効果測定などをセットにしたものをパッケージとして210万円から提供しているが、それぞれを個別に購入することも可能なため、予算に合わせて商品を組み合わせて利用することもできるという。

　「2週間50万円からお試しいただくことも可能です。自社でブログパーツを作って自社メディアにしたいという方もいらっしゃると思うので、まずは試しに利用してみたいという人にも是非利用して欲しいですね」　（竹下氏）

（japan.internet.com 編集部）

日本资讯门户网站"Japan Internet" 2009年4月30日

Copyright ©2009 Japan Internet.com K.K. All Rights Reserved.

【注释】

[1] ブログ：（英）blog，博客。网络日志。
[2] ブログパーツ：（和制英语）blog parts，博客部件。博客上显示情报用的资料条。企业制作博客部件散发给博客制作者放在页面上进行宣传，是一种常见的网络商业形式。
[3] ブロガー：（英）blogger，博主。制作并运营博客的人。
[4] iMiリサーチバンク：（企业）iMi Research Bank，日本一家针对人们日常生活进行民意调查的资讯网站。
[5] ポータルサイト：（英）portal site，门户网站。集合了各种搜索引擎及实用链接的大型商业网站。

[6] バナー：（英）banner，网页上的广告条。

[7] ウィジェット：（英）widget，专用界面工具。网页上具有特殊功能的小部件，比如时钟、幻灯、小游戏等。

[8] パートナー：（英）partner，搭档、合作伙伴。

[9] プロバイダー：（英）provider，供应商。

[10] Flash：网络矢量动画。

[11] クチコミ：口头传播。

[12] コンタクト：（英）contact，接触、联络。

3. 休みもスキル磨き？

　スキルを身につけるためにインターネットの有効活用は当たり前になってきているようだ。経済不況の中で始まった今年のゴールデンウィーク[1]、旅行ではなく自身のために勉強しようとするビジネスパーソン[2]も。実際にどのようなスタイルで学習しているのかだろうか。

　アイシェアは、同社の提供する無料メール転送サービスCLUB BBQの会員404名に対し「社会人の休日学習時間に関する意識調査」を実施、2009年5月1日、調査結果を発表した。回答者の男女比は、男性：68.3％、女性：31.7％。年代比は、20代：35.1％、30代：64.9％。調査期間は、2009年4月26日～30日の5日間。

　スキル（技能）を身につけるために何らかの学習をしているのは全体の42.8％に達し、その9割（97.7％）がスキルを身につけるために「インターネットを活用している」と答えた。また、学習ツールとして携帯電話、学習専用の電子機器を利用していると答えたのは5割（47.4％）で、参考書などの書籍類を利用しているのは8割（80.9％）となった。

　休日や、今回のゴールデンウィーク中に勉強するかを尋ねたところ、全体の79.8％が「休日も勉強する」と答えた。特に資格取得を目標に置いている人は「できれば勉強したい」、「平日よりも勉強時間を増やしたい」の合計が

83.1％と本気度が高い結果となった。

　さらに休日、ゴールデンウィークも勉強すると答えた人に「休日も勉強する理由」について聞いたところ、「休みだからこそ時間が作れる」が7割（71.0％）。「移動中などでも勉強ができるから」2割（22.5％）、「外出の予定がない」2割（16.7％）がつづいた。

（japan.internet.com 編集部）

日本資訊門戸網站"Japan Internet"2009年5月1日

Copyright ©2009 Japan Internet. com K.K. All Rights Reserved.

【注釈】

[1] ゴールデンウィーク：（和製英語）golden week，黄金周。

[2] ビジネスパーソン：（英）businessperson，商界人士，也泛指公司職員。

4. 過去に行けちゃうといろいろ困るんですよ！

　驚くべきことに、アインシュタイン[1]の相対性理論によれば、時間の流れ方は、物質のスピードや重力の強さによって変わります。僕らは新幹線に乗るだけで、立ち止まっている人よりも10億分の1秒ほどの未来にタイムスリップ[2]しているのだ。では、過去に行くことはできない？

　『タイムマシン[3]がみるみるわかる本』の著者であり、明星大学、東京大学数物連携宇宙研究機構の佐藤勝彦先生に聞いてみました。

　「アメリカの理論物理学者キップ・ソーンが、ワームホール[4]を通れば過去に行くことができると示しました。ワームホールとは空間同士を瞬時につなぐトンネルのようなものです」

　ワームホールとは数学的に導き出された可能性のひとつであり、その存在は確認されていないが、実在すれば空間を瞬間移動できるらしい。つまりアレだ。ドラえもん[5]の「どこでもドア[6]」！

　「ここに、人間が通ることが可能で安定した状態のワームホールがあるとして、このワームホールが東京と大阪をつないでいるとしましょう。まず、大阪

側のワームホールを亜光速で地球を何周かさせた後、再び大阪に戻します。すると東京と大阪のワームホールではウラシマ効果によって時間のズレが生じます。仮に東京側12時、大阪側10時としましょう。次に太郎君は東京から大阪に電車で向かいます。東京時間では大阪に15時に到着します。ところが時間はすでにズレているので大阪側の時間では13時に到着したことになるんです。そこで大阪側のワームホールに入ると、同時刻の13時に東京に現れる、というわけです。太郎君は2時間前の過去に戻ったわけです」

う〜ん…なんというか煙に巻かれたような気がしなくもないけど…。

「ただし、この方法ではタイムマシンが完成した瞬間よりも過去に行くことはできません。我々が『タイムマシンに乗ってきた未来人と会ったことがない』理由はこれで説明できます」

なるほど。ともあれ、理論的には過去に行けるタイムマシンができる可能性があるということなんですね。

「…そういうことになります…それが世界中の理論物理学者を困らせているんです。これまで私たちは、タイムマシンで過去に行くことは絶対にできないと考えていました。なぜなら"親殺しのパラドクス[7]"の問題があるからです。仮に、太郎君がタイムマシンで30年前の過去に行き、自分の母親を殺したら、当然、太郎君は生まれてこないことになります。では、生まれてこない人間がなぜ人を殺せるのか？　これは『原因は過去にあり、その結果は未来にある』という因果律を破る深刻な矛盾です。私たちは、どうにかタイムマシンが『過去に行けない』理論を探しているのです」

まさに、『バック・トゥ・ザ・フューチャー[8]』のストーリーですな。でも、僕が読んだ書物によれば、未来は平行して何パターンもあって、太郎君が母親を殺した未来と、殺さない未来が存在するって…まぁドラゴンボール[9]なんですけどね…。

「太郎君が殺した母親とは別に、母親が生きている世界も存在する。同時並行的にパラレルワールド[10]があると考える多世界解釈ですね。そういった解釈を提唱する学者もいますが、私はホーキング[11]博士が提案する『時間順序保護仮説』を支持します。これは、過去に行こうとするとそれを邪魔するための自然現

象が、原子や素粒子[12]などのミクロ[13]な世界で必ず起こるのではないか、というものです。ホーキングは量子論からその法則を導き出そうとしているんです」
　世界中の理論物理学者がよってたかって過去に行けない理論を探しているなんて、ちょっとガッカリ…。誰か過去に行ける理由、考えてくれませんかね？

（R25編集部）

日本网络资讯杂志"R25" 2009年8月10日

Copyright ©2009 RECRUIT CO., LTD.

【注释】

[1] アインシュタイン：（人名）Einstein，爱因斯坦。

[2] タイムスリップ：（和制英语）time slip，时间跳跃。

[3] タイムマシン：（英）time machine，时间机器。科幻文学中出现的可以随意进行时间航行的机器。

[4] ワームホール：（英）wormhole，虫洞、天梯。理论物理学中从时空中一点直接联结到另一点的空间领域。如果有可以通过的虫洞构造，就可以实现超越光速的时空移动。

[5] ドラえもん：哆啦A梦，日本著名漫画中的角色形象，在国内也叫"机器猫"。

[6] どこでもドア：随意门，漫画中哆啦A梦所拥有的神奇道具，看起来只是一扇普通的门，但推开后可以直接到达任何想去的地方。

[7] パラドクス：（英）paradox，悖论。数学和逻辑学上的重要理论，指如果承认某个说法正确，就能推出该说法不正确，反之，如果承认这个说法不正确，却又能推出该说法正确的奇妙现象。也泛指"自相矛盾的说法"。

[8] バック・トゥ・ザ・フューチャー：Back to the Future（回到未来），1985年的美国科幻电影，以时间跳跃作为主题。

[9] ドラゴンボール：Dragon Ball（龙珠），日本著名漫画。漫画中的神龙有令人死而复生的力量。

[10] パラレルワールド：（英）parallel worlds，平行世界。科幻文学中描述的与现实世界平行存在的其它世界。

[11] ホーキング：（人名）Hawking，霍金。英国著名理论物理学家。

[12] 素粒子（そりゅうし）：基本粒子。物理学中指人们认知的构成物质的最小单位。

[13] ミクロ：（法）micro，微观。

5. 新型HDカム[1]の実力

ソニー「HDR-CX520V」は、裏面照射CMOSセンサー[2]「Exmor R」搭載などXR-520Vの画期的な高性能を継承しつつ、さらに小型軽量を実現。今後のハンディカムシリーズの主力となるであろう売れ筋モデル[3]だ。その最新性能の実力をチェック。

「HDR-CX520V」は、ソニーのAVCHDカム「ハイビジョン[4]ハンディカムシリーズ」の最新モデルである。その「CX～」という型番からするとメモリー[5]記録モデル「HDR-CX12」の後継機という位置付けになるが、機能的にはハイブリッド[6]（HDD＋メモリー）モデル「XR-520V」のメモリー版といっていいだろう。裏面照射CMOSセンサー「Exmor（エクスモア）R」搭載などXR-520Vの画期的な高性能を継承しつつ、さらに小型軽量を実現。今後のハンディカムシリーズの主力となるであろう売れ筋モデルだ。ビデオカメラでナンバーワンを死守すべく投入された、本機の最新性能の実力をチェックしてみよう。

リーズナブル[7]な小型メモリーモデル

本機を一言で表すと、XR-520VからEVF（電子ビューファインダー）とHDDを除いたモデルと言えるだろう。64GBの内蔵固定メモリーとメモリースティック[8]のスロット[9]を備え、64GBの内蔵メモリーに約25時間15分（LPモード）のHDムービーを記録できる。

メモリーの大容量化によって、HDDの大容量のメリット[10]は少なくなった。むしろ「大型で衝撃に弱い」というデメリット[11]すら感じられる。本機はそうしたトレンド[12]に対応したメモリーモデルと言える。EVFを外したことには賛否両論があるだろうが、64GBのメモリーを積んでHDDレスにしたのはリーズナブルだと思う人も多いだろう。

ソニーのハンディカム高級機は「多機能ではあるが比較的大きい」という印象があったが、本機はそうしたイメージを覆すコンパクト[13]さを実現している。本機（62×65×133mm：370g）とXR-520V（71×75×137mm：510g）を比較してみよう。本機は長さで約9mm、高さで約10mm、幅で約4mm小型化された。重さも約140g減で、単にEVFとHDDを差し引いた以上の小型軽量化を実現している。

EVFレスでメモリー記録という似たスペック[14]のキヤノン[15]「iVIS HF21」（70×62×124：340g）よりもコンパクトな印象で、両方のモデルを手にすると、本機のレンズ[16]筒のほうが一回り以上小さく感じられる。

液晶はスペックダウンしたものの、基本性能は継承

液晶モニター[17]はXR-520Vの高精細な92.1万画素（3.2型）から23万画素（3.0型）に大きくスペックダウンしているのが惜しいが、その他の基本性能はXR-520Vを継承している。

光学系のスペックはXR-520Vと同じで、光学12倍（35mmフィルム[18]換算で43～516mm）のソニーGレンズを採用。後述する強化された歩きブレ補正を生かすためには、さらにワイド寄りのレンズが欲しくなるが、ビデオカメラのレンズとしては標準的な画角と言える。

6枚の絞り羽根によって、望遠撮影時に丸形の綺麗なボケ味を楽しめる点はライバル機にない魅力として特筆しておきたい。

独自の裏面照射CMOSセンサーなど光学系はXR-520Vと同等

撮像素子にソニー独自の裏面照射"Exmor R"CMOSセンサー（1/2.88型 663万画素）を搭載している点が最大の特徴だ。このCMOSのスペックもXR-520Vと同じである。裏面照射CMOSは超高感度で暗さに強く、低照度でのノイズ[19]が少ないのが大きなメリットである。

音声記録はドルビーデジタル5.1ch[20]に対応し、スチル撮影は有効600万画素を最高1200万画素相当に補間して記録できる。

AF（オートフォーカス[21]）の精度や速度はXR-520Vとほぼ同じで、キヤノン「iVISシリーズ」の「ハイスピードAF」と比べると、ややスローな印象だ。精

度的にはマクロ撮影時にフォーカスの中抜けがやや気になった。

夜景撮りでは最強の画質

　画質の傾向もXR-520Vと同じで、コンシューマー[22]機らしく全体的にハイキー[23]で明るめに撮れる。昼間の撮影では遠景がややマイルドな印象。パステル[24]調でもう少し立体感が欲しい気もするが、ファミリー向けの明るい画質と言えるだろう。

　夜景撮りはXR-520Vと同じく現状のAVCHDカメラで最強といっていい。ネオン[25]などの色がやや白く映るシーンもあったが、ノイズ感の少なさは画期的だ。本機は夜景などの撮影用に、増感モード（LOW LUXモード）とナイトモード（NIGHT SHOTモード）を用意している。ただ、明るい街角や室内ならノーマルモード（STDモード）でも充分に撮影できる。

回転方向にも対応した歩きブレ補正

　XR-520Vの歩きブレ対応の手ブレ補正機能（アクティブモード）は多くのユーザーの支持を得ていて、本機では補正がさらに進化している。XR-520Vではブレ補正が上下左右（X, Y軸）であったが、本機は上下左右のほか回転方向（Z軸）を含めた強力な歩きブレ補正を実現している。

　実際に撮影してみると、XR-520Vよりさらに安定した歩き撮りができた。手ブレ補正が効きにくい階段を下りるシーンでも映像がガクンガクンと揺れることはなく、見やすい映像を実現している。このほか走るバスや列車内の撮影でも効果がある。

　民生用のビデオカメラでステディーカム（米Tiffen社が開発した、歩きブレを補正するプロ用カメラ）のような撮影ができるのはとても斬新で、ブレの少ない映像は撮った後で見返す気になれる。

　アクティブモードではパンニング（左右に振る撮影手法）などの際にわずかに違和感があるが、一般の撮影ではアクティブモードを常時オンで使っても支障はないだろう。欲を言えば、歩きながら周囲の状況を撮るためには、やはり広角寄りのレンズが欲しいところ。このあたりは今後の課題と言えるだろう。

顔タッチ[26]で追尾

　本機は、顔を認識してAFやAE（自動露出）、ビットレート[27]を割り振る「顔キメ」機能、「顔インデックス[28]」「スマイルシャッター」機能を継承し、さらに「顔キメ」機能は「優先顔キメ」機能に進化している。XR-520Vの「顔キメ」は、手前の顔を優先して自動認識するのみだったが、本機では顔を指定して追尾が可能になった。

　使い方はとても簡単だ。液晶画面で追尾したい顔をタッチするだけで追尾モードがオンになり、顔の枠が追尾モードを示して二重になる。もう一度タッチすると追尾モードから抜ける仕組みだ。パナソニック[29]「フルハイビジョン愛情サイズ HDC-TM350」などのように、事前に追尾モードをオンにする必要がない。タッチパネル[30]を上手に使っていてアイデアのある操作性だ。

　パナソニック機では追尾対象の顔がシーンアウト[31]してからしばらくするとリセット[32]されてしまうが、本機では時間の制限はない。電源を切っても指定した顔を記憶している。電源をオンにすると追尾モードで立ち上がり、以前に指定した顔を追尾できる。仕組み上、記憶できる顔は一人に限られ、複数の顔を登録することはできない。ペットなど人物以外の追尾も不可だが、手軽に顔追尾できる点が使いやすい。

　顔検出の精度も向上していて、顔の認識面積を狭めることでAF、AE、色調、ビットレートなどを、より正確に顔に合わせることが可能になった。

　衛星から位置情報を得るGPS機能もXR-520Vから継承している。GPSの受信部が天面から側面に移動しているが、感度的に問題はない。現在位置表示のほか「地図インデックス」でムービーとスチル[33]の撮影位置情報を確認して再生できる。GPS機能とマップなどのGUI[34]はXR-520Vと同じだが、コンパクトなボディーにGPSまで搭載している点が魅力だ。

タッチGUIを一新

　撮影機能はシーンモードとプログラムオート[35]のほか、マニュアル[36]撮影も可能だ。背面にマニュアルダイアル[37]を備えている。ただし、液晶モニターの画素数が大幅に減っているので、マニュアルフォーカスでピントの山がややつ

かみにくくなった。

　タッチパネルの操作性は、スクロールバー[38]をタッチ＆ドラッグ[39]してメニューを上下にスクロールする新しいGUIに一新されている。メニュー階層が浅くなり、やや散漫だったXR-520VのGUIと比べると、タッチ操作にふさわしい操作性に進化したと言える。

　液晶横のシャッターとズームボタン[40]が無くなって、タッチパネル横に同等のタッチアイコン[41]が付いた。6つの機能をカスタマイズ[42]できる「マイメニュー」も装備している。

　ハイライト[43]再生のシークエンス[44]はDVDなどへの保存はできないが、カメラ内に8ストーリーまで保存が可能になった。

　付属バッテリーでの連続撮影時間は、約1時間55分（実撮影時間は約1時間）で、HDR-CX520Vの約1時間30分（同約45分）より延びているが、イベントなどの撮影では予備バッテリーが必須になるだろう。

ベストセラー機の資格十分

　コンシューマー機にふさわしいアクセサリーが豊富なのもハンディカムの魅力で、今回は三脚機能付きのシューティンググリップ[45]「GP-AVT1」や、ファッショナブル[46]なキャリングケース[47]「LCM-AX1」、本機を簡単に取り出せるアクティブジャケットケース[48]「LCS-AJA」などが本体と同時に発売される。スタンダード[49]型のDVDライター「VRD-MC6」も同時発だ。

　コンパクトなボディーにXR-520Vとほぼ同じ先進機能を凝縮していて、撮って見る楽しみを満喫できる小型カメラに仕上がっている。ソニーのビデオカメラに賭ける意気込みが充分に感じられるモデルである。メモリーカメラではキヤノン「iVISシリーズ」が先行していたが、本機がしっかりキャッチアップ[50]してきたという印象だ。最新性能とコンパクトさで、XR-520V以上のベストセラー[51]機になることは間違いないだろう。

（増田 和夫）

日本网络资讯杂志"nikkei TRENDYnet" 2009年8月6日

©2009 Nikkei Business Publications, Inc. All rights reserved.

【注释】

[1] HDカム（ハンディカム）：（商标）Handycam，索尼公司注册的数码摄像机品牌。

[2] CMOSセンサー：（英）Complementary Metal Oxide Semiconductor Sensor，互补金属氧化物半导体感应器。数码影像器材制造中常用的感光元件。

[3] 売れ筋モデル（うれすじモデル）：畅销机型。

[4] ハイビジョン：（和制英语）Hi-vision，高清晰电视规格。

[5] メモリー：（英）memory，存储器。

[6] ハイブリッド：（英）hybrid，混合。

[7] リーズナブル：（英）reasonable，价格公道的。

[8] メモリースティック：（英）memory stick，记忆棒。数码相机、手机等电子工具上使用的小型记忆载体。

[9] スロット：（英）slot，接口、插槽。

[10] メリット：（英）merit，优点、有利之处。

[11] デメリット：（英）demerit，缺点、不利之处。

[12] トレンド：（英）trend，倾向、趋势。

[13] コンパクト：（英）compact，紧凑、精致。

[14] スペック：（英）spec，规格。

[15] キヤノン：（企业）佳能公司。

[16] レンズ：（英）lens，镜头。

[17] モニター：（英）monitor，监视器、屏幕。

[18] フィルム：（英）flim，胶片。

[19] ノイズ：（英）noise，干扰。

[20] ドルビーデジタル5.1ch：（英）Dolby Digital 5.1ch，杜比环绕立体声5.1，当前影音播放中流行的环绕音频格式。

[21] オートフォーカス：（英）Auto Focus，自动聚焦。

[22] コンシューマー：（英）consumer，消费者。

[23] ハイキー：（英）high key，高亮度。指照片、电影、电视整体画面较亮的状态。

[24] パステル：（英）pastel，粉笔画、蜡笔画。

[25] ネオン：（英）neon，霓虹灯。

[26] タッチ：（英）touch，点选、触摸。文中指在摄像机控制屏上点选拍摄对象的面部，这样摄像机就会根据智能将焦点始终对在拍摄对象的面孔上。

[27] ビットレート：（英）bit rate，比特率。数字通信中的信息传输速度。

[28] インデックス：（英）index，索引。文中的"颜インデックス"指摄像机自动检索带有拍摄对象面容的画面的智能功能。

[29] パナソニック：（企业）松下公司。

[30] タッチパネル：（英）touchpanel，触摸屏。通过直接点击屏幕进行信息指示的电脑输入工具。

[31] シーンアウト：（英）scene out，离开画面。

[32] リセット：（英）reset，重置、归零。

[33] スチル：（英）still，静态摄影照片。

[34] GUI：（英）Graphical User Interface，图形用户界面。

[35] プログラムオート：（英）program automatic exposure，自动曝光。

[36] マニュアル：（英）manual，菜单、手动选择。

[37] ダイアル：（英）dial，转盘。

[38] スクロールバー：（英）scroll bar，滚动条。

[39] ドラッグ：（英）drag，拖动。

[40] ズームボタン：（英）zoom button，变焦按钮。

[41] タッチアイコン：（英）touch icon，触摸图标。

[42] カスタマイズ：（英）customize，人工编辑。

[43] ハイライト：（英）highlight，核心镜头、关键画面。

[44] シークエンス：（英）sequence，连续播放。

[45] シューティンググリップ：（英）shooting grip，摄像机托架。

[46] ファッショナブル：（英）fashionable，流行的、时尚的。

[47] キャリングケース：（英）carrying case，专用便携包。

[48] アクティブジャケットケース：（英）active jacket case，活动型摄像机护套。

[49] スタンダード：（英）standard，标准。

[50] キャッチアップ：（英）catch-up，追随。

[51] ベストセラー：（英）best seller，最畅销商品。

6. コンピューター自ら判断して問題解決？！

　アメリカのフロリダ大学[1]などの研究グループが、宇宙での利用を想定し、自ら判断・対処するコンピューターを開発していることが発表されました。米航空宇宙局（NASA）の「ニュー・ミレニアム・プログラム」[2]の支援を受け、2009年2月に打ち上げ予定の無人ロケット[3]への搭載が期待されます。

　無人ロケットは地球から遠隔操作されますが、地球から遠ざかれば遠ざかるほど、通信信号が届くのに時間がかかり、リアルタイム[4]の操作ができなくなります。その点、このコンピューターは事前に予想されなかったアクシデント[5]に対しても、状況に応じて判断を下せるのです。フロリダ大学のアラン・ジョージ博士は「宇宙調査をする上で必要不可欠となる」と語ってます。人間と同じように考え行動するコンピューターが、未来の宇宙探査の主役になる日も近い？

（斉藤勝司）

（未来をつくる、地球をつくる！子どもの科学　2007年1月号　通巻第849号）

【注釈】

[1] フロリダ大学：(美国)佛罗里达大学。

[2] 「ニュー・ミレニアム・プログラム」："新千年计划"。

[3] ロケット：火箭。

[4] リアルタイム：实时，快速。

[5] アクシデント：意外事故。

八、エレクトロニック・エンターテインメントの話

1.「東京ゲームショウ」[1]は今年も開催！

　社団法人コンピュータエンターテインメント協会（CESA）は2009年2月27日、都内で「東京ゲームショウ2009」（主催：CESA、共催：日経BP社）の開催発表会を開き、概要を明らかにした。会期は9月24日から27日の4日間。会場は千葉・幕張メッセだ。2008年と同様に、前半2日間がビジネスデイ[2]、後半2日間が一般公開日になる。

　今年の東京ゲームショウのテーマは、「ＧＡＭＥは、元気です」だ。世界同時不況が深刻化する中でも、ゲーム市場は比較的堅調に推移している。こうしたことから本テーマには、不況に負けないエンターテインメントビジネス[3]の代表格であるゲーム産業が、社会の閉塞感の打破に少しでも貢献できればという思いが込められている。

　CESA会長の和田洋一氏（スクウェア・エニックス[4]社長）は、冒頭のあいさつで「今年の東京ゲームショウを日本のゲーム業界が圧倒的な存在感を示す場にしたい」と意気込みを語った。さらに、ゲーム産業の一層の発展のためにトレードショー[5]としての機能を引き続き充実していく方針を明らかにした。

　今回の目玉企画の1つが「アドバンスドモバイル＆PCコーナー」の新設だ。「iPhone」や「BlackBerry」などのスマートフォン[6]の登場により、モバイルとPCの融合が進みつつある。東京ゲームショウでは、こうした状況に対応し

て新コーナーを設置。モバイルとPCの先進的なコンテンツ[7]などを一堂に集める。

　一方、CESA副会長の松原健二氏（コーエー社長）は、発表会後に行われた懇親会で、「開発力強化のために2009年は『CEDEC』を拡大し、東京ゲームショウと有機的な連携を図る」と語った。

　「CEDEC」（CESA DEVELOPERS CONFERENCE）は、1999年にスタートしたゲーム開発者向けカンファレンス[8]。2009年は、9月1日から3日、従来よりも規模を拡大してパシフィコ横浜（横浜市西区）で開催する。CESAでは「CEDEC」を東京ゲームショウと並ぶ両輪と位置づけ、セッション数や展示を増やす方針だ。

（高橋　敏雅）

日本网络资讯杂志《nikkei TRENDYnet》2009年3月2日
©2009 Nikkei Business Publications, Inc. All rights reserved.

【注释】

[1] 東京ゲームショウ：东京游戏展，日本规模最大的电子游戏展会，一般在每年秋季举行。

[2] ビジネスデイ：（和制英语）business day，商业出展日。指大型展览会展期中只招待业内人士，不面向一般公众开放的日子。

[3] エンターテインメントビジネス：（英）entertainment business，娱乐产业。

[4] スクウェア・エニックス：（企业）史克威尔·艾尼克斯公司。日本知名的电子游戏软件开发商。

[5] トレードショー：（英）trade show，贸易展、商业洽谈会。

[6] スマートフォン：（英）smart phone，智能手机。

[7] コンテンツ：（英）contents，内容。

[8] カンファレンス：（英）conference，会议。

2. DS[1]に新たなミステリー[2]ゲーム[3]

　少女が銃を手にするとき……。平凡な学生生活を送っていたヒロイン[4]が、スナイパー[5]となって秘密組織と戦い、成長していく姿を描いた本格アドベンチャーゲーム「ラストバレット[6]」（DS、5040円）が23日発売された。プリントシール[7]機でおなじみの「フリュー」（東京都渋谷区）が放つ、家庭用ゲーム第1弾ソフトだ。

　父は事故で行方不明となり、母に先立たれ、孤独な過去を持つ響花梨（ひびき・かりん）。ごく普通の大学生活を送っていたが、ある日、大学の英語講師、佐久間司の研究室に呼び出される。司は、父・敬一郎の部下で、伝言を預かっていると告げる。敬一郎は、日本政府直属の犯罪対策組織「Village Shrine」の隊員として、世界的な犯罪組織「FREEDOM」の秘密を知ったために身を隠していた。その瞬間、花梨は、「FREEDOM」の刺客に襲われる。花梨は、両親の名前が刻まれたライフル銃[8]「SVS－41」を司から受け取り、「誰も傷つけない」という矛盾した誓いを守りながら、スナイパーへの道を歩み始める……というストーリーだ。

　ゲームは、他のキャラクター[9]と会話しながらストーリーを進めていく「アドベンチャーパート」と、ライフルで狙撃を行う「ミッションパート」で構成される。メーンとなる「ミッションパート」は、敵が構えている銃を撃ち落としたり、変装した敵の正体を突き止めて撃ったり、飛行船にいる複数の敵の双眼鏡を撃ち抜いたり……とさまざまなシチュエーション[10]でミッション[11]が与えられる。

　ミッションに入ると、上画面には作戦場所の全景が、下画面はライフルのスコープ[12]をのぞいた映像が表示される。タッチペン[13]でスコープをターゲットに合わせ、ボタンを押せば引き金を引く。制限時間内に限られた弾で狙撃を成功させなければならず、敵の体に当てたらミッション失敗だ。さらに、弾を外してターゲットに気付かれると、一気に難易度が上がるミッションもある。また、スコープの映像は、花梨の呼吸で絶えず揺れており、雨や風などの天候にも影響される。そんな時は、集中モードを使うと一時的に揺れを止められる。

ただし、集中モードは時間制限があり、一度使うとゲージ[14]がたまるまで使えなくなるので、ここぞというときに一発必中で発動させる必要がある。目標を撃ち抜くと、ミッションの成果とランクが表示され、2回失敗するとイージーモードも選べるが、ランクが下がってしまう。

「アドベンチャーパート」では、出現する選択肢から回答し、花梨を取り巻く組織の陰謀を解き明かしていく。回答によっては、花梨が中学時代から思いを寄せている境井大貴とのふれあいや、両親の思い出など本編では語られないサブストーリーに入っていくこともある。シーンによっては、美しいイベントイラストが表示され、より深く物語を楽しめる。

キャラクターデザインは、人気ライトノベル[15]「狼と香辛料」（アスキー・メディアワークス）などでおなじみの文倉十（あやくら・じゅう）さんが担当。可愛らしい花梨を筆頭に独特の優しいタッチで描かれたキャラクターはもちろん、花梨の衣装や身につけている携帯電話のストラップやペンダント、組織のえり章までデザインしたという力の入れようで、着物姿やファストフード店の制服、デート時のおしゃれ着などさまざまな花梨の「七変化」も見どころだ。

さらに、花梨役で人気声優[16]の堀江由衣さんが出演。平凡な生活から一転、スナイパーとして過酷な運命に巻き込まれていく花梨の心情をどう演じているか注目したい。

「美少女」と「狙撃」が融合した「ラストバレット」。DSで新たなミステリーが始まる。

（毎日新聞社）

日本商業网络报刊《每日新闻网络版》2009年4月23日

Copyright ©2009 毎日新聞社

【注释】

[1] DS：（商标）Nintendo DS，日本任天堂公司推出的掌上游戏机。

[2] ミステリー：（英）mystery，推理小说。

[3] ゲーム：（英）game，游戏。这里指在游戏机上玩的电子游戏。

[4] ヒロイン：（英）heroine，女主角。

八、エレクトロニック・エンターテインメントの話

[5] スナイパー：（英）sniper，狙击手。
[6] ラストバレット：Last Bullet（最后的子弹）。文中提到的电子游戏作品的标题。
[7] プリントシール：（和制英语）print seal，大头贴，在摄像头前拍下自己的照片，编辑在喜欢的背景上并做成贴纸打印出来的电子游戏。日本的游戏厅中随处可见，深受女孩子们欢迎。
[8] ライフル銃（ライフルじゅう）：步枪。
[9] キャラクター：（英）character，角色。
[10] シチュエーション：（英）situation，形势、局面。
[11] ミッション：（英）mission，任务。
[12] スコープ：（英）scope，瞄准镜。
[13] タッチペン：（和制英语）touch pen，触笔。用来在触摸屏上进行信息输入的工具。DS是一款带有触摸屏的游戏机，游戏中有时需要使用触笔进行操作。
[14] ゲージ：（英）gauge，计量器。
[15] ライトノベル：（和制英语）Light Novel，轻小说。以娱乐内容为主，主要供十几岁至二十几岁读者群体阅读的新型小说体裁。
[16] 声優（せいゆう）：配音演员。

3.『スペースインベーダー[1]』伝説

　　今から30年ほど前の1978年。高度経済成長が華やかな時代に、日本中に大ブーム[2]を巻き起こし、"社会現象"と呼ばれるほどの人気を生んだ伝説のシューティングゲーム[3]がありました。
　　その名も『スペースインベーダー』。家でなくゲームセンターや喫茶店など、外で遊ぶアーケードゲーム[4]です。その人気はすさまじく、当時の若者はこぞってゲームセンターや、インベーダーが置いてある喫茶店につどい、ゲーム機の上に100円玉を塔のように積み上げる"積みコイン"をしながら遊んだのだそう。
　　日本中を熱狂の渦に巻き込んだというこのゲーム、いったいどれほどのブー

ムだったのでしょうか？タイトー[5]の広報、弓削和美さんにお聞きしました。

「『スペースインベーダー』は日本のみならず世界にも輸出され、全部で26万台が販売されました。今ではあまり見かけなくなりましたが、テーブルのような形をしている機体が特徴でした。当時の人気はものすごく、100円玉の回収に行った営業マンが、あまりの重さにぎっくり腰[6]になったというようなエピソード[7]も残っています（笑）」

日本中から大量の100円玉が回収され、置き場所に困ったタイトーは急遽（金庫ではなく）倉庫を借りて、100円玉を詰めた箱を保管しなければならなかったほどだそう。

さらに、1979年5月13日付の某大手経済新聞には、「インベーダーゲームで百円玉なくなる？日銀が緊急対策」という内容の見出しで、インベーダーブームのせいで100円玉の流通量が減り、日銀が急きょ100円玉を増発したとの記事が掲載されています。

ひとつのゲームがこのような社会現象を生んだとは……。なんでそんなにブームになったんでしょう？

「テーブル型をしていることで、ゲームセンターだけではなく喫茶店や旅館にも置くことができ、それまでゲームに触ったことがなかった人にも届けることができた、というのが大きいでしょうね。ほかにも芸能人の方が、個人でアーケード用の筐体を購入しているとテレビやラジオで発言したりと、当時の"流行最先端"になったんです」

敵をギリギリまで引き付けて撃つ"名古屋撃ち"と呼ばれる特別なテクニックや、得点でランキング[8]が作られ、名前が入力できるなどの機能もブームの要因に。当時の新聞には、来日中のカーター[9]米大統領（当時）の娘・エミーちゃんが『スペースインベーダー』を楽しんだという記事や、『スペースインベーダー』の機体が何台も盗まれたという記事、1日に3万円も『スペースインベーダー』につぎ込んだ人がいる…という記事まで掲載されていました。

「それまでゲームを遊んだことがなかった人が初めてゲームに触れて起きたブームですから、当時のインパクトの大きさは、後のファミコンブーム[10]ほど

八、エレクトロニック・エンターテインメントの話

のものがあったと思います」

　当時、日本中を熱狂に包んだ『スペースインベーダー』ブーム。人々が初めてテレビゲームの楽しさを知ったという意味では、うれしい『侵略者』だったのかも!?

（R25編集部）

日本网络资讯杂志"R25"2009年7月20日

Copyright ©2009 RECRUIT CO.,LTD.

【注释】

[1] スペースインベーダー：Space Invaders（太空侵略者），1978年问世后在日本风靡一时的街机电子游戏，国内曾译作《小蜜蜂》。

[2] ブーム：（英）boom，潮流。

[3] シューティングゲーム：（和制英语）shooting game，射击类游戏。

[4] アーケードゲーム：（和制英语）arcade game，街机游戏。在游戏厅中供商业运营用的大型游戏主机，以及在这种主机上玩的电子游戏的总称。

[5] タイトー：（企业）TAITO公司。日本老牌游戏开发商，《太空侵略者》的开发者。目前是史克威尔·艾尼克斯的子公司。

[6] ぎっくり腰（ぎっくりごし）：腰部扭伤。

[7] エピソード：（英）逸事、插曲。

[8] ランキング：（英）ranking，排名、排行。

[9] カーター：（人名）卡特，美国第39任总统。

[10] ファミコンブーム：（和制英语）Famicom Boom，红白机大潮。上世纪八十年代因为任天堂公司推出的家用游戏机Family Computer在全球走红而促使电子游戏业界高速发展的时期。

4. ギサブローのアニメ[1]でお茶を

(1) 墓場鬼太郎

『鉄腕アトム』からTVアニメはずっと、マンガ原作をアニメにしています。だから「マンガをそのままアニメにする」というと「普通にやってることじゃないの？」と感じるかもしれないけれど、実際はそうじゃないんです。

マンガをアニメ化するときには、当然だけれど、絵柄もキャラクター[2]も、美術も含めて、アニメにするために作り直しているんです。マンガのムード[3]を基本にしてアニメ世界を作るのが、アニメ化という仕事なんです。

それに対してこの『墓場鬼太郎』は、水木しげるさんのマンガの世界を、画風も含めてそのままアニメにしてみようという試みですね。僕もある作品のパイロットフィルム[4]を作るとき、スタッフ[5]と「マンガが持っている世界をできるだけ忠実にアニメにしてみないか」と話をしたことがあります。はじめからアニメ化に向かって動きやすいキャラにしたりせず、原作のマンガが持っている絵の魅力もそのまま忠実に再現してみるのもありだよねって。『墓場鬼太郎』は、実際にそこにチャレンジ[6]しています。水木さんのペンのタッチも良く出ているし、美術もいい。以前取り上げた「モノノ怪」の美術スタッフが参加しているそうですが、絵画的な発想を持った人たちですよね。

水木さんのマンガは『墓場鬼太郎』はじめ、結構アニメ化されていますが、今までここまでやった作品はないでしょう。多分、一度「水木世界」の原点に戻ろうというのがスタッフのコンセプトだと思うけれど、実際、水木さんの鬼太郎の世界がしっかり作られているし、アニメーションも上手ですよ。

アニメが変わる分岐点

しかも、そういうコンセプトで作られた映像が、視聴者に新鮮さとインパクト[7]を与えているのがいいですよね。

TVアニメも半世紀近く作り続けられてきて、今は視聴者が、技術の高さだけ

ではない「鮮度」みたいなものを求めている時期で、アニメが変わっていく分岐点に差し掛かっていると僕は思います。

でも、じゃあどういうふうに変わったらいいのか、なんてことはまだ見えてなくてね（笑）。しばらくはいろんな作家がいろんなチャレンジをして、アニメが持っているおもしろさ、楽しさという部分で、いろんな「鮮度」を探っていく時期が続くんだろうって気がしています。

ただ、「新しい試み」がひとに鮮度を感じさせるときというのは、「試み」の内容そのものが鮮度を作るのではないんじゃないかとも思うんです。むしろ「新しい試み」にチャレンジしようとするときの「緊張感」が観客に伝わることで、新鮮さが感じられるんじゃないでしょうか。

つまり、自分たちの技法や見せ方に自分たち自身が酔ってしまわず、「はたしてこれが観客にちゃんと届くんだろうか？」という疑問を持つこと、それがある種の緊張を産み出して、おもしろい作品を作る原動力になる。

初心に戻った作品作り

たとえば、能や歌舞伎のような古典芸能は、「鮮度」という部分では願うべくもありません[8]——何百年もの伝統があるわけですから（笑）。でも、現代でもきっちりしたファン層を抱えて、生き残っている。なぜかというと、古典芸能をやっている人たちの芸の緊張感というのは並大抵のものではないんですよ。ただ継承するだけで手慣れで歌舞伎や能を演じるのではなくて、精神面も含めて張りつめた緊張感を持って演じている。僕は、その緊張感が古典芸能といわれるものを今に残していると思うんです。

観客は、実は演じている人たちの緊張感を観て、感動している。それはアニメも同じなんじゃないかな。

今アニメ業界で一番大きな問題は、作っている側が手慣れてしまったということなんです。「普通に作れば観てもらえる」というような意識で作られた作品は、観るほうも「あ、またやってる」で終わってしまう。でも、緊張感をもって作られている作品からは、それが伝わると思うんです。『墓場鬼太郎』も、観ているとショット[9]のひとつひとつがすごくきちっとしていて、作り手の「これで観せるぞ」みたいな緊張感が、ひしひしと伝わってきますよね。

鮮度と緊張感を失わないために、観ている人を楽しませるという初心に戻る。そこから改めてスタートすれば、新鮮なアニメが生まれる可能性はまだまだあると思います。

杉井ギサブロー

1940年生まれ。東映動画を経て虫プロに入社し、『鉄腕アトム』の製作に参加。日本のアニメに創世記から携わっている。途中10年余の放浪生活を経て、「ナイン」を機に復帰。以降第一線で作品を作り続けている．代表作は「悟空の大冒険」「タッチ」「銀河鉄道の夜」ほか。最新作は劇場版「シナモンthe movie」。

（杉井ギサブロー）

《アニメージュ》2008年3月号　第三十一巻第三号
発行人：吉田勝彦　編集人：松下俊也　発行：徳間書店

【注释】

[1] アニメ：アニメーション。卡通，动画片。
[2] キャラクター：文字；符号。
[3] マンガのムード：漫画的样式。
[4] パイロットフィルム：试验性胶片。
[5] スタッフ：工作人员，剧组工作人员。
[6] チャレンジ：挑战。
[7] インパクト：(新思想，观念等给予人的)影响。
[8] べくもありません：惯用型。表示由于所处的条件，社会环境等因素，致使某个事项无法实现。例如：大勢に無勢では勝つべくもありません。/寡不敌众,无法取胜。
[9] ショット：镜头。

（2）タッチ
運命の出会い

あだち充さんは、僕の「旅」をやめさせた人です。当時、僕は大きい壁にぶ

八、エレクトロニック・エンターテインメントの話

つかって、放浪の旅に出ていました。その「壁」は、アニメはアクション[1]でおもしろおかしく見せるのは得意だけれど、目に見えない人の心の中を描くことができないのではないか、ということ。人の心を描けない（台詞として言わせるのではなくて）技法は表現として限界があるんじゃないかと、悩みながら模索していたときに、偶然、あだち充という作家の漫画と出会ったんです。

あだちさんの漫画の特徴は、絵や台詞で直接描いていないことを伝えてくるということ。キャラクターの考えや気持ちの裏側が、巧みなコマ割や人物たちの肌合いを感じさせるような上品な絵を通して、伝わってくるんです。漫画でこれだけできるなら、アニメでも、これに動きがついて音も入るんだし、できるんじゃないかと思ったんです。そして、本当はまだ旅を続けるつもりだったけれど、、たまたまあだちさんの単行本を手にとってから間もなく「『ナイン』の監督をやらないか」という話をもらって、「それならばぜひ」と、仕事を引き受けることにしました。『ナイン』のTVスペシャル[2]を3本作って、『タッチ』はその延長線上で……運命を感じますよね（笑）。

一番大事なことは描かない

あだちさんの「タッチ」は、いうまでもなく名作です。ひとりの悪人も出さずにこれだけ長大なドラマを描ききるというのは、すごい手腕。つまり、善良だから悩みを持ってしまうという複雑な心のドラマ[3]だけれど、かといって深刻になるのではなく明るい青春ものとして描いていく。見事な作品だと思う。

あだちさんの漫画からはいろいろなことを教わったけれど、そのひとつが「ドラマは、解説をしなくてもいい」ということですね。たとえば、南が和也と話しているとき、南の頭にあるのは達也のこと——それはどこにも描いてないけど、読者には分かるわけですよね。一番大切なことは描かない、だけど、読者にはちゃんと伝わる。そういう情報の伝え方は映画を作る上でもすごく重要だなと思ったんです。映画は漫画よりもっと極端で、映像は見た端から消えてしまい、残るのは映像を見た観客の脳の中だけ。そして情報が記憶の中でミックス[4]されて最後には、画面にも描かれていないし、台詞にも出てこないものが、印象としてお客さんに残る。つまり、映画と観客という関係の中で、最後に作品をものにするのは観客——ひとりひとりが、それぞれの人生観や価

値観、趣味性などを含めて、作品を自分自身のものとして記憶の中で完成させる。それはそれで素晴らしいんじゃないかと、あだちさんの作品を通して思ったんですね。そして僕は、今でもそこに向かって映画を作っています。だから『タッチ』という作品から学んだことは、僕自身か映画を作るという上でのテーマ、自分か作ろうとする映画とは何かという、深いところとつながっているんです,

記憶の青春像

　一番大事なところを読者に預けるというあだちさんの作風は、僕は宮沢賢治の作風と共通していると思いました。自分が書いたものの読み方を、相手にゆだねる。その、あだちさんと賢治の作品に共通する姿勢は、コミュニケーションのありかたの、とても大事な部分に触れている気がする。『タッチ』はものすごい視聴率を取って、多くの人に観てもらえました。きっと達也や南のドラマに視聴者が自分を投影しやすかったんだと思うのですか、それは作っているスタッフも同じでした、達也や南の姿は、自分の記憶にあるどこかで美化された「青春」──僕は当時「記憶の青春像」なんて言い方をしていたけれと（笑）──と、つながっていたんだと思う。作監の前田実くんをはしめとしたスタッフ、作曲の芹澤廣明さんも、声優の三ツ矢雄二くんや日高のり子さんも、みんな自分自身に作品をひきつけているようでした。だから「タッチ」はスタッフの誰にとっても、大変だけと楽しい仕事だったんしゃないかと、僕は思っているんです。

　そういえばシリーズ後半の頃、宣伝担当の人たちが「南の顔は右向きかいいか、左向きかいいか」って真顔で討論していて、実在のタレント[5]を扱ってるみたいな会話だなって（笑）。僕は、南というキャラクターは、そこまで存在感を持っているんだなって感じて、横でニコニコしながら聞いていたのを憶えてます。

（杉井ギサブロー）

《アニメージュ》2009年2月号　第三十二巻第二号
発行人：吉田勝彦　編集人：松下俊也　発行：徳間書店

【注釈】

[1] アクション：动作；(电影，戏剧中的)武打。

[2] スペシャル：特设的；附加的，临时的。

[3] ドラマ：电视剧；广播剧。

[4] ミックス：混合。

[5] タレント：(电影、电视、广播中的)演员。

(3) モノノ怪

不思議な映像世界

　この作品は、まず作画や演出を含めた独特の<u>ポップさ</u>[1]が目を引きますね。物語は比較的<u>シンプル</u>[2]で分かりやすく、映像は説明ではなくて印象を見せていくという不思議なスタイル。まるで、ラジオドラマに絵をつけているようだと思いました。襖に描いてある絵も<u>アート</u>[3]的でおもしろいものがたくさんあります。全て描き起こしだとすれば、なかなかのものですよ。

　いたずらに「完成度」を追っていないのもいいですね。これまでのアニメ培ってきた評価の基準みたいなものを裏切ってやろうというような意志が感じられます。見慣れた<u>レイアウト</u>[4]や<u>カット割り</u>[5]とはまったく違う感覚で映像が展開しているし、配色も奇妙で、ときには見にくかったり（笑）。でも不思議なことにだんだん世界観に慣れてきて、キャラクターと背景の一体感や、色の組み合わせの奇妙さが、快感になってくるんです。

　基本にあるのはアート精神だと思うけれど、それをお話に乗せて見せていくうちにコミュニケーションが成立する。不思議な作品ですね。

変革期のなかの挑戦作

　本作は先行する『化猫』という作品の延長線上で作られているそうですね。『化猫』は評判も良くて、視聴率も高かったとか。僕は観たことがなかったので、今回『化猫』も観させてもらいました。そちらも相当ポップな作品だけど、演出的には普段見慣れているTVアニメのカット割りをややアート寄りにしたという感じで、普通の人も観やすいと思います。一方、今回の『モノノ怪』

はもうちょっと跳んでいるので、視聴者がどういう形で接しているのか、気になるところですね。

　このページでも何度か書いてきたけれど、今、いろんな条件のなかで娯楽としてのTVアニメが変わらざるを得ない状況を迎えています。芸能は常に新たな刺激や新鮮さ、観客がわざわざ観るに値するおもしろさを工夫しなくては生き残れない。TVという市場を中心に発展してきたアニメ界をどう変革していくのか、業界も作家も模索していくべき変革期ともいえます。そのなかでこの作品は、結構挑戦的だと思うんですよ。

自由に作るのは難しい

　こういう挑戦的な作品を作る際の難しさは、アニメ制作という共同作業のなかで、いかに挑戦的なエネルギーを維持し続けていくかということです。たとえば、監督が非常にポップで挑戦的な感覚を持っていたとして、参加しているメインスタッフが同じようなエネルギーを持ち続けられるかどうか。

　人間は、自然と安心できる場所に戻っていこうとする傾向を持っています。前例のない前衛的な作品を作っていて不安になると、つい今まで自分たちが慣れてきたアニメーション表現に戻りたくなる。そこで安定的な路線に戻ることなく、新しいものに対する挑戦のエネルギーをチーム全体で維持し続けるのは、実は相当に困難なことなんです。この作品も一見、自由にものを作っているように見えるけれど、本当に挑戦的にものを作るというのは難しい。

新しい楽しみを切り開く

　これが1本や2本ならば、結構自由に挑戦的なものが作れるかもしれない。でも、仮に今回のシリーズが1クール[6]13本だとすれば、これはすさまじい量です。何しろ単に挑戦的なカット割りをすればいいってものではなくて、物語の展開を楽しめないと一般娯楽にはならないですから。

　つまり、一見「楽しく作ればいいんだ」みたいな感覚で作られているように見えても、その裏にある苦労は相当なもの。でも、その結果生まれた作品が、TVアニメの新しい楽しみを切り開く「前衛」になるとすれば、すごくいい仕事

ですよね。

　こういう作品を「良くできてる」とか「アニメーションが上手」といった基準で語るのは相応しくない。むしろひと言で「おもしろいか、おもしろくないか」という勝負です。前例がない以上、観客が最初に抱くのは違和感。その違和感を乗り越えられるか否かは、作品を送り出す側のエネルギーが、観る側に届くか否かにかかっているのではないでしようか。

　この作品のスタッフは、すでに『化猫』で高い視聴率という評価を勝ち取った上で、今回の『モノノ怪』に挑んでいる。そういう意味でも、どんな結果がでるか非常に楽しみですね。

（杉井ギサブロー）

《アニメージュ》2009年2月号　第三十二巻第二号
　　　発行人：吉田勝彦　編集人：松下俊也　発行：徳間書店

【注釈】

[1] ポップさ：大众性，通俗性。

[2] シンプル：朴素的，简朴的。

[3] アート：技巧；艺术。

[4] レイアウト：规划；设计；草图。

[5] カット割り：插图；剪辑。

[6] クール：段落。

九、天気の話

1. 四 季

　日本は南北にほそ長い国で、あたたかい地方やさむい地方があります。
　また、日本には、春・夏・秋・冬の四季があります。三月・四月・五月は春です。六月・七月・八月は夏で、九月・十月・十一月は秋です。十二月から二月までは冬です。
　北海道では、冬はたいへんさむいですが、夏はあまりあつくないです。
　沖縄や九州の南では、冬でも、あまりさむくはありません。
　九州では、さくらの花は、三月のおわり[1]にさきますが、東京では四月のはじめ[2]に、北海道では五月のはじめにさきます。
　日本では、夏は昼間の時間が長いですが、冬は昼間の時間がみじかいです。
　三月二十一日ごろと、九月二十三日ごろは昼間と夜の時間が同じになります。春のこの日を春分の日、秋のこの日を秋分の日といいます。

日本事情シリーズ《日本の地理》

【注釈】

[1] 三月のおわり：三月末。
[2] 四月のはじめ：四月初。

九、天気の話

2. 日本の気候

　日本は温帯にありますが、国土が南北に細長いため、南と北では気候がたいへんちがいます。また、夏と冬では気温の差が大きく、夏は熱帯と同じくらい暑くなる所もあります。

　日本では、春・夏・秋・冬の四季がはっきりわかれています。また、梅雨（つゆ）があるし、台風がたびたび来る時期もあります。このように、気候に変化があり、複雑なのは、日本は季節風の影響を強く受けるためです[1]。季節風というのは、毎年きまった時に吹く風です。日本では、夏は太平洋から暖かい南東の季節風が吹き、冬は大陸から冷たい北西の季節風が吹きます。

　梅雨は、毎年6月のなかば[2]から7月のなかばにかけて降る雨です。つゆには、毎日雨が降り、降らない日でも、いい天気になることはあまりありません[3]。この雨は、西南日本ではたくさん降り、本州の東北部へ行くと少なくなります。北海道では、つゆはありません。日本では、このつゆの時に、田植えをします。つゆがおわると、暑い夏になります。

　台風は8月から10月にかけて[4]たびたび日本へ来ます。台風の進み方はだいたい決まっていて、関東地方から西の太平洋側とか、四国や九州に上陸することが多いです。台風が上陸したり、進路になる所は、大きな被害を受けることがたびたびあります。

　夏でも気温が低く、つゆもない北海道は別にして、日本の気候は、国土の中央部を背骨のように走っている山脈のため、太平洋側と日本海側では非常にちがいます。

　太平洋側の気候は、夏は、太平洋から吹いて来る季節風の影響で雨が多く、むし暑い日が続きます。しかし、冬は、かわいた風が吹き、いい天気の日が多いです。このような気候を太平洋式気候といいます。

　日本海側の気候は、冬は、シベリヤ[5]から吹いて来る冷たい風が、日本海の上で水分をたくさん吸い、中央部の高い山にぶつかって雪を降らせるので、雪

125

がたくさん降ります。また、夏は、太平洋側ほど[6]は雨は降りませんが気温は太平洋側と同じくらい高くなります。このような気候を日本海式気候といいます。

このほかに、日本には、瀬戸内海沿岸の地方や、中央高地のように季節風の影響をあまり受けない、雨の少ない地方もあります。

このように所によってさまざまにちがう日本各地の気候は、人々の生活や産業に大きな影響をあたえています。

雪の多い地方の生活

日本海側は、冬、雪が多く、なかでも、新潟県はもっとも雪の多い地方です。毎年、11月から4月ごろまで雪が降り、その雪はとけずに3〜4メートルもつもります。

雪の多い地方では、人々は家が雪でつぶれないように家を太い木で作ったり、道に面した所の屋根を長く出してその下を人が通れるようにしたりします。また、冬は野菜がなくなるので、つけものをたくさんつけたりもします。

しかし、雪の多い地方の生活は苦しいです。冬は農業ができません。それに、雪がなかなか消えないで、田植えがおくれたり、夏あまり暑くならないで冷害になって、お米がとれないこともたびたびあります。それで、都会へ働きに行く人も多いです。このようなことを出かせぎといいます。

しかし、近年は、雪の多い地方の人々の生活もかわってきました。春になると、田に灰をかけて雪どけを早め、田に種をまいてからは、その上にビニールをかけて水温を高めて育てるようになりました。こうすると、雪の多い地方でも、米がいつもたくさんとれるのです。

雪がたくさん降ると、交通が止まってしまうことも困ることでした。しかし、これも、道に消雪パイプ[7]をうめて、大雪の時には、そこからどんどん水を流して、雪が積もらないようにしたり、ブルドーザー[8]やラッセル車[9]などで除雪作業をしたりして、おもな鉄道や道は交通ができるようになりました。それで，雪の多い地方の人々の生活もむかしにくらべるとずいぶんらくになりました。

日本事情シリーズ《日本の地理》

【注釈】

[1] ……のは……ためです：句型。表示因果关系。即表示某个事项的成立是由于某种客观原因促成的。例如：あくびが出るのは寝不足のためです。/打呵欠是由于睡眠不足。

[2] なかば：中间，中旬。

[3] ことはあまりありません：此处为"不会……"，"不可能……"。

[4] ……から……にかけて：慣用型。此处表示时间范围。例如：僕は今月の中旬から来月初めにかけて休暇をとるつもりだ。/我打算从本月中旬到下月初休假。

[5] シベリヤ：西伯利亚。

[6] ほど：副助词。表示参照物。即表示某种事物或者物体某种属性，达到或者未达到对照物的那种程度。例如：この砂糖は雪ほど白い。/这砂糖白得像雪。今年は去年ほど暑くない。/今年没有去年那么热。

[7] 消雪（しょうせつ）パイプ：溶雪管道。

[8] ブルドーザー：推土机；压路机。

[9] ラッセル車：除雪车。

3. 概　況

（1）後半は気温高い

　サクラが咲いてから散るまで、そのはかなさ[1]を"花七日"という。関東から近畿地方[2]ではこの週末が見ごろだが、週初めの花冷えが逆に功を奏して[3]まだしばらく楽しめそうだ。サクラほどもてはやされる花もないが、サクラほど痛めつけられた花も少ない[4]。例えば幕末から明治の初めにかけて、旧弊打破の世の中で、切られたりひき抜かれたりしている。さらに関東では大震災や大空襲と受難の追い打ちに遭い、そして戦後やっと立ち直ったと思ったのもつかの間、今度は排ガスや水不足（街のセメント化による）と、虐待されっぱなし[5]の歴史をもっている。

　気圧の谷の通るきょうは曇りや雨の所が多く、9日から10日にかけては全国

的に雨になりそうだ。その他の日は移動性高気圧に覆われて晴れる日が多い。ただ南西諸島は前線の影響で雨が降りやすい見込み。気温は全国的に平年より高い日が多いが、特に期間の後半はかなり高く、積雪地帯では雪崩に気をつけたい。

（2）気温は平年並みに

きょうは<u>気象記念日</u>[6]。明治8年東京で気象観測が始められ、<u>同17年</u>[7]に天気予報一号が発表された日。当時の天気図は<u>等圧線</u>[8]が3本だけの簡単なもので、予報がしにくかったと想像できる。和昭29年には東京にレーダーが入り、同31年は中国からデータ入電、同34年には電子計算機を導入、同49年からは<u>アメダス</u>[9]が展開、同52年から「ひまわり」が活躍を始めた。最近では「ひまわり」雲画像、アメダスの資料などの実況値をパソコンなどで迅速にさばく技法が進み、予報の進歩を助けている。

向こう一週間の天気は、北日本では高気圧に覆われて晴れる日が多いが、初めは前線の影響で曇りや雨が降りそう。西日本や東日本では、期間の中ごろに深い気圧の<u>谷</u>[10]が通り、各地とも雨となるが、その他の日も南岸沿いに前線が停滞しやすく、天気はぐずつきそうだ。水不足の沖縄は晴れる日が多い見込み。気温は初めは平年より低い所があるが、次第に平年並みに。

（3）姿なき台風の季節

梅雨も<u>山場</u>[11]を迎え、大雨が降りやすい時期となった。大雨が降るとよく「湿舌（しつぜつ）」という言葉が報道される。これは南の湿った空気が上空に舌のような形で流れ込む現象。台風なら新聞やテレビの天気図で見ることができるが、湿舌には形がなく、上空のデータを調べないとわからないので「姿なき台風」として恐れられている。九州には雷まじりの強い雨が降るようになったが、梅雨時は西日本に大雨が降った<u>からといって</u>、東日本が大雨になるとは<u>限らない</u>[12]。太平洋高気圧の西のへりに沿って暖湿気流が西日本に流れやすいため。東日本の雨は秋に多いが、梅雨末期にはそれなりの強い雨が降る。

向こう一週間は、東日本や西日本では本州付近に停滞する梅雨前線や、前線

上を通る低気圧の影響で曇りや雨の日が多い見込み。しかし初めは前線の活動が弱まって晴れる所がありそう。北日本や南西諸島は高気圧に覆われて晴れる日が多い。気温は初め平年並みで、その後は高め。

(4) 週後半は夏型に

　夏の天候の演出者は、太平洋高気圧から，蒸し暑い南東風が吹き込む海洋性熱帯気団と、オホーツク海[13]高気圧から北東風の吹き込む冷湿な海洋性寒気団である。梅雨明け以来、今月3日までは前者の影響を受けて、日本の南半分は猛暑が続いたが、4日には一転して后者の影響で冷涼な日が続いた。特に北日本では、低温と日照不足によって農作物に被害が出はじめたというから心配だ。過去には冷夏の後で、猛暑の現れたこともある。今年も厳しい残暑はありそうだ。どうやら今夏は"熱しやすく冷めやすい"変化球型の夏になりそうだ。

　向こう一週間は、太平洋高気圧がひき続き弱く、低気圧や前線の影響を受けて12日ごろまでは曇りや雨の日が多そうだ。14日以降は太平洋高気圧がやや強まって夏型が復活し、晴天が続きそう。気温は、北日本は平年並みの日が多く、東、西日本も初めは平年並みだが、後半は高い日が多い。南西諸島[14]は暑い夏空が続く。

(5) 全般に晴れ模様

　地上の最高気圧はシベルアの1084ミリバール[15]。日本の最高気圧は1913年（大正2年）のきょう、旭川で1044ミルバールを観測した。当時、北日本は優勢な移動性高気圧に覆われたが、南海上を台風が北上、北高南低型で南日本の天気はぐずついた。この年、11月、12月は寒かったが、1月、2月は暖冬だった。今年の11月も寒かったが、寒さが秋から初冬にやってくると暖冬になりやすい、という経験則がある。

　向こう一週間は、3日ごろ気圧の谷が通り、雨や雪が降りそうだ。その他の日は高気圧に覆われて晴れる所が多いが、東日本や西日本の太平洋側の地方や南西諸島では前線の影響を受けやすく、曇りの日が多そうだ。気温は初め平年

より高めだが、次第に平年並みに戻る。

《毎日新聞》

【注释】

[1] はかなさ：形容词「はかない」的词干「はかな」加接尾词「さ」构成的名词：短暂。

[2] 近畿地方（きんきちほう）：位于日本本州的中央偏西部地区。包括京都、大阪二府和三重、滋贺、兵库、奈良、和歌山五县。

[3] 功（こう）を奏（そう）して：奏效。

[4] ……ほど……ない：相当于中文的"没有比……再……，'的意思。例如：歯が痛いほど辛いことはない。／没有比牙疼更难受的了。此处与「……も……も……」相结合，构成"既没有像……那样……，也没有像……那样……"的意思。

[5] ぱなし：接尾词。接动词连用形下，表示"……起来不管"的意思。常用「……っぱなし」的形式。例如：敷きっぱなしにした寝床。／没有叠起来的床铺。

[6] 気象記念日（きしょうきねんび）：6月1日。

[7] 同（どう）17年：指明治十七年。

[8] 等圧線（とうあつせん）：在气象图上，指连接气压相等地点的线。类似词语有「等温線（とうおんせん）」等。

[9] アメダス：地区气象观测系统。

[10] 谷：低压槽。

[11] 山場（やまば）：此处指梅雨季节的高峰期。

[12] ……からといって、……ない：相当于中文的"尽管……但是（也）不……"的意思。例如：お金があるからといって、無駄づかいをしてはいけない。／虽然有钱，但也不要乱花。

[13] オホーツク海：鄂霍次克海。

[14] 南西諸島（なんせいしょとう）：指日本九州南端与我国台湾省之间连成弓状的列岛。

[15] ミリバール：毫巴。

4. あすの天気

柳芽吹く

　きのうの暖かな晴天もつかの間、きょうからは再び春雨の降る<u>ぐずつき模様に</u>[1]。関東南岸には梅雨時のように前線が停滞しやすく、あすも曇り空で南部は雨が残りそう。このところの暖かさで、皇居お堀ばたの柳がすっかり芽吹きすうき、春雨に洗われる緑が鮮やか。

少雨の傾向

　東北地方の北部では、4月下旬から雨が少なく注目されているが、関東も少雨の傾向。東京でみると、きのうまでの5月の雨量は平年の4割にも満たない。ひと雨ほしいところ。あすも高気圧が北に<u>偏り</u>[2]南岸の前線が西からのびてくるので、雲が多く気温は低め。

菜種梅雨

　<u>房総半島</u>[3]など暖かな地方では、菜種の花が咲き始めた。この花が咲き始めると、梅雨時のような悪天の続くことがあり、菜種梅雨と呼ばれている。<u>関東地方</u>[4]は、今夜は一時的に晴れ間がでるが、あすは低気圧の接近で、また雨が降り出すだろう。菜種梅雨だろうか。

アカトンボ

　高気圧が日本海にあって、その一部が関東地方を覆い、秋雨前線は南岸沖に停滞している。気圧配置は雲の多い<u>北高型</u>[5]で、今夜から明日の朝にかけ、一時雨の降る地方があるだろう。東京の郊外で昨日、すっかり赤くなったアカトンボの群れを見た。

光化学スモッグ[6]

ここ二、三日関東南部は連日光化学スモッグ注意報が発表され、多数の被害者も出ている。気圧配置はそれぞれ違うが、一般的には大気が安定し風が弱く、日差しが強くて、前線や風の吹き集まる収束線が近くで停滞する時が要注意日である。あすも天気不安定。

前線南下

関東は、きのう朝からけさにかけて各地で雷やにわか雨が降った。きのうは朝からむし暑く日中にかけ気温は異常に上昇、猛暑となったが、そこへ上層寒気を伴って梅雨前線[7]が本州上を南下してきたため不安定となった。前線は南岸に停滞、あすはまた梅雨空が戻る。

戻り梅雨[8]

北のオホーツク海高気圧の動きは遅く、前線が日本の南岸に停滞して、天気図は梅雨型。珍しく夏の最盛期の戻り梅雨である。冷たい雨で気温も低く、農作物や海山の行楽地にとっては、一日も早い暑さのぶり返しが待たれる。あすは、晴れ間が出るが、気温はまだ低め。

梅雨明け

梅雨明けを支配するものは南の太平洋高気圧と北のオホーツク海高気圧の強さと動き。昨日から西日本を覆う南の高気圧が強まり、北の高気圧もゆっくり東進しはじめたので、西日本の梅雨明けに引き続き、関東も梅雨明け間近。しかし、明けても不安定は残る。

前線北上

関東は先月27日以来、上空に寒気が入り晴れても気温は低めで、前線は南海上にあった。しかし西日本は南から暖湿気流が入りはじめ、前線も北上、活発化してきているので大雨に要注意。関東もあさっては前線が北上し、天気が崩れて気温も上がりそう。

大暑

きょうは二十四節気の「大暑」。古書によれば、極熱の盛んなる時なれば[9]、大暑と名づくとある。一年で最も暑い季節にさしかかっている。休養と営養を十分にとって、厳しい暑さに負けないよう心がけよう。夏の高気圧が強まってきた。あすも晴れて暑いだろう。

大噴火と天候

ことし6月に大噴火をしたピナツボ山の噴煙が、今後の天候にどう響くか、関係者の関心は強い。高さ20キロもの上空に浮遊している噴煙の微粒子のために日射が弱まり、ここ一、二年の間に地上気温が低くなりやすいからだ。さしずめ来年夏の天候が気になる。

山の雷

登山中の恐ろしいものに雷がある。雷が鳴るときは体から金属類を離せといわれていたが、最近の研究では人間の体そのものが電気の良導体だから、金属を持っていてもよいから、まず姿勢を低くし、ときには腹ばいになることの方が大事という。あすも不安定。

海風の影響

今ごろは日差しが強いので晴れれば気温はかなり高くなるが、海岸に近い所では海からの風が入る時、気温は上がらない。昨日の関東地方も内陸では30度を超えたが、東部沿岸では東からの海風の影響で日中も20度と低かった。あすも天気はぐずつく見込み。

気温と海風

これからは暑くなる時期。最高気温予想が一度違っても電力消費量などに大きな影響があるので、気温予想は神経を使う。気象庁のある大手町も北風から海風である南東風に変わると、とたんに気温が下がるので、海風交代時刻の予想も大事になる。あすはむし暑い。

【注釈】

[1] ぐすつき模様に：天气形势变得难以预料；天气形势令人担心。后面省略了「なる」。

[2] 偏り（かたより）：偏，偏倚。

[3] 房総半島（ぼうそうはんとう）：日本千叶县南部的半岛。

[4] 関東地方（かんとうちほう）：指东京及其周围的神奈川、千叶、埼玉、群马、枥木、茨城六县。

[5] 北高型（ほっこうがた）：指在日本海有一移动性高气压的情况下，日本南部海域上空形成停滞不动的气压槽,因而构成持续不断的、类似梅雨天气的气压分布。

[6] 光化学スモッグ：光化学烟雾。

[7] 梅雨前線（ばいうぜんせん）：指梅雨期停滞在日本列岛南面海上的前线。

[8] 戻り梅雨：指梅雨期过后出现的梅雨天气。

[9] 盛んなる時なれば：「盛んなる」的「なる」是文语断定助动词「なり」的连体形；「時なれば」的「時」后面省略了格助词「に」。

5. 井の頭公園　桜まだ残る

偕楽園　梅開花1ヶ月遅く

桜の開花が早めだった今年、例年より花が長持ちしてなかなか散らず、東京では開花宣言から3週間が過ぎた今も桜を楽しめる日が続いている。東京管区気象台の担当者は「開花の早い年は花が長持ちする傾向にはあるが、今も残っているのは不思議だ」と首をかしげる[1]。一方、梅の開花は大幅に遅れ、水戸市[2]の偕楽園では、梅と桜が同時に見ごろ[3]を迎える珍しい"競演"状態に。開花時期は厳冬が影響しており、冬の寒さが思わぬところで「花」を咲かせた形だ。

約600本の桜がある井の頭公園（東京都武蔵野、三鷹両市）。3月24日に開花したが、20日後の現在も、園内の池の周囲がうっすらとピンクに染まったままだ。同公園管理所の宮下博之さん（42）は「4月に入り、肌寒い[4]日が多かったため長持ちしているのでは」と説明する。

東日本以西では今年、桜が例年より早く開花。3月21日に咲いた東京や横浜では、平年より7日早かった。秋に成長を止めた桜は、一定期間寒さにさらされると再び成長を始めるが、昨年12月から厳しい寒さが続き、例年より早く桜が「目覚めた[5]」ためらしい。気象台の担当者は「今年は満開の時期に暖かい日が続いたり、強風の日もあり、既に散っていてもおかしくないのだが……」と話し、長持ちの正確な理由は分からないという。

　一方、梅の開花は、仙台〔開花日3月27日〕と岐阜（同3月10日）が平年より27日遅いなど、各地で大幅遅れ。「年末年始の厳冬と2月の気温上昇が影響しているのでは」と気象庁の担当者は分析する。

　偕楽園では、3月末で「水戸の梅まつり」が終わり、今は「水戸の桜まつり」を開催中。管理する茨城県建設技術公社の担当者は「12日までの雨で梅は大分散ったが、開花が平年より1ヵ月近く遅い一方で、桜は平年より1～2日ほど開花が早く長持ちしており、同時に花が見られる珍しい状況になった」と話している。

（五味香織）
《毎日新聞》2006年4月13日

【注释】

[1] 首をかしげる：惯用句。纳闷，沉思。例如：首をかしげて考える。／歪着脑袋思考。

[2] 水戸市（みとし）：日本茨城县东部的一个市。

[3] 見ごろ：名词。正好看的时候。例如：桜は今ちょうど見ごろだ。／现在是樱花最好看的时候。

[4] 肌寒い：肌肤感觉到冷意的。微寒。

[5] 目覚めた：原意为"睡醒"，此处比喻为"复苏"。

十、スポーツの話

1. 大相撲[1]

　大相撲は階級社会だ。上から順に、幕内（まくうち）、十両（じゅうりょう）、幕下（まくした）、三段目（さんだんめ）、序二段（じょにだん）、序の口（じょのくち）がある。十両と幕内の力士（りきし＝すもうをとる人）が関取（せきとり）と呼ばれ、一人前の扱いを受ける。具体的には関取は給料をもらえるし、身の回りの世話をしてもらう付き人（つきびと）も割り当てられる。付き人は下の階級の者が担当し、年齢の高い低いは関係ない。

　力士は1年に6回（1・3・5・7・9・11月）の本場所で相撲を取る。幕内と十両は1場所が15日間（日曜から翌翌週の日曜まで）で、それ以下は7日間。15日間に毎日1回相撲をとり、通算して8回以上勝つと「勝ち越し」となり、次の場所には位が上がる。逆に8回負けると「負け越し」で位が下がる。但し、幕内の中の最高位の横綱（よこづな）は負け越しても位が下がらない。しかし、いつでも最高位にふさわしい良い成績を要求されているので、負け越しが続くようなことがあると、引退に追い込まれる。横綱の次に高い位の大関（おおぜき）は負け越しが2場所続くと下の関脇に落とされるが、その次の場所に10勝以上すると再び大関に戻れる。

　大関、関脇、さらに小結（こむすび）をまとめて三役（さんやく）と言うが、これに横綱を加えることが多い。それ以外の幕内力士は前頭（まえがし

ら)という。上から順に数字を打ち、「前頭5枚目」というように表現する。

対戦は力士の所属する部屋(へや)ごとに行われる。だから、たとえば横綱の千代の富士(ちよのふじ)と北勝海(ほくとうみ)は同じ九重(ここのえ)部屋なので対戦はしない。その場所で一番いい成績を上げた力士が優勝し、表彰される。そのほか、関脇以下の幕内力士で活躍が目立ち、勝ち越した者には敢闘賞(かんとうしょう。特に頑張った力士)、技能賞(ぎのうしょう。特に技が優れていた力士)、殊勲賞(しゅくんしょう。横綱や大関の優勝争いに関係した力士を破った力士)の3賞が与えちれる。

<u>新聞の運動面</u>[2]には場所中は幕内力士の成績が連日載る。<u>ファン</u>[3]はそれを眺めて自分の好きな力士の活躍ぶりや優勝争いなどの行方を予想して楽しむ。力士が「東」と「西」に分かれているのは昔、東西対抗で対戦していたときの名残り。横綱、大関などの人数が多い時は「<u>張出</u>[4]」が設けられる。

《実例で学ぶ　日本語新聞の読み方》1991年小笠信之著。

【注釈】

[1] 大相撲(おおずもう)：由財団法人日本相撲協会举办的盛大的相撲比赛活動。
[2] 新聞の運動面：报纸的体育版面。
[3] ファン：(体育，音乐，电影，戏剧等的)爱好者，迷。(流行语)粉丝。
[4] 張出(はりだし)：原意为"布告"；"揭示"。此处指在相撲比赛中,次于正位的大力士写在顺序栏外的做法。或者指次于正位的大力士本身。

2. 勢いか面目か

「ここまできて負けたら何にもならない。当然、二番取る(<u>決定戦</u>[1]の)つもりで行く」と闘志を燃やす<u>千代の富士</u>[2]。<u>旭富士</u>[3]も、口数こそ少ないものの「一回で決めたい。思い切って行くだけ」ときっぱり。いよいよ<u>千秋楽</u>[4]<u>結びの一番</u>[5]に持ち込まれた優勝争い。主役の二人は、同じ東の<u>支度部屋</u>[6]で、早くも決戦に向けて火花を散らし合った。この日の<u>取組み</u>[7]は、両者とも優勝

への執念があふれ、存分に持ち味を出した。

　まず千代の富士。小錦[8]には四連敗中だったが、「突っ張られて[9]負けてるから」とやや遅く立って[10]ふところに飛び込み[11]、がっぷり右四つ[12]。上手投げ[13]で揺さぶり、相手の上手を切る[14]と、休まずに巨体をがぶった[15]。

　その直後、旭富士が土表[16]に上がった。北勝海[17]には、昨年初場所、夏場所[18]と、これまで二回優勝決定戦で敗れ、横綱昇進の夢もつぶされている。そんなプレッシャーより、「勝つ」という気迫が上回った。

　突っ張り合いから、北勝海が頭を下げて出るところを、左に回りながらうまく相手の右手をたぐった[19]。「タイミングが良かった」（旭富士）にだけ、北勝海は前にばったり[20]。

　そして千秋楽の直接対決へ。「後半戦は、自分の相撲が取れてる」と調子を上げてきた横綱と、二場所連続優勝と横綱昇進の夢実現に向けて「それほど重圧はない」という大関[21]。過去の対戦成績こそ、29勝5敗と横綱が圧倒している。だが、旭富士には勢いと、「負けても決定戦」の強みがある。

　この二人。六十三年初場所の千秋楽結びの一番で、全く同じ展開で優勝をかけて対戦。この時は、旭富士が勝って初優勝を飾った。今度は……。

　　　　　　　　　《実例で学ぶ　日本語新聞の読み方》1991年小笠原信之著。

【注釈】

[1] 決定戦（けっていせん）：优胜决赛。指比赛结束时出现的两个相同分数的优胜者之间再进行最后决胜的决赛。

[2] 千代の富士（ちよのふじ）：当时的横纲。

[3] 旭富士（あさひふじ）：此次比赛后的新横纲。

[4] 千秋楽（せんしゅうらく）：比赛日期的最后一天。也叫「楽日（らくび）」。

[5] 結びの一番：当天的最后一组比赛。

[6] 支度部屋（したくべや）：大力士进行赛前准备的房间。

[7] 取組み：比赛对手的配合、构成。

[8] 小錦（こにしき）：大关。美国人。

[9] 突っ張られて：「突っ張る」是相扑的技能之一。左右手交替向前猛推对方的动作。

[10] 立って：「立つ」，指比賽時，从两手着地、凝视对方的状态下，突然站起向对方进攻的动作。

[11] ふところに飛び込み：扑进对方怀中。

[12] がっぷり右四つ：「がっぷり」指两个力士互相紧抓住对方兜裆布的状态。「右四つ」指右手位于对方左臂下侧的姿势。相扑比赛中，双方面对面扭在一起的摔法大体分为「右四つ」和「左四つ」两种。

[13] 上手投げ（うわてなげ）：相扑技能之一。指双方的胳膊互相交差抓住对方时，位于上方的胳膊用力将对方甩出去的动作。

[14] 上手を切る：用力解除对方位于"上手"的状态。

[15] がぶった：「がぶる」的原意为船体摇晃的状态。此处指将身体猛烈上下摇动向外推对方的动作。

[16] 土俵（どひょう）：相扑摔跤场。用裹土的稻草围成的圆形比赛场地。比赛时，除双脚外的身体的任何部分着地都算输。身体的任何部位出了圈并着地也算输。

[17] 北勝海（ほくとうみ）：横纲之一，北胜海。

[18] 初場所（はつばしょ）、「夏場所」（なつばしょ）：「初場所」指每年1月举行的例行比赛；「夏場所」指每年7月举行的例行比赛。

[19] 右手をたぐった：抓住对方的右手往前拉，使其身体失去平衡。

[20] ばったり：突然倒下。指突然向前倒在赛场中的样子。

[21] 大関（おおぜき）：相扑级别之一，仅次于横纲。是「三役」——大関・関脇（せきわけ）・小結（こむすび）——中的最高级别。

3. スポーツ・ニュース

新大関白鵬は薄氷の白星／夏場所

＜大相撲夏場所＞◇初日◇7日◇両国国技館

新大関白鵬が初日を白星で飾った。過去2勝6敗の若の里を相手に、立ち合いで左上手を取れず、自分の形に持ち込めなかった。<u>はたいて</u>[1]相手のバランスを崩し、最後は突き落とし。薄氷を踏む思いの勝利に「いやー、ホッとした」

と苦笑いした。

　観客席には、モンゴル相撲の横綱2人が観戦に訪れており「いいところを見せたいと思っていた。負けられなかったよ」と振り返っていた。

新入幕把瑠都は白星で21連勝／夏場所

　＜大相撲夏場所＞◇初日◇7日◇両国国技館

　エストニア[2]出身で新入幕の把瑠都が白星発進した。もろ差し[3]から寄り切って[4]豊真将との新入幕対決を制した。春場所では43年ぶりの十両全勝優勝を果たしており、これで幕下だった初場所からの連勝を21に伸ばした。

　取組後は報道陣が殺到し、急きょ支度[5]部屋の外で即席会見を開いた。「いい相撲が取れたと思う。うれしい。今は毎日が楽しい」と笑顔を浮かべていた。2日目はベテラン[6]栃乃花と対戦する。

＜大相撲＞朝青龍が右ひじ強打

　朝青龍は若の里に敗れて土俵下に落ちた際に右ひじを強打した。かかりつけの病院でレントゲン検査[7]を受け、骨に異常はなかったという。師匠の高砂親方（元大関，朝潮）は「専門医がいなかったため、きょうは判断ができない。状態はあまりよくない。（3日目の出場は）今晩の様子を見て決める」と話した。

＜バレーボール＞女子日本代表、今年度初の合宿入る

　バレーボールの女子日本代表が8日、東京都北区の国立スポーツ科学センターで今年度初の合宿に入った。代表候補22人のうち18人が参加した。公開練習では竹下佳江、大山加奈ら昨年からのメンバーとともに、04年アテネ[8]五輪以来となる栗原恵、初選出の石川友紀らも動きのよさをアピールした[9]。

2006年5月8日nikkansports.com

【注釈】

[1] はたいて：「叩く」＝拍。此处为相扑比赛的一种技巧,即拍击对方的脖颈或肩膀等处,使之向前倒下的技巧。

[2] エストニア：(国名)爱沙尼亚。

[3] もろ差（ざ）し：相扑比赛的一种技巧,即将两手插入对方两腋下的技巧。

[4] 寄り切って：「寄り切る」＝相扑比赛的一种技巧,即抓住对方,用身体将对方逼到角力场边缘,使之迫不得已脚踏圈外的技巧。

[5] 急（きゅう）きょ支度（したく）：仓皇准备。

[6] ベテラン：行家,老手。

[7] レントゲン検査：X光片检查。

[8] アテネ：雅典。

[9] アピールした：「アピールする」＝引起人们的共鸣,受到人们的欢迎。

4. プロ野球中継

　プロ野球のペナント・レース[1]も、いよいよ大詰めに近づいてきた。わたしは子どもの頃から中日ドラゴンズのファンである。中日は9月に入って、広島との首位攻防戦に勝ち越し、これで優勝に王手がかかった[2]かなと思っていたら、そのあとがよくない。いま、これを書いている段階で、広島にゲーム差と詰め寄られ、やきもきしている。

　ところで、下関で暮らすようになって唖然としたのは、中日の試合が巨人戦以外は、ほとんどテレビで観られなくなってしまったからだ。中部地方にいた時は、ローカル局[3]が、巨人戦以外の中日の試合も、かなり中継していたので、全国ネット[4]でこれほどまでに差別されているとは思わなかった。

　今年は、中日はもとより、広島もヤクルトも優勝戦線に加わり、巨人戦以外で大いに緊迫した、おもしろいゲームがある、と思う。また、落合や池山をあげるまでもなく[5]、巨人よりも他のチームに、実力だけでなく、ユニークな個性をもった選手が多い。首位攻防とも、こうした選手の活躍とも直接関係のない試合が、ただ、巨人戦というだけで、いつもテレビに流れているというのは、なんとも味気ない。しかも、巨人ブランド[6]という以外に何の取り柄もない解説者が、凡庸な選手について、退屈な講釈を長々とやっている。

こういう巨人中心の野球中継が、プロ野球を愛さないで、巨人だけを愛するつまらないファンを全国に育てている。むろん、これはプロ野球のことだけではない。わが国の文化の構造もこれに似ているのである。

北川誘（詩人・梅光女学院大教授）
《毎日新聞》1991年9月18日

【注釈】

[1] ベナント・レース：锦标赛。职业棒球争取优胜的正式比赛。
[2] 優勝に王手がかかった：拿出争取优胜的绝招，制胜的绝招。「王手」原意为将棋中向对方将军的意思。此处比喻"制对方于死地的方法、手段。"
[3] ローカル局：地方局。
[4] 全国ネット：「全国ネットワーク」的略称。"全国广播网"。
[5] までもなく：接动词连体形后。没有必要……，用不着……。例：わざわざ空港まで見送りに行くまでもない。／用不着特意到机场去送行。
[6] 巨人ブランド：巨人牌子。「巨人」是日本老牌的、有名棒球队。

5. 走らない野球なんて

　小学生のころ、何が嫌いといって、運動会の徒競走ほどいやなものはなかった。前夜は雨ごいし、大人には徒競走がない、という理由だけで、早く年をとりたかった。大人には徒競走はないが、春休みもないことには気がつかなかったのである。

　走るのはいまでも嫌いだ。数年前、終電車に駆け込もうとして足がもつれ、ホームで転んで以来、一度も走っていない。だが、だからこそ、人が走るのを見るのは好きだ。野球の取材でも、俊足を生かしたプレー[1]に出合うと、無条件に感動してしまう。

　たとえば日本が優勝したワールド・ベースボール・クラシック[2]では、キューバ[3]との決勝での川崎選手の右手ホームタッチが最も印象に残る。イチロー

選手が「川崎の、ケガ覚悟のプレーに触発された」と話したそうだが、確かにあのまま捕手に腰を落とされていたら、骨折もありうる体をかけたスライデイング[4]だった。あれほどのハラハラ度[5]はないにせよ、開幕したばかりの日本のプロ野球でも、俊足を飛ばした好プレーをいくつも見た。左中間のライナー[6]を楽々とキャッチする中堅手、しつこいけん制をかいくぐって決める盗塁や、ため息の出るようなスライデイング。こういうプレーが一つあると、全体としてはひどい凡戦でも許せる気分になる。

　一昨年、日本語訳が出て話題にもなった「マネー・ボール」は、アスレチックスのビリー・ビーンGM（ゼネラルマネジャー）の理論を紹介したノンフィクションだ。貧乏球団で高い年俸の選手がいないチームを常勝球団に育て上げた敏腕GMは、戦術面では機動力野球を否定する。アトを耀やす犠牲バントはもってのほか[7]で、アウト[8]の確率の高い盗塁もダメ、という。膨大なデータを分析した結果だというから、多分、リーグ[9]戦を勝ち抜くには正しい理論なのだろう。

　でも、はっきり言って走らない野球は見たくない。アウトにならないように、次の塁へ進むのを自賛する野球では、興奮できないではないか。

　そんなことをつらつら[10]考えていたら、ある選手が本塁の1メートルも手前でタッチアウト[11]になった。記者席で一斉に上がった「おっせぇー」の声に唱和した後で、わが身を思い出し「プロだって足の遅い人もいるよね」と小声で付け加えた。

（富重圭以子・専門編集委員）
《毎日新聞》2006年4月7日

【注釈】

[1] プレー：开球。

[2] ワールド・ベースボール・クラシック：世界棒球锦标赛。

[3] キューバ：(国名)古巴。

[4] スライデイング：(棒球)滑进。

[5] ハラハラ度：担心的程度。

[6] ライナー：(棒球)直球。

[7] もってのほか：意外，毫无道理。

[8] アウト：(棒球)出局。

[9] リーグ：联盟；団体。

[10] つらつら：副词。仔细地，好好地。

[11] タッチアウト：(棒球)触杀。

6. 回転投法

日本人には期待の星？

陸上の記録向上に、技術の革新が大きな貢献をするケースは少なくない。その典型は走り高跳び[1]の「背面跳び（フォスベリー・フロップ）」だが、砲丸投げ[2]の「回転投法」も『期待の星』だ。

歴史的には、決して新しくはない。回転式の砲丸投げが世界的に脚光を集めた[3]のは、いまから約20年前、ソ連のバリシュニコフ選手が旧東ドイツとの対抗試合で20メートルを超す投てきを見せた。

現在、国際的な競技会では、フィールド[4]を背にして低く構え、体を上方に伸ばす力と、体のひねりでもって砲丸を押し出す「オブライエン投法[5]」と「回転投法」の2通りの投法が共存している。果たして、今後、どちらに軍配が上がるのだろう——。

「力学的に見て、回転投法は理にかなっている」というのは山梨大学教育学部の植屋清見助教授（バイオメカニクス）。植屋助教授自身、学生時代から砲丸の選手。

植屋助教授によると、砲丸の飛距離（R）は、「円盤[6]」「やり[7]」と違って空中での複雑な浮力や揚力などの空気抵抗は無視できるため、別表の数式で求めることができる。

記録を伸ばすためには、数式のV、つまり、砲丸が手を離れたときの初速度をいかにして高めるか、がカギを握る。スピードを上げるには、始動から砲丸

を手放すまでの弾道距離をできるだけ長くすることも必要になる。

　直径2.135メートルしかない狭いサークル内で、オブライエン投法の直線的な砲丸の突き出しをした場合、パワーの勝負となり、腕の長い怪力選手が有利になる。その点、円盤投げのように体を1回転半させ、スピードをつけて砲丸を投げ出せば、体力的に劣っても、互角あるいはそれ以上の記録を出せる——というのが回転投法の理論と考えてよさそうだ。

　植屋助教授は「投げ方の変遷を見ると、横向き（横向き投法）から後ろ向き（オブライエン投法）へと、からだのひねりを増やしてきている。回転投法は、その延長線上にある。体力的に見劣りする日本人は、トライすべき」という。

　日本の一線級でただ1人、回転投法に挑戦している鈴木文選手（スポーツプラザ丸長）は、5年前、オブライエン投法から転向し、記録を15メートル23から15メートル98に伸ばした。鈴木は「記録が伸びたのは回転投法にしたためだと思う」という。

　回転投法で昨年、23メートル12の世界記録を出したR．パーンズ（米国）はドーピング検査にかかり[8]、アメフット選手に転向、東京に来ないのは残念だが『回転派』の活躍に注目してみたい。

《毎日新聞》1991年8月7日

【注释】

[1] 走り高跳び：助跑跳高。

[2] 砲丸投げ（ほうがんなげ）：掷铅球。

[3] 脚光を集めた：引人注目的。

[4] フィールド：运动场。

[5] オブライエン投法：回身投法。

[6] 円盤（えんばん）：铁饼。

[7] やり：标枪。

[8] ドーピング検査にかかり：赛前运动员接受有无服用兴奋剂的检查时出了问题。未通过兴奋剂检查这一关。

十一、環境の話

1. 深刻な環境問題

　最近、台風やハリケーン[1]が変質・凶暴化しているといわれる。集中豪雨も東京を襲って被害を出し、人ごと[2]ではないと感じるようになった。地球温暖化という環境への深刻な問題が、いよいよ米国・中国・欧州・日本など世界中に影響を及ぼしてきたのである。

　今年、第10回を迎えるアジア漫画展（国際交流基金主催）は、この環境問題をテーマにして、アジア10ヵ国の漫画家に各国の問題点を描いてもらった。カンボジア[3]は初めての参加である。

　カンボジアの森林違法伐採、中国の産業廃棄物による土壌汚染、インド[4]の地下水汚染、インドネシア[5]の大気汚染、韓国の工場排煙、マレーシア[6]の森林伐採にかかわる動物保護、フィリピン[7]のゴミ処理、タイの無秩序な都市開発、ベトナム[8]の車の排ガスなど、深刻な問題が描かれ、よく考えてみれば、日本が苦しんできた環境問題が、アジア全体に広がっていることが分かる。

　21世紀に入ってからのアジアの経済成長は目覚ましいものがあり、それに伴って環境の悪化も深刻化してきている。たとえば、森林伐採は多くの国が抱えている問題である。それは木材を輸出する国の問題だけでなく、日本のような輸入する国の問題でもある。外国産木材が安いから輸入に頼ることで、日本の林業はきわめて厳しい状態になっている。山林の多い日本が木材を輸入に頼るこ

と自体、矛盾する現実である。

　10ヵ国の漫画家の80点余りの現実を直視した漫画作品を見てみると、環境問題は日本だけで解決できるものではなく、アジア各国、世界各国と力を合わせることでのみ[9]未来が開けるのだ、と強く感じる。

　このアジア漫画展は東京で開催後、１年間かけて日本各地をまわり、その後、アジアの７ヵ国に巡回される。日本だけでなくアジアの多くの人々に見てもらうことで、問題の重要性・緊急性の認識が広がることを期待したい。とくに、日本とマレーシアの漫画が指摘しているリサイクル[10]活動が各国に広がることを期待したいものである。

（重永平成大学教授）

《毎日新聞》2006年5月21日

【注釈】

[1] ハリケーン：(气象)飓风。

[2] 人ごと：旁人的事。

[3] カンボジア：(国名)柬埔寨。

[4] インド：(国名)印度。

[5] インドネシア：(国名)印度尼西亚。

[6] マレーシア：(国名)马来西亚。

[7] フィリピン：(国名)菲律宾。

[8] ベトナム：(国名)越南。

[9] ことでのみ：只有通过……才……。

[10] リサイクル：再利用，再循环。

2.「沙棘」で健康と荒地の緑化

　中国の荒地で植林活動を続けている。植える木は沙棘（サジー）。古くからアジアなどで栄養食として使われてきた果実のなる木は、中国の高山や砂漠地

帯など厳しい環境で育つ。そのため生きていくのに必要な成分を凝縮して蓄えているという。その果実との出会いはほんの偶然[1]だった。

　20年ほど前から気功教室をはじめる。その縁で中国の北京中医薬大学の講師と知り合い、沙棘を知る。果汁を口にしたとき、健康への可能性を感じ、大陸に足を運ぶ。内モンゴルの荒野に実る果実を見た1999年、会社を創設し、手始めに[2]果汁にして10トンを輸入する。

　「気功を通じてのお知り合いが多かったので、まさに『押し付けるようにして』飲んでもらったら、多くの人が『もっと飲みたい』と言ってくる。これはいけると思いました」。

　徐々に口コミで伝わり[3]、次第にブームになる。しかし原液の果汁は酸味が強く、人によっては飲みにくい[4]。そこで沙棘とライチ[5]の果汁をブレンドした[6]「美味沙棘」を発売。これにはちょっとしたしゃれが隠れている。楊貴妃がライチを愛した話は有名だが、実は沙棘にはジンギスカン[7]にまつわる伝説が[8]。その昔、ジンギスカンが厳しい冬の遠征中、雪に阻まれやむなく[9]馬を捨て徒歩で行軍。数年後、戦を終えて馬を捨てた地点に戻ると馬は皆元気だった。馬たちは荒野に実る沙棘の実を食べ厳しい冬の間命をつないでいた[10]。

　「楊貴妃とジンギスカンが一緒になれば怖いものなしでしょう」と笑う。

　実は沙棘を飲むことは中国の緑化につながる。降雨量が少なくても、荒地に沙棘が地中深く根を張れば周りに草花も育ち緑豊かな大地に変わる。日本のNPOなどが現地の農民に植林を促してきたが、農民の収入につながらず、なかなか定着しなかった。それを見て「この果実を買い取れば、日本人の健康と大地の緑化に貢献できる」と植林してできた果実の買い取りを農民らに提案。自らも毎年5000本の苗木を提供。すでに実をつけるまでに育った木もある。広大な荒野で小さな努力が、まさに実を結びつつある。

株式会社　蘇芳　代表聖稷　刑部　恵都子さん

《毎日新聞》2006年5月21日

【注釈】

[1] ほんの偶然：实属偶然。

[2] 手始めに：起头，开端。

[3] 口コミで伝わり：口头传播。

[4] にくい：接动词连用形后，表示困难。例如：书きにくい。/难写。口に出しにくい。/不好说出口。

[5] ライチ：荔枝。

[6] ブレンドした：搀合，混合；勾兑。

[7] ジンギスカン：(古代蒙古军事家，政治家，元朝元太祖)成吉思汗。

[8] 伝説が：后面省略了「もっと有名だ」等内容。

[9] やむなく：不得已而……。

[10] 命をつないでいた：维系了生命。

3. 北極海の氷　史上最小に

　海洋研究開発機構と宇宙航空研究開発機構は16日、衛星で観測した北極海の海氷面積が史上最小となったと発表した。例年、9月中旬まで減り続けるため、最小面積は大幅に更新される<u>見込みだ</u>[1]。海氷の減少は地球温暖化を加速する原因になる。

　海洋機構によると、15日現在の海氷面積は530.7万平方キロで、78年に衛星観測を始めてから最小だった05年9月22日の531.5万平方キロを下回った。ここ5年ほどで最も海氷が残っていた3年前の同時期に比べると、日本列島4個弱分も海氷面積が縮小した<u>ことになる</u>[2]。

　減少の原因は①沿岸の薄く解けやすい氷が北極海に進入した②北極海内部で早期に融解が進み日射を吸収しやすくなり海洋の加熱が加速した③北極海から大西洋に流出する海氷が増加した、などが考えられるという。

　今回観測された海氷の減少は、今年発表された「気候変動に関する政府間<u>パネル</u>[3]（IPCC）」の予測より30年以上も進行が早い。海洋機構は、「IPCCの予測は、北極海で起きている今の現象を説明しきれていない」と指摘している。

《朝日新聞》2007年8月17日

【注释】

[1] 見込（みこ）みだ：接在动词连体形或体言后续格助词「の」的后面，表示对将来的事情的预测。例如：本年の米作は平年を上まわる見込みだ。/预计今年稻米产量超过常年。

[2] たことになる：「ことになる」接在完了助动词「た」的后面，构成惯用型,表示两个事项之间没有什么区别，"就等于……"。

[3] パネル：揭示板。

4.「水危機」への挑戦

世界の人口の3分の1が
飲料水を確保できない

水は生命の維持や日常生活だけでなく、農業や工業生産に欠かせない大切な資源です。とくにあらゆる用途のなかで、最も多くの水が使われているのが農業です。約1キロの穀物をつくるには、約1トンの水が必要だといわれます。水不足は、そのまま食糧危機につながるのです。また都市化で生活レベルが上がれば、水需要は指数関数的に増えます。急激な経済発展を遂げている中国やインドでは、井戸の水位が年に1メートルも下がるほどの深刻な水不足が起きている地域もあります。世界的に見ても、水の消費量はこの40年で2倍に増えました。2025年までに、さらに1.3倍増えるとの予測もあります。このまま水需要が増え続ければ、世界人口の3分の1が安定して水資源を確保できなくなる可能性があるといわれています。

地球温暖化による影響や
水の汚染が世界で深刻に

地球温暖化による影響も心配です。気温の上昇で雪が減れば、これまで利用していた雪解け水も減ってしまいます。乾燥化が進み、干ばつが増えることも予想されます。このまま温暖化が進むと、アジアで10億人以上が渇水の危機

にさらされる可能性があるといわれています。農薬や工業廃水による水の汚染も、世界中で問題になっています。現在、世界人口の5分の1、12～13億人が日常的に安全な水にアクセス[1]できません。非衛生な水による病気で8秒に1人の命が奪われ、遠い水源までの水くみが子どもや女性の教育や労働の時間を奪っています。国連ミレニアム宣言[2]では、2015年までに安全な水にアクセスできない人口割合を半減することを決議しています。

水道インフラを整備する
大規模国家プロジェクト

　このような水不足、水の汚染を解決するために、現在、世界中で国や企業によるさまざまなプロジェクトが進められています。水の安定供給といった意味で、何より重要なのが水道インフラの整備です。水不足に悩む中国では、政府が外国の民間水道会社の投資を歓迎しており、外国企業が多くの水処理施設を建設しています。オリンピックをひかえ、長江の水を運河によって黄河流域に集める、南水北調という大規模な国家プロジェクトも進められています。また、水資源が乏しく、長年隣国のマレーシアからの供給に頼っていたシンガポールでは、水の自給自足を目指すビッグプロジェクト[3]が進行しています。世界中の企業が参加する、大規模な下水処理プロジェクトや、シンガポール川が注ぐマリーナ湾と海との境を堰で仕切って淡水化し、巨大な貯水池にする工事などが行われています。

　最近は日本でも水道事業運用の民間委託が行われるようになってきましたが、海外では民間企業による運営がかなり進んでいます。資本のない途上国にインフラを整備したり、低コスト[4]の水を供給するうえでは[5]、民間企業の資本や技術、コスト感覚やマネージメント力[6]を活用することも必要です。世界各地で、民間企業が水道サービスの運用やシステムの管理などまで行うケースが増えてきています。

淡水化や水の浄化など
注目される水関連企業

　世界の水不足や水汚染を解決するために、民間企業のノウハウや技術は欠か

せません。水不足を防ぐ古典的な方法は、ため池やダムで水をためることですが、建設用地の確保や環境保護の面から、ダム建設は年々、難しくなってきています。そこで今、多くの企業が取り組んでいるのが、海水の淡水化や生活排水の再利用です。海水の淡水化は、以前は熱で水を蒸発させる方法が主流だったため、膨大なエネルギーが必要でした。しかし最近は逆浸透膜などのろ過技術の進歩により、エネルギー消費の少ない<u>大型淡水化プラント</u>[7]が世界各地で建設されています。

水処理や水の浄化の技術も日々、進歩しています。シンガポールでは生活排水を膜処理で浄化した水が、工業用水や再び水源の貯水池の水に混ぜるといった用途に使われています。日本企業も水処理技術では高いレベルにあり、世界<u>トップクラス</u>[8]の膜技術を持っている企業もあります。また日本の工場における水の再生利用率は8割と、世界でも非常に高いレベルに達しています。産業廃水への規制や安全基準が世界的に共有され始めているなか、今後日本が世界に貢献できる機会はますます増えていくことでしょう。

水は限りある資源ですが、うまく<u>コントロール</u>[9]さえすれば、持続的に利用できるものです。必要な時に必要な場所で使えるよう、上手に管理することが大切なのです。そのためにも国や企業、個人が水危機の現状をしっかり認識し、それぞれの力を合わせる必要があるでしょう。（談）

東京大学生産技術研究所教授　　沖大幹
《毎日新聞》2006年5月21日

【注释】

[1] アクセス：存取；使用权；接近的途径或方法。

[2] 国連ミレニアム宣言：联合国千年宣言。

[3] ビッグプロジェクト：(需要巨额费用的)开发计划。

[4] 低コスト：低成本。

[5] うえでは：接在动词连体形或格助词的后面，表示在某个方面。例如：この辞典は日本語を勉強するうえで欠かせないものだ。/这本辞典是学习日语所不可缺少的。

[6] マネージメント力（ちから）：经营、管理的力量。

[7] 大型淡水化プラント：大型淡水化的成套设备。

[8] トップクラス：最高級，头等。

[9] コントロール：节制，控制，管理。

5. 省エネ、節水など工夫

　東京部千代田区丸の内。ここは多くのビルが建ち並ぶオフィス[1]街。旧国鉄本社跡地などを再開発し、5棟のビルからなる複合街区「丸の内オアゾ」では、省エネなどの環境対策としてさまざまなことを実践していました。

　外壁に庇をつけて夏の西日を入らなくすることで冷房効率が上がります。屋上や壁面に緑が増えることにより、光合成でCOが固定化されます。保水性舗装にすると、雨水がしみこみ、それが蒸発する時の気化熱でヒートアイランド現象[2]の防止に役立てています。

　うーむ、これだけ聞くと、「こんなの当たり前じゃない」と思うかもしれません。庇なんて昔の日本家屋なら当たり前にやっていた方法です。日本の緯度なら、南向きの開口部では庇を長くとれば夏の直射日光が入りにくくなり、涼しく過ごせます。冬は太陽が低い位置を通るので庇が長くても日光は入ってきます。大工さんなら教わらなくても知っていることでしょう。

　しかし、その当たり前のことが「ビル」ではやられてこなかったのです。壁面緑化も、昔の日本家屋なら植木や生け垣を使って普通にやられていたことです。でも、それも都市のビルでは仰々しく名前をつけねば推進できなかったことなのでしょう。

　アスファルト[3]に覆われた都市だからこそ、意識して緑を増やしたり保水性舗装を使わねばならないのです。そこに都市の苦悩があると思います。

　都会のビルならではの工夫もありました。

　オフィスビルでは使用する水の40〜50%がトイレの洗浄水です。この水は必ずしも上水道レベルの水質である必要はないでしょう。トイレの洗浄水は、上水、下水の中間ということで、「中水」という言葉を使いますが、この中水に生活排

水を浄化槽で処理したものを使う取り組みが始まっていました。また、雨水をためて中水に使うこともあります。庭園の水まきなどにも使えるでしょう。

　また、近くの「丸ビル」に入っているレストランから出る生ごみは、1カ所に集められ、養豚場で飼料として使われています。異物が混入すると飼料として使えなくなるので、各レストランでも、集積場でも異物を取り除いています。

　丸の内一帯は、ビルが密集しているからこそ、高性能の大きな冷暖房施設で地域の空調を一手に引き受ける会社もあります。個別に冷暖房をするより16～17%省エネになるとか。

　しかし、地域冷暖房で一番省エネに効果があったのは、昨年から始まったクールビズ[4]、ウォームビズ[5]だそうです。やっぱり個人、個人の小さな心がけは、大規模な省エネシステムをも凌駕するほどのパワー[6]があるんですね。企業も個人も、みんなが少しだけ気をつける生活をすることが一番だと思いました。

　エネルギーは無駄なく使わないともったいないですし、昔の知恵も届かないともったいないですよね。

（赤星たみこ）

《毎日新聞》2006年5月21日

【注釈】

[1] オフィス：政府机关；公司；事务所。

[2] ヒートアイランド現象：热岛现象(大城市的气温比市郊高的现象)。

[3] アスファルト：柏油，沥青。

[4] クールビズ：冷却商业。「ビズ」＝「ビジネス」。

[5] ウォームビズ：热商业。

[6] パワー：力，能力；势力。

6.「豊かさ」とは何か

　全身を絶えず震わせ、目に光を失いつつある幼女の小さな体を前に医師は途

方にくれました。脳に障害を起こしているらしいが、いったい何の病気だろうか。似た症状の患者がほかにもいて、相次いで死んでいます。「原因不明の病が多発している」。医師は地元の保健所に届け出ました——。

1956年5月1日、熊本県水俣市でのことです。後にこの日が「水俣病」の「公式発見」の日とされました。ちょうど50年がたちます。原因を作った企業だけではなく、失策を重ねて被害を拡大した役所。責任のある環境省はそれを検証し、近く報告書にまとめます。人類史上の大事件といわれる公害・水俣病[1]。そこから何を学びましたか。半世紀の時を費やして今なお私たちに問いかけてきます。

繁栄と引き換えに

工場の汚染排水で水俣病を引き起こした「原因企業」はチッソ（56年当時の社名は「新日本窒素肥料[2]」）です。

不知火海[3]に面した水俣は平地は少なく、古くから製塩業が盛んでしたが、1905年、日露戦争の費用作りのために塩は専売制になって水俣の塩田は消え、現金収入の大きな柱を失いました。しかし、入れかわるように誘致する動きがあってチッソの起源となるカーバイド[4]工場が08年に登場するのです。

創業者は帝国大学で電気を学び、国策でもある電力を使った化学工業の発展に意欲と自負を持つ才覚者だったらしく、技術開発とともに事業を拡大、32年からはアセトアルデヒド[5]の生産を開始します。この時からメチル水銀[6]を含む排水が水俣湾を汚し、蓄積し始めるのです。

水俣病が生活の中に初めて現れたのがいつかははっきりしません。少なくとも「公式発見」（まるで物を見つけるようで、落ち着かない用語ですが）の56年の以前、それも10年以上はさかのぼるとみられます。

どのような土地でもどんな立場の人でも、国の大きな動きや変化と無縁ではいられないというのが近代社会の特色ですが、三方を山に囲まれ、眼前の海の幸[7]に命をつないでいた水俣の人々も土地も例外ではありません。

日露戦争でわずかな産業を失い、富国政策の中で「企業城下町」の道を歩み始めます。工場誘致当時1万ぐらいだった人口は、56年には5万を超え、ピー

ク[8]でした。くしくも[9]この年、経済白書はこう宣言します。「もはや戦後ではない」

12年間の黙殺

　この56年から、政府が水俣病の原因を「工場排水のメチル水銀」と公式に認める68年9月までの「空白」を、どう説明すればよいでしょうか。被害が拡大するに任せていた、といっても過言ではないでしょう。

　工場を疑う見方は早くからあったのです。そして「皇太子ご成婚」で列島がはなやいだ59年の7月。熊本大学医学部の研究班が原因の毒物は水銀とみられることを発表しました。

　しかし、行政は操業全面停止などの抜本解決[10]に動こうとしません。直接、間接に工場に生活の基盤を託す市民の中には、患者や補償を求める漁民を非難、中傷する声もあがりました。

　その市民の中にも発症者は出ました。伝染病と誤解して患者を遠ざけていた人々の中にも出ました。

　当時の厚生省食品衛生調査会もただ傍観していたわけではありません。熊大発表後の59年11月に「水俣病の原因はある種の有機水銀化合物である」と結論を出し、大臣に答申しました。しかし、産業政策を受け持つ通産大臣は「工場から出たと結論づけるのはまだ早い」と反論し、政府は動きません。

　60年代に入り、所得倍増計画にのっとって[11]日本経済は景気の坂を駆け上がります。国民のほとんどは水俣を知らず、あるいは無関心でした。

　大きな転機の一つは、東京オリンピックの翌年の65年、新潟県で「第二の水俣病」発生が確認されたことでした。行政の無策の間に、新たにメチル水銀中毒事件が起きたのです。68年、政府は押し切られるように、水俣病を「公害病」と認め、救済策を約束しました。

　この二つの水俣病は、北陸・神通川流域などのカドミウム[12]汚染に起因する「イタイイタイ病[13]」、大気汚染による「四日市ぜんそく[14]」とともに「4大公害」といわれます。この時期、物がどんどん生産され、急速に国が豊かになる「高度経済成長」のただ中[15]にあった日本はそこから噴出する深刻な問題

（公害がまさにその例です）に腰を上げざるをえなくなりました。67年から70年代初めにかけ、ようやく公害・環境、健康被害救済についての基本的な法令が整えられ始めるのです。

しかし、それまでにあまりに多くの犠牲を要しました。

まだ終わっていない

水俣病患者はさまざまな裁判に訴えましたが、未認定患者が大きな焦点の一つでした。

これまでにチッソは認定患者には責任を認め、一時金、年金と医療費などを支払いました。条件を満たしていないとされていた未認定の一万人余の人たちにも解決金を払いました。これは政府が95年に示した解決策で、これで「和解」し、長い法廷での争いに決着がついたかに見えました。

ところが、最後まで裁判で争うとした「関西訴訟」の最高裁判所判決（04年）は、被害拡大は国、県に責任があると最終的に断じました。さらにこれまでの患者認定の基準も事実上否定し、これを受けて、新たに認定申請し、裁判を起こす人たちが相次いでいます。水俣病はまだ根本的には終わっていないのです。

それは水俣病だけのことでしょうか。薬害エイズ[16]はどうでしょうか。アスベスト[17]の問題はどうでしょうか。

そこだけではありません。利害と打算で問題解決へ踏み切ることがなかなかできず、矛盾をとりつくろううちに事態はますます悪化し……とは、私たちの身近なところ、いや私たち自身に例を見つけることはできませんか。

しかし一方で、水俣病にも支援に立ち上がった人たちは多くいました。全国から駆けつける若者らの姿がありましたし、その後の市民運動のありかたにも影響を与えたといえるでしょう。そうした人たちにとって水俣は「豊かに生きる」とは何か、を考える場であったかもしれません。

60年代末、水俣を初めて深く全国の人たちの心に刻んだ作家・石牟礼道子さんの「苦海浄土」に、病に苦しみながら元気なころの海の恵みを語る老漁師の次のような味わい深い言葉があります。

——魚は天のくれらすもんでござす。天のくれらすもんを、ただで、わが要ると思うしことって、その日を暮らす。

これより上の栄華のどこにゆけばあろうかい。

(玉木研二)

《每日新聞》2006年4月1日

【注释】

[1] 水俣病（みなまたびょう）：1953年至1960年,发生在日本熊本县水俣湾周边地区甲基水银中毒病的总称。水俣病。

[2] 窒素肥料（ちっそひりょう）：氮肥。

[3] 不知火海（しらぬいかい）：由日本熊本县西南岸与宇土半岛等岛屿所包围的内海——「八代海（やつしろかい）」的别称。

[4] カーバイド：碳化物；碳化钙；电石。

[5] アセトアルデヒド：乙醛,醋醛。

[6] メチル水銀：甲基水银。

[7] 海の幸（さち）：从大海中捕捞到的鱼贝类。

[8] ピーク：最高点，高峰。

[9] くしくも：副词。=「不思議にも」。奇怪。

[10] 抜本解決（ばっぽんかいけつ）：彻底解决。

[11] にのっとって：遵照……,根据……。

[12] カドミウム：镉。

[13] イタイイタイ病：住在日本富山县神通川下流区域的人们的一种骨头软化病症。疼疼病。

[14] 四日市（よつかいち）ぜんそく：四日市哮喘。

[15] ただ中：正中；正当……之际。

[16] 薬害エイズ：药物所致获得性免疫缺损综合症。

[17] アスベスト：(俄罗斯城市)阿斯别斯特；(矿物)石棉。

十一、環境の話

7. 地球の気温が上がっている

温暖化っていったいなに？

　毎日、寒いねー。地球温暖化で3℃温度が上がるといったら、暖かくなるんだから寒い冬がなくなってイイかも、なんて思っちゃう。今日の気温が昨日より3℃高いなんてことはよくあるから、その程度ならたいしたことがないでしょ——というわけには、いかないんだよね。

　温暖化で3℃温度が上がるというのは、地球全体の平均気温が3℃上がるということ。君たちだって、寒い外にいれば、手の表面の温度は下がるけれど、体温はあまり変わらない。体温が3℃高くなったら、病気で熱が出たわけで、そうとうしんどい[1]はず。地球にとっても3℃気温が上がると、いろいろとしんどいことが出てくるんだ。たとえば、世界のさまざまな場所で災害を引き起こしている、いつもとは違う大きな台風や大雨、その反対の干ばつ（雨が降らないこと）も温暖化がひとつの原因かもしれないといわれている。でも、これまで人間が経験したことがないことなので、だれにも本当のことはわからない。温暖化した地球は、未知の世界なんだ。

私たち人間が原因をつくった

　私たち人間や、たくさんの生き物が地球にくらせるのは、ほかの星とは違って、地球という星に空気があることが大きな理由だということは知っているよね。空気があるから呼吸ができる。でも、空気の役割はそれだけじゃない。

　太陽からの距離は地球と同じだけど空気のない月では、日光の当たる昼間は100℃以上、夜は-150℃以下、その差は250℃以上にもなる。とても生き物がくらせそうにない。地球では空気が熱をためたり、はね返したりしているので、それほど激しい温度の違いはない。空気のなかでも熱をためる働きが大きい二酸化炭素などのことを「温室効果ガス」といっている。ところが、この温室効果のある二酸化炭素[2]がここ100年の間で空気中にどんどん増えている。

　主な理由は、電気をつくったり自動車を走らせたりするためのエネルギー[3]

159

として、地中に眠っていた石油を掘り出して燃やしてきたから。燃やしてできる二酸化炭素が空気中に増えていったわけだ。つまり、人間の活動が、地球の気温に影響している。

《子供の科学》2007年2月号　通巻第850号

【注釈】

[1] しんどい：関西方言，形容詞。辛苦，疲劳。

[2] 二酸化炭素（にさんかたんそ）：二氧化碳。

[3] エネルギー：能源；能量。

8. 地球の未来

100年後に気温＋4℃

昨年のように、梅雨がなかなか終わらず、ところによっては豪雨になる、ということが、温暖化で起こることは、日本チームのシミュレーション[1]の結果でも出ていた。

研究によると、このまま二酸化炭素が増え続けると100年後には、空気中の濃度が720ppmとなり、地球の気温は4℃上がると計算されている。それ以前に2℃以上上がると、水害や、農業への被害、健康問題、海面上昇など、私たちの生活にさまざまな問題が出てくるだろうといわれている。

たしかにシミュレーションの計算には、まだ不確かな部分はある。そしてまた、温暖化によって、無制限ではないが食糧が増産されるなど利点もある、と考える人もいる。ただ、これまでの100年間で、地球の歴史上かつてないほどのスピード[2]で温暖化が進んでいることはまちがいない。そして、それは人間が引き起こしていることだ。ブレーキをかけ[3]られるかどうか、ということも私たちにかかっている。温暖化リスク[4]評価研究室長の江守正多さんはこう言う。

「生活のレベルを落として、がまんをしなければならない、ということでなく、暖房の温度を低くするとか、効率のいい電気製品を使うとか、ムダをなく

して省エネする。それだけでもだいぶ違うんです。それからもうひとつは、私たちの社会を、自然災害に強い、気象変動に適応したものにするという考え方も必要でしょう」

ブレーキをかけながら、いざというときのための安全装置も用意する。シミュレーションの描く未来が現実になるかは、<u>私たちしだいだ</u>[5]。

水害や干ばつ

大量の雨が降るようになって、川の水があふれ、水害が起こるところが出てくるだろう。いっぽうで、いままで雨が少なかったところは、さらに雨が減る傾向があり、水が不足してしまうことになる。温暖化によって起こる気象変動は、ところによってまったく正反対の極端な現象になって表れる可能性が高いのだ。

農業被害

平均気温が上がると、それまでとれていた作物がとれなくなる。さらに水害や干ばつの影響が加わると、農業に大きな被害が出るだろう。日本の農業でそのような問題が起こらなくても、世界各地で問題が出れば、食料の半分を輸入に頼っている日本は、重大な食料危機を迎えることになるだろう。

健康被害

単純に熱中症など、暑さで倒れてしまうことがまず思いうかぶが、それより重大なのは伝染病だ。<u>カ</u>[6]や<u>ネズミ</u>[7]などの伝染病を広げる昆虫や動物の行動範囲が広がり、<u>マラリア</u>[8]や<u>デング熱</u>[9]といった熱帯地方の伝染病が、現在の温帯地方に広がるおそれがある。また、大腸菌などの活動も活発になり、食中毒も増えることになるだろう。

海面上昇

南極や<u>グリーンランド</u>[10]の氷山や氷が融ける。すると氷が反射していた太陽光線が海や地面に吸収されて、温暖化がさらに加速していくことになってしまう。氷が融けた水が海に流れ込み、また海水が熱で膨張して、海面の高さが上

昇する。低いところが海の中に沈んでしまうだけでなく、台風による高潮の被害も増えるだろう。

《子供の科学》2007年2月号　通巻第850号

【注释】

[1] シミュレーション：模拟实验。

[2] スピード：速度。

[3] ブレーキをかけ：惯用句。阻止，制止。

[4] 温暖化リスク：气温升高的危险率，由气温升高所造成的损害的危险程度。

[5] しだいだ：「次第だ」。表示某个事项的成立与否取决于当事人或者某种情况如何。例如：行くか行かないかは君次第だ。/去不去由你。世の中は金次第でどうにでもなる。/这世道，有钱能使鬼推磨。作物の出来具合はこの夏の天気次第だ。/庄稼的收成如何就看今年夏天的天气如何了。成功するかどうかは君の努力次第だ。/能否成功就看你的努力了。

[6] カ：(昆虫)蚊子。

[7] ネズミ：(动物)老鼠。

[8] マラリア：(疾病)疟疾。

[9] デング熱：(疾病)登革热。

[10] グリーンランド：格陵兰岛。

十二、珍聞の話

1. 託卵の謎

　鳥類の研究で知られる信州大学の中村浩志助教授にお会いして、カッコウ[1]の話を伺って以来、つぎつぎに知りたいことがでてきた。

　いったい、カッコウはどうして託卵などということをはじめたのだろう。もともとカッコウだって[2]、他の鳥たちのように、自分で抱卵し子育てをしていたのではなかろうか。

　あるとき、巣づくりや子育てを面倒に思ったカッコウが、託卵という実験的行動を試みた。それがみごとに成功し、そのうわさは渡りの途中の話題として、カッコウからカッコウへ伝わり「託卵って、楽でいいわ」と、メスたちの間にあっという間に広まった。そんなきっかけだったのか、あるいは、子育てを放棄するもっと深刻な理由があったのだろうか。

　それにしても、育児から解放されたカッコウたちは、その時間を何に利用しているのだろう。育児よりも[3]生きがいのある仕事が、彼らの日常の暮らしの中にあるのだろうか。

　オスは託卵についてどう思っているのだろう。「自分の子ぐらい自分たちで育てようぜ」と批判的なのか、ひとの巣に卵をうみつけるメスに、見張りなどして協力するのだろうか。

　里親に育てられるヒナは、自分や親をどのように認識するのだろう。動物は生まれて最初に出会った者を親と思ったり、自分もそれと同種だと思い込むと

いう話をよく聞くが、カッコウの場合はどうなのだろう。里親を本当の親と思い込んでいるのだろうか。とすれば、自分を<u>オオヨシキル</u>[4]や<u>モズ</u>[5]や<u>オナガ</u>[6]だと思っているに違いない。

いつの日か、それが誤解だったことに気づくのだろう。自分を育ててくれた里親が自分の本当の親でないと知ったとき、自分が「カッコウ」としか鳴けないことに気づいたとき、カッコウはいったい何を思うのだろう。中には、自分はモズだと、いつまでも思い，込んでいる若者がいて、うっかりモズに恋をしてしまう、なんてことはないだろうか。

渡りの習性は遺伝子に組み込まれているというが、同じ渡り鳥のオオヨシキリに育てられたカッコウは、里親と一緒に旅立つなどということはないのか。目的地は同じではないのか。

一方、託卵される側のオオヨシキリやモズやオナガは、カッコウのヒナを心底自分の子と思っているのだろうか。オオヨシキリは卵を見分ける能力があり、託卵された卵を単の外に捨ててしまうことがあるという。ということは、オオヨシキリは託卵があることを知っており、自分が育てているヒナに対し「この子は自分の子ではないかもしれない」と、疑いを持っても不思議ではない。あのカッコウのヒナの<u>ブカッコウ</u>[7]な姿を見たとき「自分の子ではない！」と直感するほうが自然な気さえする。里親としてひとの子に愛情を注ぐ、オオヨシキリやモズやオナガの心境を知りたいものだ。

このような、およそ学問的でない質問をいくら並べても「答えようがないですよ」と中村助教授は苦笑されるに違いない。それでも、カッコウたちが南へ帰ったころ、愚問を浴びせに信州に出かけようと、ひそかにたくらんでいる。

《毎日新聞》1991年7月14日

【注释】

[1] カッコウ：(鸟名)杜鹃。

[2] だって：副助词。此处表示"也属于同种情况"的意思。"……也……"。

[3] よりも：由格助词「より」和副助词「も」构成。接体言下。此处表示比较的意思，"比……还……"。

[4] オオヨシキリ：(鳥名)大苇浣雀。

[5] モズ：(鳥名)伯劳。

[6] オナガ：(鳥名)长尾鸡。

[7] ブカッコウ：不好看，不漂亮。

2. CD[1]聴く猫

ストレス解消ニャー

　ペットにもストレスはある。夫婦共働きや独身者と同居ともなれば、昼間は一人、いや一匹暮らしとなり、イライラもする[2]。で、そんなペットたちにストレス解消のためのCDが作られた。今月下旬、売り出される。都会の高層マンションの一室。だれもいない部屋に音楽が流れ、ペットが安らかにまどろむ。こんな光景が、あちらこちらで見られるようになるのか。

　「愛犬（猫）の為のストレス解消音楽」。こんなタイトルでCDを出すのは、大手レコード会社「日本クラウン」[3]。犬用と猫用の二種類がある。チェロ[4]などの弦楽器、オーボエ[5]などの木管楽器をメーン[6]にしたクラシック調[7]のやさしい曲が犬用六曲、猫用は七曲（ともに36分）入っている。聴いていると、人の心も落ち着く。

　CDのプロデューサー[8]は武沢啓之さん。アイデアを与えてくれた[9]のは、愛猫「ヒメ」[10]。雑種のメスで、いま3歳。

　武沢さんは、「たま」、「筋肉少女帯」、「ゴーバンズ」、「カプキロックス」など日本ロック[11]界の売れっ子グループを抱える音楽プロダクション[12]のチーフプロデューサー[13]。都内の3LDK[14]の自宅マンションに住む。共働きのため昼間は部屋を荒らされないよう「ヒメ」を1メートル4方のケージ[15]に入れっぱなし。帰宅するとヒメはカリカリ[16]。それが、アフリカの民族音楽を聴かすと眠り込む。

　デビュー[17]を目指し、一人暮らしを続けるロックミュージシャン。寂しさをまぎらすため猫や犬を飼う人が多い。地方へ公演に出て留守にする時、武沢

165

さんの新宿区内の事務所にはバンドメンバーやマネジャーらが飼い猫を預けていく。ところが、猫たちは仕事の打ち合わせ中もジュウタンや棚の上を飛び回る。

「なんとか落ち着かせられないか」

武沢さんはペットのためのイージーリスニング制作を思いついた。音楽が犬や猫に与える効果を二十年前から研究している茨城県那珂町の獣医師、青木憲雄さんを監修者に迎え、半年前から音作りに乗り出した。

出来上がったCDを犬や猫に聴かせ、脳波などを測定する実験もした。「ペットショップやペットの美容院で効果をみたほか、脳波や心拍数が落ち着くのも実証済み」と自信ありげ。新人アイドルタレシト並みに初回一万枚プレスする。

「都会の犬猫は室内で飼うケースが多いため運動不足でストレスがたまりがち[18]。猫は大家さんに内証で飼うこともあるし、余計に運動不足になる」と都獣医師会。過食、拒食、皮膚炎、胃腸障害などペットのストレス病の症状はさまざまだ。

人間のストレス解消音楽も流行する昨今。やすらぎ不在の都会生活の、すき間を埋めるように商魂も見え隠れする。

《毎日新聞》1991年10月16日

【注释】

[1] CD：激光唱片。

[2] イライラもする：也会焦躁不安。

[3] 「日本クラウン」："日本皇冠"。

[4] チェロ：大提琴。

[5] オーボエ：双簧管。

[6] メーン：主要的。

[7] クラシック調：古典音调。

[8] プロデューサー：生产者。

[9] アイデアを与えてくれた：给（我们）以启迪的。

[10] 「ヒメ」：(猫名)媛媛。
[11] ロック：「ロックンロール」的简称。是第二次世界大战后在美国兴起的一种狂热的舞蹈音乐。
[12] 音楽プロダクション：音乐作品。
[13] チーフプロデューサー：主要生产者。
[14] 3LDK：房间的构成形式。L＝リビングルーム（起居室、生活间）；D＝ダイニングルーム（食堂、餐室）；K＝キッチン（厨房）。
[15] ケージ：笼子。
[16] カリカリ：拟声词，"咯吱咯吱"。
[17] デビュー：初次问世，首次流行。
[18] がち：接尾词。接名词或动词连用形后，表示"很容易……"，"……的倾向强烈"，"……的比例大"。后面省略了「だ」。

3. 新しい発見

(1) 人も冬眠

　哺乳動物の冬眠を制御するたんぱく質（ホルモン[1]）を、三菱化学生命科学研究所の近藤宣昭・主任研究員らがシマリス[2]から発見した。冬眠中の動物は免疫力が高まり、血流が減っても脳や心臓が損傷しにくくなることが知られている。こうした仕組みの解明が進めば、心筋梗塞[3]や脳梗塞の予防や治療、体温を下げて患者のダメージ[4]を防ぐ低体温療法、長期間の宇宙旅行などへの応用が期待できる。7日付の米科学誌「セル」に発表した。

　近藤さんらは92年、冬眠動物のシマリスの血液から、冬眠時は濃度が低下するたんぱく質を見つけた。「冬眠特異的たんぱく質（HP）」と名付け、研究を続けてきた。

　その結果、シマリスが冬眠に入る前に血液中のHP濃度が低下する一方で[5]、脳内の濃度は上昇することが分かった。HPが脳内に入ると、その構造が変わり、活性化することも突き止めた。

HPを働かなくしたシマリスは、冬眠しなかったり、冬眠期間が短くなることも確認した。近藤さんらはこれらから、HPが脳内で冬眠を制御していると結論付けた。

シマリスは、大きさはほぼ同じだが、冬眠をしないラット[6]よりも4～5倍長寿なことが知られている。近藤さんは「HPが冬眠動物の長寿にかかわっている可能性が高い。HPを利用すれば、冬眠をしないほ乳類でも、冬眠中と同じ生体保護状態を作ることができるのではないか」と話している。

（須田桟）

《毎日新聞》2006年4月7日

【注釈】

[1] ホルモン：(生理)荷尔蒙。
[2] シマリス：松鼠的一种，背部有五条黑色竖条纹，冬眠。
[3] 心筋梗塞（しんきんこうそく）：心肌梗塞。
[4] ダメージ：损伤，损坏。
[5] 一方で：惯用型。接动词连体形后。表示互为矛盾的前后两个方面，即表示"一方面……，另一方面……"的意思。例如：彼女はお金に困っていると言う一方で、ずいぶん無駄遣いをしているらしい。/她一方面说为没钱而发愁，同时好像又在大肆挥霍。
[6] ラット：鼠。

(2) 内臓の形に左右差生む

ショウジョウバエ[1]の消化管の形に左右差を生み出すたんぱく質を、東京理科大基礎工学部の松野健治教授（発生生物学）が見つけた。同様のたんぱく質は脊椎動物も持ち、人間の臓器再生に応用できる可能性があるという。6日付の英科学誌「ネイチャー」で発表した。

ヒトの胃や大腸が左右非対称な形になっているように、無脊椎動物のショウジョウバエの内臓の形にも左右差がある。

松野教授は内臓の形が通常とは左右反転している突然変異のショウジョウバエを調べ、特定のたんぱく質「ミオシン[2]ID」を作る遺伝子が欠けていること

を突き止めた。この遺伝子を壊したショウジョウバエでは、消化管の左右の形が逆転することも確認した。

　また、IDに似たたんぱく質「ミオシンIC」が大量合成されるよう操作したショウジョウバエでも、消化管の左右が反転することが分かった。

　ショウジョウバエの消化管は、細胞分裂の過程で形成された原形が変形して非対称になる。ミオシンは、細胞内で繊維状に集まるたんぱく質「アクチン[3]」に沿って特定の一方向に動くことが知られている。アクチンと2種類のミオシンの相互作用が、消化管変形の際に起きる細胞の移動に、左右の偏りを生むらしい。

　松野教授は「左右非対称の臓器を再生する方法の開発にもつながる」と話している。

(須田桃子)

《毎日新聞》2006年4月7日

【注釈】

[1] ショウジョウバエ：蝇子的一种。猩猩蝇。

[2] ミオシン：肌球蛋白。

[3] アクチン：肌动朊, 肌纤朊(朊：蛋白质的旧称)。

(3) 超新星爆発後に惑星誕生

　米マサチューセッツ[1]工科大学（MIT）の研究者らは5日、寿命を終えた恒星が超新星爆発を起こした後に残った中性子星の周辺に、物質が円盤状に集まっているのを初めて確認したと発表した。円盤からは将来的に惑星が誕生する可能性がある。研究者らは「惑星が生まれる場所は、若い恒星の周辺が主流と考えられていたが、これ以外にもあることを示す」と説明している。6日付の英科学誌「ネイチャー」に発表された。

　円盤が見つかったのは、カシオペア座[2]の付近にあり、太陽系から約1万3000光年離れた「4U0142＋61」と呼ばれる中性子星。約10万年前に太陽の10〜20

倍の質量を持つ恒星が超新星爆発を起こした残がいだと推定。米航空宇宙局（NASA）の宇宙望遠鏡を使った観測で、ディープト・チャクラバルティMIT教授らが発見した。

（ワシントン 細田浩明）

《毎日新聞》2006年4月7日

【注釈】

[1] 米マサチューセッツ：美国马萨诸塞州。

[2] カシオペア座：(天文)仙后星座。

(4)「太古の天体」は楕円銀河の祖先

　地球から100億光年以上かなたの宇宙の果て[1]で見つかった「太古の天体」が、宇宙に多く見られる楕円銀河の祖先であることを、専修大の森正夫・助教授（宇宙物理学）と筑波大の梅村雅之教授が突き止めた[2]。生まれたての宇宙で星が誕生と爆発を繰り返しながら銀河に成長していく様子をスーパーコンピューター[3]で再現し、そこから導いた理論値が実測値と一致した。英科学誌「ネイチャー」にこのほど[4]発表した。

　森助教授らは、この天体が楕円銀河の祖先であると推測。複雑な物質の移動を三次元で予測する計算モデルを作り、海洋研究開発機構の「地球シミュレータ[5]」を使って、宇宙誕生から約30億年にわたる初期の銀河進化の様子を再現した。

　その結果、ライマンアルファ[6]輝線天体は、天体形成の始まりから3億年程度の間にできたと予測された。その正体は、寿命を迎えた星が次々と超新星爆発を起こし、その衝撃波により出来上がった、長さ30万光年もの巨大なガス雲だった。計算で導かれたその光の量は、すばる望遠鏡による同天体の実測データと一致した。

　さらに、ガスが「銀愛風」として雲の外に吹き出し、最終的に現在の楕円銀河につながったことも導いた。森助教授は「個別に見つかっていた謎の天体の正体

を、時系列で説明できた。今後は観測によって理論を補強したい」と話す。

(元村有希子)

《毎日新聞》2006年4月7日

【注释】

[1] 果て：边际,尽头。

[2] 突き止めた：查明了。

[3] スーパーコンピューター：巨型计算机。

[4] このほど：与「このたび」、「今度」意义相同。这次。

[5] 地球シミュレータ：地球模拟器。

[6] ライマンアルファ：(天文) 赖曼a。

(5) 見上げた茶室

　　高さ4メートルのヒノキ[1]の上に建つユニークな[2]「空中茶室」が山梨県北杜市に完成した。床の間や水屋もなく、形式ばらない[3]自由さが特徴で、"大人の隠れ家"のよう。県指定天然記念物「清春の桜群」のソメイヨシノ[4]が満開になる12日、お披露目される。

　　「徹」と命名された茶室は、同市長坂町中丸の「清春芸術村」（吉井長三オーナー[5]）の中につくられた。支柱は樹齢80年で、高さ4メートル、直径50メートルのヒノキ。芸術村内から切り出して埋め、コンクリートで補強した。はしごで床の穴から出入りし、約6平方メートルの室内には6～7人が入れる。風が吹いたり室内を人が歩くと、木がしなり[6]、かすかに揺れる。

　　設計したのは「路上観察学会」のリーダーで知られる東大教授（建築史）の藤森照信さん。藤森さんは細川護熙元首相の別荘の茶室を設計し、吉井オーナーも元首相と親しかったことから建築が実現。作家の赤瀬川原平さん、イラストレーター[7]の南伸坊さんらで作る建築工事集団「縄文建築団」のメンバーや藤森研究室の学生らが4ヵ月かけて完成させた。

　　吉井オーナーは「利休の茶のように無駄がなく、ユニークな茶室が出来上がった」と話す。周囲のハケ岳や南アルプス連峰もよく見え、新しい観光スポット

になりそうだ。

【佐野勝】

《毎日新聞》2006年4月7日

【注释】

[1] ヒノキ：(植物)丝柏,扁柏。

[2] ユニークな：独特的。

[3] 形式ばらない：不拘形式。「ばらない」是结尾词「ばる」的否定形式。「ばる」接名词后，表示具有该词的样子。

[4] ソメイヨシノ：(樱花的一个品种)染井吉野。

[5] オーナー：物主。

[6] しなり：「撓る」的连用形,此处表示中顿。与「撓(しな)う」意义相同。意为"柔软而弯曲"。

[7] イラストレーター：图解者,插画家；说明者。

4. 琥珀の中に最古のハナバチ[1]

ハナバチの最初の進化は化石の記録が不十分で不明でしたが、ミャンマー[2]北部の白亜紀前期（約1億年前）の地層から、これまで知られていた最古のものより約3500万～4500万年も古い、ハナバチが入っている琥珀が見つかりました。

アメリカの研究チームがこの化石を調べたところ、このハナバチは体長約3mmで、ハナバチが登場する以前からいた「肉食のハチの特徴」と、枝分かれしし羽毛上の毛などの「花粉集めに関係があると思われる特徴」の両方を持っていました。

体長が約3mmしかないことについて、研究チームは「白亜紀前期には小さい花があったことが知られており、それに合う大きさのハチ[3]がいたことを示している」と語っています。

（舟木秋子）

(未来をつくる、地球をつくる！子どもの科学　2007年1月号　通巻第849号)

【注釈】

[1] ハナバチ：(动物)蜂的一种。花蜂。

[2] ミャンマー：(国名)缅甸。

[3] ハチ：(动物)蜂。

5. なんと脚の先から糸を出すクモ[1]！

　クモは腹部にある『出糸突起』とよばれる器官から糸を出し、獲物をとらえることや身を守ることなどに使います。ところが、ドイツとアメリカの研究チームが行った実験によって、脚の先から糸を出すクモがいることが分かりました。

　このクモは中央アメリカのコスタリカ[2]などに生息するタランチュラ[3]の一種で、脚の先にある小さな爪と多数の毛は、滑り落ちないようにへばりつくことに役立っています。しかし、実験で垂直なガラス面を歩かされて滑り始めると、八本の脚の先から糸をだし、滑り落ちるのを防ぎました。脚の先から糸を出すクモが確認されたのも、落下を防ぐために糸を使うことが確認されたのも初めてのことです。

　この「脚の先から糸を出す」というしくみは、出糸突起より先に進化した可能性がある一方、落下すると傷つきやすい大型種を含むタランチュラの系統で独自に進化した可能性もあります。研究チームは「クモの糸の進化を見直す必要がある」と考えています。

(舟木秋子)

(未来をつくる、地球をつくる！子どもの科学　2007年1月号　通巻第849号)

【注釈】

[1] クモ：(动物)蜘蛛。

[2] コスタリカ：(国名)哥斯达黎加。

[3] タランチュラ：(动物)塔兰图拉毒蜘蛛，狼蛛。

6. 地球サイズ[1]の超巨大台風！？

　米航空宇宙局（NASA）の探査機カッシーニが、土星の南極に地球の台風のように「目」をもった巨大な渦巻き[2]があるのを発見しました。雲の直径はなんと地球の直径の3分の2に匹敵する約8000km！秒速約150mもの突風が時計回りに吹いているのが確認されました。地球の台風の風速は強いもので秒速40～50mほどですから、規模が違いますね。中心部を取り囲む雲は30kmから75kmも盛り上がっています。

　目を壁状に取り囲む雲は地球の台風やハリケーン[3]によく見られますが、地球以外で確認されたのは初めてということです。

（川巻獏）

（未来をつくる、地球をつくる！子どもの科学　2007年1月号　通巻第849号）

【注释】

[1] サイズ：尺寸，大小。

[2] 渦巻（うずま）き：旋涡。

[3] ハリケーン：十二级风，飓风。

十三、科学の話

1. こっち向いてよ、宇宙人！

　宇宙には、われわれ以外の知的生命体は存在していないのだろうか——。兵庫県佐用町にある県立西はりま天文台[1]で、日本一大きい直径2メートルの光学望遠鏡「なゆた」を使い、宇宙人が地球に向かって送ってきているかもしれないメッセージ[2]をどうにか見つけだそうとする試みが行われている。

　宇宙人と聞くと、テレビのUFO特番などに出てくる異様な姿を思い浮かべがちだが、こういった宇宙人と、天文学者が地道に行っている宇宙人探しの間には何の関係もない。地球上で宇宙人と出会ったというたぐいの話は、見間違いや作り話であることが多く、科学的にはほとんど検証のしようがない。

メッセージを見つけだそう
　天文学者による科学的な宇宙人探しは、宇宙人そのものではなく、宇宙人が出している電波やレーザー光[3]を見つけ出そうという試みだ。1960年に米国のグリーンバンク国立電波天文台[4]で電波による宇宙人探しが行われて以来、電波が宇宙人探しの主流のツール[5]とされ、77年にはオハイオ州立大学の電波望遠鏡で、宇宙人の電波かどうか今も議論が続く謎の信号を受信したこともあった。

　西はりま天文台では、電波でなく宇宙人が放つレーザー光線を探して、宇宙人を見つけ出そうとしている光を使うため光学的地球外知的生命探査(OSETI)

175

と呼ばれる。同じ方法は米国のハーバード大[6]、プリンストン大[7]、カリフォルニア大なども試みている。

　目標の星は、今年4月にてんびん座[8]に見つかったグリーゼ581C。200個以上見つかっている太陽系外惑星のうち唯一、岩石でできていて、液体の水が存在する可能性があるとされる。太陽の約3割の重さの赤色矮星グリーゼ581の周りを13日で回っている。

　望遠鏡で普通に見ると、中心で明るく輝く赤色矮星の光にかき消されてしまい、581Cは見えない。その上にいるかもしれない宇宙人の存在に我々が気が付くためには、赤色矮星の輝きに負けないくらい強力な光を地球に向けて放ってもらう必要がある。

　西はりま天文台では、宇宙人自らがその存在を地球人に示すため、約20.5光年のかなたから地球に向け強力なレーザー光線を放っていると仮定し、その光を捕らえようとしている。計算では10ペタ（ペタは一千兆）ワット以上の強力なレーザーが必要とされる。100ワットの電球を本州全域にすき間なく敷き詰め、一気に点灯させるほどの大電力に当たる。

　同天文台の鳴沢真也主任研究員（42）は「10ペタワットといっても、大阪大学にある核融合用レーザーと同程度の能力なので、宇宙人が使うレーザーとしては、必ずしも無理な仮定とはいえない」という。また、大出力が得やすい緑色このレーザーを使うだろうということも仮定している。

　赤色矮星581の方向からやってくる光をなゆたで30分間ほど集め、その光を虹のように波長別にビーム[9]の光が混じっていることを立証できれば、人類初の宇宙人からのメッセージの発見となる。

人類の科学技術
飛躍的に進歩？

　宇宙人が地球に向けレーザーを放っているかどうかがまずは問題だが、宇宙人が使うレーザーの色が緑でなかったり、レーザーを放った時期が今の地球に光が届く約20年前でなかったり、レーザーの出力が低かったり、観測してない時にレーザーが届いたりしても、宇宙人からのメッセージは見つけられない。

発見するには、かなりの幸運を必要としそうだ。

電波を使った宇宙人探しを05年に試みたことがある九州東海大学の藤下光身教授（電波天文学）は「宇宙人は今日、明日に見つかるというものではない。だが、探しても無駄と思っている天文学者はまずいない。宇宙人とコンタクトがもしできたら、宇宙の謎の解明や長距離を伝わる通信方法の開発など人類の科学技術が飛躍的に進歩する可能性がある」と話す。

万が一、宇宙人のメッセージが見つかった時はどうするのか？

その手続きは、実は国際天文学連合がすでに決めている。独立した他の機関で同じメッセージの存在が確認されるまで、いかなる形の公表も禁止される。宇宙人からのメッセージということが確実となったら、国連事務総長に報告され、その後、世界中のメデイア[10]に発表される段取り[11]になっている。

だが、国連に報告するほど確実なメッセージが見つかったことは、宇宙人探しが世界で始まってからまだ一度もない。われわれはこの広い宇宙の中で、いまだ孤独な存在のままでいる。

（久保田裕）

《毎日新聞》1991年6月12日

【注釈】

[1] 西はりま天文台：(日本)西播磨天文台。

[2] メッセージ：口信，通信；贺电。

[3] レーザー光：激光。

[4] グリーンバンク国立電波天文台：格林班克国立电波天文台。

[5] ツール：工具，用具。

[6] ハーバード大：(美国)哈佛大学。

[7] プリンストン大：(美国)普林斯顿大学。

[8] てんびん座：(天文)天平座。

[9] ビーム：射线，光线；射线束，波束。

[10] メデイア：媒质，介质。也称作「メジア」。

[11] 段取（だんど）り：程序，安排，打算。

2. 宇宙酔い[1]

　旧ソ連の宇宙飛行士チトフが宇宙船内での不快感を訴え、地上に伝えた。世界で最初に報告された宇宙酔いだ。宇宙酔いは地球上での乗り物酔いに似た症状が、微小重力空間に入って数分ないし数時間以内に起こるものだ。症状は出ても次第に軽減し、3～5日くらいで消失するが、アポロ計画やスペースシャトル[2]などで宇宙飛行士の居住空間が広がるにつれて、その発症頻度は増してきている。

　微小重力の環境にいることで起きる感覚の混乱などが原因と考えられているが、詳細はいまだに明らかではなく、効率的な予防策もないのが現状だ。

　一方、ほかにも宇宙に行った当初にみられる症状がある。

　地球上では1Gの重力加速度が身体に働くため、立っているときには、血液など体液が下半身に貯留する。しかし、歩行などによって足の筋肉が収縮することで足の静脈がしごかれ[3]、静脈血が心臓の右心房に戻る流れが維持される。そのため、左心室からの動脈血の拍出も正常に保たれ、頭部への血液供給も維持される。

　ところが、微小重力環境では下半身への体液貯留は起きないが、下肢の筋肉による静脈のしごきなどで、体液は逆に頭部方向に移動する。その結果、顔がむくんだり、頭が重く感じたりする症状が出ることがある。

　しかし、体液の移動が起きると体内では尿量が増える反応が起きるため、体液の量が減り、やがて顔のむくみなどは軽減する。宇宙での生活への適応だ。

　ただ、体液量が減少したままでは、地球への帰還時や帰還後に下半身へ体液が戻った際に、貧血や立っているのがつらい「起立耐性の低下」という状態を起こしてしまう。これに対しては、宇宙空間で下半身を陰圧（内部の圧力が外部より小さくなっている状態）にする装置を使って体液を下半身に移動させたり、帰還直前に生理食塩水を飲んだりして体液量を増やすなどの対策がとられている。

（大平充宣・宇宙医学）

《朝日新聞》2007年8月27日

【注釈】

[1] 酔（よ）い：晕……。例如：車酔い。/晕车。

[2] スペースシャトル：宇宙联络飞船,宇宙飞船。

[3] しごかれ：「扱く」的被动态。「扱く」＝捋。例如：ひげを扱く。/捋胡须。

3. 二十億年前の原子炉

トイレなきマンションといわれる原発[1]。使用済み核燃料の再処理工場や放射性廃棄物の処分場などのトイレを作ることが急務だが、まだまだ課題は多い。

では、こうした処理や処分をしないで原子炉を運転し続けたらどうなるか。自然はすでにこの実験を行っていた。西アフリカ・ガボン共和国[2]のオクロ鉱床[3]にある天然原子炉がそれだ。

この原子炉は20億年前に、天然ウランに0.72％合まれるウラン235が鉱床中に濃縮、自然に臨界に達して核分裂反応を継続するようになったものだ。

オクロ鉱床では、こうした天然原子炉が十数個見つかっている。今ではほとんどが掘り返され、地表の岩が黒く変色した痕跡が1ヵ所見られるだけで、放射能もすでに自然界レベルとなった。

しかし過去に放出された熱エネルギーは膨大だ。最近現地を訪れた藤井勲・元東大講師によれば、6個の天然原子炉だけでも、100万キロワット[4]級の原発5基[5]が1年間フル運転した[6]時のエネルギー量に相当し、核分裂生成物も約6トンにのぼるという。

これら核分裂生成物は、あるものは雨水に溶け、あるものは気体として炉心から失われた。藤井さんは「プルトニウム[7]が移動せずに残留していたことは予想外のこと。放射性廃棄物の処理の研究を行ううえで[8]、20億年間にわたる実験の結果は参考にすべきところが多い」と言う

(小)

《毎日新聞》1991年7月1日

【注释】

[1] 原発（げんはつ）：「原子力発電所」的略称。核电站。

[2] ガボン共和国：（国名）加蓬共和国。

[3] オクロ鉱床：氯锑铅矿床,鲜黄石矿床。

[4] キロワット：千瓦特。

[5] 5基（ごき）：五个原子团。「基」：原子团。

[6] フル運転した：全负荷运转。

[7] プルトニウム：钚。

[8] ……うえで：「上で」接在动词连体形或名词加「の」的后面，表示事物所涉及的范围。"在……上"，"在……方面"。例：外国語を学ぶうえで、最も重要なことはつねに外国語で話すことだ。／在学习外语方面最重要的是经常用外语讲话。

4. ダチョウ[1]検査薬産む

　　ダチョウの巨大な卵や血液を使い、がんや感染症などの検査薬を、安く、大量生産する方法を、大阪府立大大学院の塚本康浩助教授（獣医学）が開発した。1羽が5ヵ月間で200万人分もの検査薬を生み出すことも可能といい、年内には臨床試験に着手する。

　　塚本助教授は、がん細胞が作り出し血液中などに増えていく物質「腫瘍マーカー」を測定するため、マーカーに反応する「抗体」の作製方法を開発した。ダチョウのひなに腫瘍マーカーの抗原を注射すると、ダチョウが成長するにつれて[2]抗体が血液中で増え、ダチョウが「生産工場」になる。

　　特に抗体は、重さ約1.5キロある卵の黄身に濃縮され、卵1個で1万～2万人分の検査用抗体が取れるという。卵を産み続ければ、抗体の生産は続く。既に、数種類のがん検査用抗体を作ることに成功したという。

　　従来は、こうした抗体の作製はウサギの血液を使用することが多いが、ダチョウ1羽の「生産能力」は、ウサギ数百羽分に相当するという。また、がんだけでなく、食中毒や感染症を診断する抗体も作れるため、BSE[3]などの検査にも利

用が期待される。

　塚本助教授は「できる抗体の感度は従来より約10倍高く、検査の時間短縮にもつながる。BSEの全頭検査に使えば、効率的にできる。またダチョウは、売れ残りのモヤシくず[4]やオカラ[5]で育つため、飼料も安上がり[6]。えさには捨てていた物を使えるので、モッタイナイ精神でいけます」と話す。一方、ダチョウ農場の多い中国から「事業に参加したい」などの問い合わせが相次いでいるという。

　　　　　　　　　　　　　　　　　　　　　　　　　　（山田大輔）

　　　　　　　　　　　　　　　　　　　《毎日新聞》2006年5月20日

【注释】

[1] ダチョウ：鸵鸟。

[2] につれて：惯用型。接动词连体形或体言后，表示后项随着前项的变化而变化。例如：月日が経つにつれて、嫌なことは忘れてしまう。/随着岁月的流逝,令人讨厌的事情就会忘掉。

[3] BSE：牛海绵状脑症。

[4] モヤシくず：豆芽残渣。

[5] オカラ：豆腐渣。

[6] 安上がり：省钱。例如：石炭はガスより安上がりです。/烧煤比烧煤气省钱。其反义词是「高上がり」,费钱。

5. メス[1]だけで安定繁殖

　東京農業大学の河野友宏教授と川原学博士研究員、英ケンブリッジ大学[2]は共同で、メスだけでマウスを繁殖する方法を確立した。精子と同様に働くよう遺伝子を操作した卵子と普通の卵子を融合し、仮親に移植して出産させる。出産になぜ両性が必要なのかという謎に糸口[3]を与える成果だ。20日に米科学誌ネイチャー・バイオテクノロジー（電子版）に掲載する。

哺乳（ほにゅう）類では精子と卵子で働く遺伝子の種類が異なり、両方ないと発生しない。実験では染色体の2ヵ所を遺伝子操作し、卵子ではなく精子の遺伝子が働くようにした。通常の卵子と融合し、メスの仮親マウスの子宮に移植して出生につなげた。

　2004年に初めて卵子だけで子マウスをつくることに成功したが、成功率が低かった。その後、偶然に起きていた遺伝子変化が発生に重要な役割を担っていることを発見。卵子を「精子化」する方法を確立し、三割と高い確率で子マウスをつくれるようになった。

　哺乳類がなぜ有性生殖するかは、進化における謎のひとつ。精子の遺伝子は胎児を大きく育て、卵子の遺伝子は逆に抑制するなど、役割が異なることもある。研究は「オスの役割」を浮かび上がらせ、「進化の謎を解明する手掛かりとなる」（河野教授）。卵子から幹細胞をつくり、治療に必要な細胞や組織をつくり出す再生医療の研究にも役立つという。材は組織を傷つける可能性があるという。

　サルから卵巣を摘出し、新手法で凍結、約1ヵ月間液体窒素内で保存してから同じサルに戻した。正常な卵巣と同じようにホルモンをつくることを確認した。今後、卵巣が受精能力のある卵をつくり自然妊娠が可能かどうかを確認する計画だ。

　卵巣はがんの治療に使う抗がん剤の影響で傷つくことがあり、不妊の原因になる可能性がある。

　「治療前に摘出して凍結保存し、治療後に移植すれば、卵巣を傷つけずにがんの治療をできる可能性がある」と医薬基盤研の山海直・主任研究員は話している。

《日本経済新聞》2007年8月20日

【注釈】

[1] メス：（动物）雌,母。

[2] ケンブリッジ大学：(英国)剑桥大学。

[3] 糸口（いとぐち）：头绪。

6. 不思議な液体、開発

　カメレオン[1]のように色が変化する不思議な液体を、米カリフォルニア大[2]リバーサイド校の研究チームが開発した。テレビ画面などの大型化や高画質化につながる可能性があるという。

　この液体は、酸化鉄のナノ粒子[3]が水の中に散らばり、さらに結晶構造を持った「コロイド結晶[4]」と呼ばれるもの。本来は黒褐色をしているが、磁石を近づけると赤やオレンジ、緑、青に変わっていく。

　チームは「紫から赤まで、ほとんどすべての色に変化する。こんなコロイド結晶ができたのは初めてだ」と説明する。液体を磁場に置くと、酸化鉄のナノ粒子が一定間隔で整列。並び方は磁場に応じて変化し、光の反射・透過の具合が微妙に変わってさまざまな色に見えるらしい。

《朝日新聞》2007年8月27日

【注釈】

[1] カメレオン：(动物)变色龙。
[2] カリフォルニア大：(美国)加利福尼亚大学。
[3] ナノ粒子：纳粒子。「ナノ」＝十亿分之一单位。
[4] コロイド結晶（けっしょう）：胶质結晶。

7. サバ[1]がマグロ[2]を産む！？

　マグロは刺身やお寿司の食材として欠かせません。しかし、クロマグロ[3]やミナミマグロ[4]は世界的に乱獲され、漁獲制限されるまでに数を減らしています。そこで、東京海洋大学准教授の吉崎悟郎先生は、精子、卵子のもとになる細胞を使ってサバにマグロを産ませる研究を進めています。

　まずクロマグロから、将来、精子や卵子になる始原生殖細胞を採取します。

精原幹細胞を採取し、これを卵からかえったばかりのサバに移植します。するとオスのサバはサバの精子とマグロの精子を、メスのサバはサバの卵子とマグロの卵子を作るため、成魚になってから繁殖させるとサバだけでなく、マグロを産ませることもできるというわけです。吉崎先生は、これまでにも同じ方法でヤマメ[5]にニジマスを産ませることにも成功しています。

　マグロの親魚は高速で泳ぐため、飼育施設が大型になってしまいますが、サバならコストの低い比較的小型の施設でも飼育できます。この技術が実用化できれば、マグロの資源の減少に歯止めをかけられるかもしれません。

（斉藤勝司）

（未来をつくる、地球をつくる！子どもの科学　2007年1月号　通巻第849号）

【注释】

[1] サバ：(动物)青花鱼。

[2] マグロ：(动物)金枪鱼。

[3] クロマグロ：「黒鮪」。＝「本鮪（ほんまぐろ）」。金枪鱼的别称。

[4] ミナミマグロ：「南鮪」＝金枪鱼的一个品种，南金枪鱼。青花鱼科的海产硬骨鱼。其别称为「インドマグロ」。

[5] ヤマメ：(动物)鳟。

十四、金融・経済の話

1. 為 替

(1) 市場的参加者

　広い意味での<u>外国為替市場</u>[1]は、大きく二つに分けられる。一つは「<u>インターバンク（銀行間）市場</u>[2]」、もう一つは「対顧客市場」だ。インターバンク市場は文字通り銀行同士の取引の場、対顧客市場は銀行と個人や企業との取引の場。通貨の<u>交換レート</u>[3]を直接決めるのは、インターバンク市場の方だ。このため、普通いわれる「外国為替市場」とは、インターバンク市場のことを指している。顧客と銀行の間では、インターバンク市場で決まったレートに基づいて取引が行われる。

　インターバンク市場の主役は、<u>大蔵大臣</u>[4]の認可を受けた外国為替公認銀行（都市銀行、信託銀行、長期信用銀行、地方銀行、第二地方銀行、<u>信用金庫</u>[5]、在日外国銀行など）。各銀行の<u>ディーリングルーム</u>[6]にある<u>ディスプレー</u>[7]には、その時々の実勢レートが、ドル対円、ドル対マルクなど通貨ごとに映し出されている。個々の取引の値決めはもちろん自由だが、実際には、こうした情報に基づいて売買の注文が出されるため、自然に一定水準での取引に集中するわけだ。

　市場にはこのほか、為替<u>ブローカー</u>[8]八社、それに日本銀行（中央銀行）も参加する。為替ブローカーは、銀行間の売買注文を仲介するだけで、自分で売買は行わないが、現在インターバンク市場の取引の半分くらいが、ブローカ

一経由で行われている。日本銀行は、政府を代行する立場で外国為替取引を行う。中でも、相場が激しく動い時、それを鎮めるために行う「介入」が重要な役割とされている。

《毎日新聞》1991年8月11日

【注釈】

[1] 外国為替市場：指进行不同货币（如人民币与日元）买卖的市场。日文常简称为「外為市場（がいためしじょう）」。

[2] インターバンク市場：指不同货币汇兑的交易市场。负责纠正外币汇兑银行之间在对顾客的交易中所产生的外币汇兑买卖额的不一致，确保汇兑交易所需的资金。

[3] 交換レート：交換比率。

[4] 大蔵大臣：大蔵省大臣。大蔵省主要负责财政金融等方面的事务。

[5] 信用金庫：是在其前身「中小企業等協同組合法」的基础上成立的一个信用组合。日本全国有四百多处。

[6] ディーリングルーム：交易场所。

[7] ディスプレー：指示器,显示器。

[8] ブローカー：经纪人。

（2）相場変動の影響

円安[1]になると、円高とは反対の現象が起きる。この場合、大きな影響を受けるのは輸入企業の方だ。円建てで1万ドルの商品を輸入する場合、1ドル＝130円なら130万円の支払いだが、1ドル＝150円だと150万円を支払わなければならない。輸入企業としては、採算を取る[2]ため国内で販売する際値上げをしようとする。円安は、日本の物価を上昇させる圧力にもなるわけだ。

輸出企業にとっては、円安は円換算の手取りを増やすため有利な条件になる。値下げをする余裕も生まれ、国際競争力が向上する。

したがって、円安は輸出を増加、輸入を減少させる力として働き、日本の貿易黒字[3]を増加させることになる。貿易黒字が海外から批判されがちな日本にとっては、望ましくない事態だといえる。このように、円高にしても円安にし

ても、急激だと日本の経済や国民生活によくない影響を及ぼす。

　為替変動によるリスク[4]を回避するために、輸出入企業は工夫を凝らす[5]。例えば、輸出契約をした時点から決済の時点までに円高が進むと、計画よりも手取りの円が少なくなるが、輸出企業はこれを避けるため為替予約という方法をよく使う。三ヵ月先の相場が現在より、高くなると予測した場合は、現在の水準で三ヵ月先にドルを売る予約をする。例えば、10円高になると予測して見通しが当たれば、1ドルにつき10円のもうけが得られるわけだ。

《毎日新聞》1991年10月27日

【注釈】

[1] 円安（えんやす）：日元汇价低，日元对外币的价值下跌。在贸易方面，「円安」对日本的出口交易有利，对进口交易不利；「円高」对日本的进口交易有利，对出口交易不利。
[2] 採算を取る：有利可图。它的对应词组是「採算がとれる」＝合算。
[3] 貿易黒字：在贸易收支方面收入大于支出。反之，称为「貿易赤字」。
[4] リスク：危机，风险。
[5] 工夫を凝らす：想方设法，找窍门。

2. 対外黒字[1]

　わが国の貿易黒字が着実に増大しつつある。原因は複合的で、その中には三つの特殊要因も含まれている。第一は、例の金投資口座[2]の退潮で、金の輸入減を招来したことだ。この仕組みは元来擬制的なもので、現物の移動（通関）はなく、IMF[3]の国際収支統計の基準に従い、輸入に計上されているに過ぎない。技術的要因に基づく統計上の輸入減だ。第二はドイツ統一に伴う「特需」の恩恵に浴し、対欧（とくに対独）輸出が伸びたこと。そして第三は、バブル破裂の影響で落ち込んだ美術品や高額商品（とりわけドイツの高級車）の輸入である。

　より重要なのは、本来すぐれた国際競争力が、相対的な円安相場という追

い風も手伝って、輸出を押し上げる原動力となっている事実だ。実物経済がいぜん健在なことは、最近妥結したEC[4]との自動車交渉にも色濃く表れている。1993年からのEC単一市場の発足で、国別の輸入規制は無意味になるが、といって域内生産分をも含めて日本車の輸入を自由化したのでは、EC市場は日本車の洪水となり、とくにフランスやイタリアの自動車産業は生き残れないとの切実な危機感があった。結局わが国の自主規制を骨子とする妥協が成立したのだが、その内容には問題とあいまいさが残されいる。とはいえ日欧の共存と棲（す）み分けを主眼とした合意に到達したことは、「欧州とりで[5]」を未然に阻止するという意味で、賢明な策だったと思う。

　最後に、経常黒字の再拡大と世界的な資金不足との関連について一言。事実上唯一の資本供給国であるわが国の黒字増大は是言慰するべき、との主張が再び台頭している。しかしこれがストレートに黒字肯定論、ましてや有用論につながることには問題がある。わが国の資本供給力は、経常収支の黒字プラス国際的な資金仲介（短期借り長期貸し）で決まる。後者は正常な金融機能であり、不健全なものではない。ただそれを支える信用基盤として適度の経常黒字が不可欠との基本認識が重要なのである。

《毎日新聞》1991年8月7日

【注释】

[1] 黒字（くろじ）：指预算方面收入大于支出。或者指收支决算后产生盈余。

[2] 金投資口座：黄金投资户头。使用个人资产向黄金进行投资所开的户头。

[3] IMF：国际通货基金。

[4] EC：欧州共同体。

[5] 「欧州とりで」："欧州堡垒"。

3. OECD

　経済協力開発機構(OECD)は欧米先進同と日本の24ヵ国が加盟している。もと

もとは第二次大戦で荒廃した西欧諸国の復興を図るための機関だったが、日本などが加わり、先進国クラブとなった。現在は、世界経済の「インフレなき持続的成長」をめざし、経済面での国家間の利害を調整する方策を探ることに活動の重点が置かれている。6月4日からパリで閣僚理事会が開かれる。

OECDには委員会が設けられており、例えば貿易委員会では、貿易障壁を減らし保護主義の台頭を抑えるための各種の提言を行い、これがもとになって現在、関税貿易一般協定[1]（ガット）[2]の新多角的貿易交渉（ウルグアイ・ラウンド）で、知的所有権の保護や、通信や金融などサービス貿易のルールづくりの交渉が行われている。

資本移動や資本市場に関する委員会では、各国の金融・資本市場の自由化・国際化の動向を調査し、改善すべき点を指摘している。

先進国の経済政策担当者が集まるサロン的な性格が強いが、環境、投資、技術、開発、雇用、エネルギーなど、国際的に解決すべき問題が多く、OECDの活動領域も広がっている。

《毎日新聞》1991年5月19日

【注释】

[1] 関税貿易一般協定：关税及贸易总协定。

[2] ガット(GATT)：「関税貿易一般協定」的略称。

　　1947年，由美、英、法等23国首次在日内瓦签定的关税及贸易总协定。是联合国下属的国际贸易机构。总部设在日内瓦。现有成员103个国家和地区。发展中国家占四分之三。日本是成员国之一，并为理事国。协定的宗旨是：在自由、平等、互惠互利的基础上削减关税，排除其他贸易障碍，消除国际贸易中的歧视待遇。现在发展成为美国、欧共体及日本等工业发达国家为解决贸易战面临的问题而进行谈判的场所。

4. MOSS

Market Oriented Sector Selectiveの略で、市場分野別協議のこと。日本市場への参入促進のため、特定の品目別に貿易障害要因を話し合う日米政府間の

協議を指す。米国制乗用車の日本市場での流通問題を新たにテーマとすることが7月末に決まり、再燃しつつある日米自動車摩擦がMOSSの場で取り上げられることになった。

MOSSは1985年に電気通信、エレクトロニクス[1]、医薬品・医療機器、林産物の4分野を対象にスタート。86年に自動車部品を含む輸送機器分野が加わり、部品については米国制品の購入拡大のためデザイン・イン（設計・開発段階からの共同参加）や商談会などを充実していくことで一致している。

完成車の流通問題は、5月に来日したクエール副大統領が「ディーラー・シップ（販売系列）の改善」を求めたことで急浮上。当初、通産省[2]は「日本市場に参入障壁があるとは思わない」とMOSS設置に難色を示していたが、結局、日本側が譲歩。夏休み明けの9月から協議が本格化するが、米側が強く批判する「系列」問題が焦点だけに、部品以上に難航が予想される。

《毎日新聞》1991年8月11日

【注釈】

[1] エレクトロニクス：电子设备。

[2] 通産省：「通商産業省」的简称。是负责通商、矿工业、度量衡等的行政机关。

5. 三つの不安、市場に疑心

米国の低所得者向け住宅ローン（サブプライムローン[1]）問題では、三つの不安が複合的に起こり、金融市場で疑心暗鬼が一気に広がった。

まず、リスク[2]が広範に売却されたことによる不安。世界の銀行は貸し出しリスクを証券化し、ヘッジファンド[3]などに売ってリスクを移転するモデルの構築を進めた。この結果、世界のどこにリスク保有者がいるか不透明になった。証券化商品は作る過程でリスクが分解・再合成されているため、保有者はどんなリスクにさらされているかも分からなくなっている。二つ目は、甘くなった信用リスク管理に対する不安の顕在化だ。社債、貸出債権など信用リスク市場一般がバブル[4]的状況という不安感は、かなりの市場参加者にあった。金

融機関や投資家の判断も甘くなるなか、金利は極端に低下。このため、不安はサブプライム問題を超えて広がった。

　米国や世界の実体経済が安定し、金融技術の発展で投資家のリスク許容度も増していたので、一概にバブルと言い切れない面もあるが。

　三つ目は、銀行システム[5]への不安につながった点だ。証券化で銀行は大量にリスクを売却したのに、ふたを開けるとヘッジファンドなどに投融資といった形でかかわり、結局はリスクから逃れられなかった。欧州の一部の銀行は、明らかに過大なリスクをとっていた。

　金融当局の状況把握も遅れたとみられる。

　今後の米経済の焦点の一つは、信用リスク市場一般の動揺が早めに収まるかどうかだ。長引けば実体経済への影響は不可避。企業や投資商品に対するリスク判断が厳しくなり、貸出金利の上昇、投資の減少につながる可能性もある。米国は住宅価格上昇による資産効果で個人消費が堅調だったが、すでにピーク[6]を過ぎた。効果が逆回転すると消費者が心理を冷やす。

　日本の金融機関への直接の悪影響は今のところ少ないが、米経済の減速が日本の輸出に打撃を与える可能性はある。円高ドル安が同時に進めばなおさらだ[7]。再び株が売られれば、家計や企業へ影響するかもしれない。

　ただ、世界経済は堅調だ。インドや中国の旺盛な需要で米国の減速を補える、という見方は強い。今のところ、日本の景気が持続的に拡大するシナリオ[8]を変える必要はないが、下ぶれリスク[9]は明らかに高まった。

　証券化商品の市場は急成長してきたが、歴史はまだ浅い。今回のような動揺を繰り返し、より強固になるはずだ。証券化商品は金融工学を使った「格付け[10]」に依拠しており、今回ほどの価格下落が起こる確率は「何千年に１回」とされていた商品もある。こうした手法にも改善の余地がある。

　金融当局の安易な対応などで投資家のリスク判断が再び甘くなるのは好ましくないが、市場や金融システムを一段と動揺させかねない厳しい対応も取りづらい。ヘッジファンドを含む金融機関の投資活動をどこまで監視するかという課題も、浮き彫りになっている。

（東大経済学部長　植田和男）

《朝日新聞》2007年8月27日

【注释】

[1] ローン：①借款，贷款；②出租，借出．

[2] リスク：①保险金额,被保险物,被保险人；②危险(率)；③损失责任；

[3] ヘッジファンド：由少数投资家聚集巨额资金，对投机性很高的金融商品进行运作的金融机关。

[4] バブル：气泡，泡沫。

[5] システム：组织，机构；系统，体系。

[6] ピーク：顶峰，颠峰。

[7] なおさらだ：「なおさら」为副词，意为"更加"，"越发"。此处指如果同时出现日元升值而美元贬值的情况，对日本出口的打击会更甚。

[8] シナリオ：电影脚本；剧情概要。此处为比喻的用法。

[9] 下ぶれリスク：触底的危险程度。

[10] 格付け：①在商品交易所,比照某种标准物品或品质为另一种商品确定价格；②根据价值或能力来确定等级或阶段。

6. 怪しい口座[1]　自動検出

振り込め[2]詐欺・カード盗難対応

　　振り込め詐欺やキャッシュカード[3]盗難による被害の拡大を防ごうと、預金口座へのお金の出し入れをコンピューターが常に監視し、不自然な取引があった場合には口座の凍結も可能にする仕組みをNECなどが開発した。これまで不正取引の監視を行員の経験に頼ってきた銀行では、大幅に効率化が進み、実際に犯罪を摘発する効果もあがっている。

　　NEC[4]がシステム構築などで取引実績があった名古屋銀行などと開発したのが「アカウントプロテクター[4]」。ひとつの金融機関で一日に何十万件もある取引を常にチェック[5]し、これまでの犯罪分析に基づいて作ったルールに照らし、不正な取引を浮かび上がらせる。

　　深夜、複数のコンビニ[6]現金自動出入機（ATM）で連続出金する「パレード[7]」、不正入手した口座が使えることを確認するために小額の入出金をする「ジャブ[8]」

――。盗んだカードで現金を引き出したり、振り込め詐欺の振込先に利用する口座をチェックしたりする手口など、不正取引に特有のパターンを１７分類してコンピューターで全取引をチェックする。

ルールに抵触した取引があると、ただちに金融機関のパソコンに情報が表示される。担当行員が顧客に連絡をとったり、怪しい口座を凍結したりすることで、被害の拡大を防ぐ仕組みだ。

「過去２年間にわたって取引ゼロだった口座のカードが突然、コンビニのATMで連続して使われたため、客に連絡したところ、カードの盗難がわかった」
「不特定多数の地点で頻繁に入出金がある口座を調べたら、詐欺行為に使われていた」

いずれもシステムで検知し、発覚したものだ。名古屋銀行では昨年１１月の導入以降、大きな効果をあげている。月平均５千件以上の取引がチェックされ、うち数件は不正な取引だったという。

17の<u>ルール</u>[9]は、「限度額に近い引き出しは２日連続までは可能だが、３日連続は不可」など、頻度や金額、場所、回数などを細かく設定することも可能。警察と連携し、不正取引の最新情報をシステムに反映させることで新たな犯罪手口にも対応できる仕組みだ。

開発のきっかけは、キャッシュカードの盗難や偽造による被害の拡大だ。全国銀行協会によると、０５年度の被害額は２４億円超。預貯金者保護のために、顧客に過失がなければ、金融機関が被害額を弁済する責任を負う仕組みになったことも後押しした。社会問題化した「振り込め詐欺」の温床となる不正口座を摘発する機能にも注力した。

金融機関では従来、お金の動きを一元的に管理する「勘定系」と呼ばれるシステムから出力される引取一覧表を担当者が目で見て不正をチェックしていた。しかし、作業に手間と時間がかなり、発見は翌日以降になることがほとんど。さらに、<u>ネット取引</u>[10]など一部取引はチェックできないなどの問題点もあった。

監視システムは勘定系システムからデータを読み出し、外部でチェックするため、基幹システムを変更することなくルールの変更などが簡単にできるうえ、ネット引取なども含め、数分～十数分おきに全取引を一斉にチェックでき

る。3千万円程度で導入できることから、自力では対策を講じるのが難しい、地方銀行や信用金庫など規模の小さな金融機関からの引き合い[11]を見込む。

ただ、特定の金融機関がシステムを導入しても、犯罪の舞台が別の金融機関に移るだけでは、効果は薄い。

(小室浩幸)

《朝日新聞》2007年8月31日

【注釈】

[1] 口座（こうざ）：(銀行或账簿的)户头。
[2] 振り込め：存入,拨入。
[3] キャッシュカード：现金提取卡。
[4] アカウントプロテクター：计算保护装置。
[5] チェック：①核对，核算，复核；②阻止,制止，控制。
[6] コンビニ：方便的,便利的。
[7] パレード：示威游行，行列。此处为其意义的借用。
[8] ジャブ：工作，任务。此处为其意义的借用。
[9] ルール：①规则，章程，条例。②惯例。
[10] ネット取引：网上交易。
[11] 引き合い：交易，买卖。

7. 経済気象台

(1) 返済[1]を考えない米国の借金

米国の低所得者層向け住宅ローン（サブプライムローン）の焦げつき[2]問題が、今年の春から国境を越えて世界の思わぬところで発生している。もう収まったかと思う頃に、また別のところで発生しており、その影響は限定的だと説明されても、警戒感をなかなか緩めることができない。

今となってみれば、信用リスクの高い層向けにほとんど無審査で与信をしたら、不良債権[3]の山を築いてしまうことは火を見るより明らかだった。しかし貸手[4]にとっては、十分に「おいしい」商売だったのだ。

サブプライムローンは信用リスクの高さを反映して、その分金利が上積みされている。金利が高い分、もうけが大きい。その訳は、住宅価格は値下がりしないという神話が、リスクを遠くに押しやってきたからだ。１９３０年代以降の統計値で、中古住宅価格の全米での値下がりはなかったと言われている。

　米国の住宅ローンには、住宅価格が値上がりさえしていれば返済できる仕組みがあった。借り手[5]が元利[6]を支払う現金がないときには、住宅の値上がり分を担保にして不足分を借り増すことができた。借金の返済分をまた借金して返済するというわけだ。住宅が値上がりする限り、貸し倒れ[7]は発生しない。借り手は返済を考えずに借金を膨らませた。他方、貸手は借り手の返済能力に関係なく、住宅取得のための与信に走った。

　ところで、家計から米国全体に目を転じると、同じように返済を考えない借金があふれ返っている。米国は長きにわたり輸入超が続いて、多額の赤字を累積している。その赤字を穴埋めする借金は、海外から買い物をすれば、日本や中国をはじめとする黒字国から自動的に流れ込んでくる。痛みなく借金は膨れ上がった。

　家計の借金増加にはとうとうブレーキが掛かった[8]ようだ。次は国の借金が注目される。

（岳）

《朝日新聞》2007年9月5日

【注釈】

[1] 返済（へんさい）：还,还债,还清债。

[2] 焦げ付き：(经济)胶着不动,固定不动。

[3] 不良債権（ふりょうさいけん）：不良债权。

[4] 貸手（かして）：①出借的人，债主。②出租的人，物主。

[5] 借り手：债户，借户。

[6] 元利（がんり）：本金和利息，本利。

[7] 貸し倒（だお）れ：收不回来的放款，呆帐，荒帐。

[8] ブレーキが掛かった：刹车,停止不动。

(2) 信用不安の行方

　世界の金融資本市場を信用不安が襲っている。米国サブプライムローンの悪化に端を発した市場の動揺は、同ローンを組み入れた金融商品の価格下落、ヘッジファンドの損失、株価やドルの下落など大きな広がりを見せている。

　不安が広がる理由の一つに、証券化や<u>デリバティブ</u>[1]取引などを通じてリスクが分散され、どこにどれくらいのリスクがあるか把握できないことがある。実際、米国内の問題であるサブプライムの信用悪化が突然フランスのヘッジファンドの経営悪化や日本の円高となって噴き出している。だから、この問題がどこまで深刻化するか見えない、と関係者は嘆く。

　しかし、これまで起きた金融危機を振り返ると、方向が見えてくる。

　米国の大恐慌（1930年代）から日本の証券不況（65年）、日本のバブル（80年代後半）、アジア金融危機（97年）、米国LTCM破綻（98年）に至るまで、債務の膨張が支えた資産価格の上昇、すなわち<u>バランスシート</u>[2]の両建てでの膨張が限界を超えてはじけたときに、金融危機は起きた。資産価格が急落する一方で債務は残り、それが不良債権となって金融システム全体に波及し、信用収縮と金融危機の連鎖を引き起こして、経済を<u>スパイラル的な</u>[3]悪化に追い込んだ。

　一方、資産の拡大が自己資金＝手金によるものならば、投資家が大損し投資や消費が控えられたところで経済の収縮は止まり、それ以上波及はしない。

　では、今回はどうか。見渡せば、金貸しは世界中にいた。住宅<u>モーゲージ</u>[4]をせっせと貸した米国の金融機関、ヘッジファンドに資金を融資した欧米の銀行、超低金利の円資金による海外投資を結果的に促した日銀、そして人民元の上昇を抑えるために国内に資金を出し続ける中国政府……。だから、今回の動揺がすぐに収まるとは思えない。

（山人）

《朝日新聞》2007年8月29日

【注釈】

[1] デリバティブ：衍生的,派生的。

[2] バランスシート：貸借対照表,资产负债表。

[3] スパイラル的な：(物价的)螺旋上升式的。

[4] モーゲージ：抵押,抵当契据。

(3) ヒラメ[1]社会

　長い間、経済界を見て痛感するのは、企業の盛衰はひとえにトップ[2]にかかっているということだ。トップとはそれほど、重たいものだ。そこで私が見聞した困ったトップの二つのタイプについて述べてみよう。

　一つは何も決めないトップである。決められなければ任せれば良いのだが、任すことも大嫌いという場合である。

　トップの仕事はただ一つ、「会社の目標」を明快にすることだ。企業という大集団をまとめて突撃するには、目標がなければ集団は烏合の衆[3]と化す。戦いにならないのだ。こんなトップに限り、細事にはうるさい。軍隊がどこに戦争に行くか決めず、隊列の組み方、銃の上げ下げまで口うるさく言うようなタイプである。

　心あるミドルが「これでは会社はダメになる」と自らの隊列だけは目標を設定し、行動しようとすると「そんなことをしろと誰が言った」と突き放す。こうなると皆、何もしないで上の顔色ばかり見ることになり、会社は傾いていく。

　二つ目には、なんでも簡単に決めてしまうタイプである。「あれも、これもやろう」とどんどん決めていくから、人も体制もついていけない。こんな会社には「それは無理です」と言える人材はおらず、みんな責任逃れに工夫をこらす[4]ようになる。面従腹背。とどのつまり、会社は危機を迎える。

　前者は大企業に多い。これまで「キャッチアップ[5]過程」の中で大きくなったから、前方には自動的に目標があった。わざわざ明示しなくても、やってこられた体験から抜け出せないのだ。後者は中小のトップに多い。成長過程で率先垂範した体験から依然、抜けられないでいる。

　このような集団をヒラメ集団と呼ぶ。ヒラメは体を砂に隠して目だけ上をにらんでいる。会社だけではない。政党もまた、ヒラメ集団となった時、その任は終わる。

（可軒）

《朝日新聞》2007年8月16日

【注释】

[1] ヒラメ：(动物)比目鱼。

[2] トップ：①首位,第一位；②顶部，尖端。

[3] 烏合(うごう)の衆（しゅう）：乌合之众。

[4] 工夫をこらす：动脑筋想办法，找窍门。

[5] キャッチアップ：追上，赶上。

（4）近頃「富裕層」事情

　　次々に登場する新築マンションは、高い物件から売れていく。軽自動車に人気が集まる一方で、1千万円を超える高級車が売れている。外車だけではなく、高級車市場に弱かった日本のクルマ業界も参入し、高級車熱はしばらく冷めそうもない。今、日本の「富裕層」の動向が、何かとメディア[1]の注目を浴びている。

　　ある民間の研究所が、都心に住む世帯年収2千万円以上を稼ぐ人たちを中心に、消費という視点から取材形式の調査をした。その結果、日本の富裕層は、およそ4種類に分類できるとしている。

　　カード会社の最上級のサービスが受けられるブラックカード[2]を持つ人が多い「黒リッチ[3]」は、ブランド[4]好きで、自己顕示欲も強く、外車を数台持つ人が多い。一見してお金をかけているとわかる彼らには、自ら苦労せず上質な消費ができるコンシェルジェサービス[5]が好まれると分析している。裕福な家に生まれ、モノに満たされて育ち、家の資産を受け継いだ富裕層「守（まも）リッチ[6]」は、消費に興味がなく、派手な消費も少ないが、住宅や家族へのプレゼントや旅行にはお金を使う。自らをリッチだと自覚していない富裕層「隠れリッチ[7]」は仕事が成功するなかで思いがけずお金もついてきた人たちだ。モノに対する興味はあまりないが、一度ブランドの価値を認めれば、長く買い続ける傾向が強い。そして、富裕層のなかでは比較的世帯収入が少ない「一点リッチ[8]」は、安全でおいしい食事など、こだわる分野には惜しみなくお金をかける。

　　今、景気は回復しても、一般の生活者の消費は伸び悩んでいる。そこで、日本の企業は、格差社会が生まれるなかで登場してきた新しい富裕層に目を向け

始めた。しかし、彼らがリッチになった理由も消費のスタイルも様々だ。質の高いサービスや商品さえ作れば売れるほど簡単な市場ではない。

(深呼吸)

《朝日新聞》2007年8月2日

【注釈】

[1] メディア：媒体，媒介。
[2] ブラックカード：(绘有天使或黑圣诞老人的)圣诞贺卡。
[3] 黒リッチ：黒富。「リッチ」的意思是"富裕的"、"奢侈的"、"奢华的"。
[4] ブランド：商标，牌子,品牌。
[5] コンシェルジェサービス：守护服务。「コンシェルジェ」的意思是"守门人"、"公寓看门人"。
[6] 守（まも）リッチ：守富。
[7] 隠れリッチ：隠富。
[8] 一点リッチ：一点富。

8. 携帯の活用拡大

<u>リクルートエージェント</u>[1]（東京・千代田）や<u>プロフェッショナルバンク</u>[2]（東京・千代田）など転職支援会社が携帯電話を利用したサービスを広げる。初期登録や求人情報の閲覧を携帯からできるようにして利便性を高める。携帯でのネット利用に慣れ親しんだ若年層の転職が増えており、より多くの転職希望者を獲得するのが<u>狙いだ</u>[3]。

最大手のリクルートエージェントは二十日、携帯サイトからの登録を開始する。同社の新規登録者数は月間一万人程度。このうち二十歳代が約六割を占めており、「携帯での登録を希望する声が非常に多かった」（社外広報グループ）という。

女性向け人材紹介を強化しているプロフェッショナルバンクは今秋を<u>メドに</u>[4]、<u>携帯サイト</u>[5]での登録を可能にする。主な対象とする二十——三十歳代の女性

はパソコンを自宅で所有しない比率が比較的多いと判断した。携帯での登録開始で月間の新規登録者数を現在の五百人から約二割増やす計画だ。

　求人サイトのキャリアデザインセンター[6]は携帯から利用できる女性向け転職情報サイトを運営する。営業職やアパレル[7]の販売職など約四百件の求人情報が閲覧でき、応募もできる。携帯経由の応募は全体の約二割を占める。

　新卒採用競争の激化で雇用のミスマッチ[8]が目立つほか、企業の中途採用拡大で転職しやすい状況が続いている。今後も若年層の転職が増えるとの見方は多い。アルバイトや派遣では携帯サイトを使った仕事探しが既に普及している。こうした分野に続いて正社員の転職でも携帯が重要な手段になりそうだ。

《日本経済新聞》2007年8月2日

【注釈】

[1] リクルートエージェント：工作调动援助公司的名称。
[2] プロフェッショナルバンク：工作调动援助公司的名称。
[3] ……が狙いだ：其意图是……,起其目标是……。
[4] ……をメドに：以……为目标。
[5] サイト：因特网页及其内容。
[6] キャリアデザインセンター：职业设计中心。
[7] アパレル：①服装；②服饰。
[8] ミスマッチ：失谐，不合适，错配。

9. GNI[1]とGDP[2]の差拡大

　国内総生産（GDP）は国内で生産された財・サービスの付加価値の合計額。これに海外から得た所得を加えたものが「国民総所得（GNI）」で、かつて注目された国民総生産（GNP[3]）とほぼ同じものだ。GNIの規模はGDPを上回り、最近はその差をどんどん広げている。

　■その差は十五兆円

　内閣府の国民経済計算によると、二〇〇六年度の名目GDPは五百十兆円だ

が、GNIは五百二十五兆円。その差（約十五兆円）は十年前のほぼ二・五倍に膨らんだ。

　GDPに上乗せされる海外からの所得は、外国証券投資に伴う利子・配当などの財産所得や雇用者報酬（賃金）など海外から受け取った金額から、支払った金額を差し引いたもの。海外からの「純受け取り」「純所得」とも呼ぶ。国際収支統計で「所得収支」と呼ぶ部分とほぼ同じだ。

　海外からの所得の配分先はどこか。統計上は不明だが、第一生命経済研究所の推計によると、〇五年度の十三兆二千億円のうち最も多く受け取ったのは金融機関（九兆四千億円）。次に大きいのは家計（二兆八千億円）で企業や政府を上回る。

　■家計に恩恵

　家計は〇六年度に前年度を四千億円上回る三兆二千億円の所得を海外から得たもよう。主に外国の債権・株式に投資する投信を購入する個人が急増、分配金の厚みが増した結果とみられる。「貯蓄から投資への家計のポートフォリオ[4]の変化がGNIとGDPの差の一因」（大和総研）との指摘がある。

　人口や労働力の減少が日本経済の成長の制約要因になる中で、海外からの所得は国内の稼ぎを補完する「第二の所得」。為替変動リスクはあるものの、国内の低金利にしびれを切らし、「海外で保有資産に働いてもらう」といわんばかり[5]の動きが、GDPの枠外で着々と進んでいる。

（随時掲載）

《日本経済新聞》2007年8月7日

【注釈】

[1] GNI：国民总收入。

[2] GDP：国内生产总值。

[3] GNP：国民生产总值。

[4] ポートフォリオ：有价证券。

[5] ……んばかり：接动词未然形后。表示某个动作或者某种作用,虽然实际上还没有发生，但是却几乎达到了那种程度。此种用法主要起比喻的作用,强调程度之高。有"……んばかりに……"、"……んばかりの……"、"……んばかりだ"等表现形

式。一般用于书面语。大致相当于汉语的"几乎要……"、"眼看就要……"等意思。例如：

○彼女が泣き出さんばかりに頼むので、仕方なく引き受けた。

／她央求我，几乎都要哭出来了，没办法，我只好接受了。

○清水寺は観光客で溢れんばかりだった。

／清水寺由于旅客多，挤得水泄不通。

10. 都市　再生と創造性

　　都市再生では、コンパクトシティー[1]論が持てはやされている。コンパクトシティーとは、都市機能を集積した住みよい街づくりのこと。日本の地方都市は押しなべて[2]「郊外開発を抑制しコンパクトシティーを目指す」としている。

　　しかし、「都市規模の創造的縮小」との間には距離がある。「環境容量が枯渇しスプロール[3]（無秩序）型の開発を容認できる時代ではない。」という理解は共通している。半面、成長力に対する着眼に違いがある。コンパクトシティー論は都市の成長力を限られた範囲の都市域にいかに押さえ込むかの空間論的研究で、成長力の担い手に対する都市産業論的な関心は薄い。

　　「都市規模の創造的縮小」研究は、都市に従来型の成長力がなくなったことを前提に、縮小する都市を直視し環境に負荷をかけず、暮らしの質を豊かにする方向に都市形態を誘導する。一方、新たな都市型産業の養育を通して「都市活力の質」をパラダイム[4]転換する政策研究である。

　　独連邦文化基金は二〇〇二年以来、米英独、ロシアの縮小都市研究を先導してきた。社会学、民俗学研究者や建築家、美術家なども参加した一連の研究は、「都市規模の創造的縮小」を通じた都市再生には、都市の歴史的遺産や文化力が深く関係することを示している。

　　米デトロイト[5]や英マンチェスター[6]で、都心の倉庫街から生まれたテクノ[7]やヒップホップ[8]といった新しい音楽が、一時期、新しい都市型ソフト産業として衰退都市のイメージ変化に貢献したことや、スペイン[9]の製鉄都市ビルバオ[10]が

現代美術館の建設で再生したことなどに注目している。

　歴史的遺産には、歴史的建築などに加え、地域の産業・企業社会に受け継がれているDNA（精神文化や技術を伝承する遺伝子）も含む。

　「さび地帯」の異名で呼ばれることのある米五大湖に面するロチェスター[11]は、光工学産業のDNAを継承したハイテク産業[12]の創造（＝量産型産業からの脱皮）に活路を模索した。大学が域外の知の活用と産学連携で貴重な地域資源となった。都市型産業の内発的な再生モデルである。

（大阪市立大都市研究プラザ）

《日本経済新聞》2007年8月1日

【注释】

[1] コンパクトシティー：紧致城市。
[2] 押しなべて：副词。一般说来，总的说来。
[3] スプロール：①(城市范围)无规划地扩大；②(在大城市郊区逐步地)扩展或蚕食地盘来修建住宅。
[4] パラダイム：模型，范例。
[5] デトロイト：(城市名，美国密执安州东南部城市，世界最大的汽车工业中心)底特律。
[6] マンチェスター：(城市名，英国英格兰北部城市，棉纺织工业中心)曼彻斯特。
[7] テクノ：①利用合成器等电子技术的流行音乐；②工艺，技术。
[8] ヒップホップ：八十年代在美国纽约黑人之间兴起的一种感受新颖的音乐和舞蹈。
[9] スペイン：(国名)西班牙。
[10] ビルバオ：(城市名，西班牙东北部盛产钢铁的城市)毕尔巴鄂。
[11] ロチェスター：(城市名)罗彻斯特。
[12] ハイテク産業：高级技术产业。

11. 市場内外で大胆再編

世界で魚食ブーム　食卓に影響は？

　世界中の食卓で健康的なシーフード[1]の人気が高まっているのを受け、魚介

類の価格がじわりと[2]上昇している。需要に合わせた漁獲を続ければ、今世紀半ばには水産物資源が枯渇するとの予測もある。刺し身や焼き魚はいずれ、超高級料理になってしまうのか。水産物卸の国内最大手OUGホールディングス（本社・大阪市）の溝上源二社長に聞いた。

　――魚介類の取引価格が上昇している。

　「世界的な魚食ブームで、特に海外市場での買い付け競争が激しいためだ。ただ一方で、国内では消費者の目が厳しく、仕入れ価格[3]の上昇分を販売価格に十分に転嫁できていない面もある」

　「米国や中国での人気とは裏腹に、国内は家庭での消費が減り、外食の増加分と合わせて全体の需要は横ばい[4]の状況。食卓に並ぶあらゆる魚を扱う会社として、安くおいしい魚を提供し続けるには、思い切った事業再編が必要と考えた」

　――それで経営統合に踏み込んだ、と。

　「純粋持ち株会社のもとで今秋、生産者から魚を買い付けて市場で仲買人に卸す荷受け事業を手がける大阪、和歌山、滋賀の３社を統合する。さらに量販店や外食店と取引する市場外事業も再編を進める。各社で重複する部門を整理して流通コストを削減し、仕入れ価格の上昇を吸収できるようにしたい。それが消費者も生産者のメリット[5]にもつながる」

　――それで価格上昇は抑えられますか。

　「そうは言っても、漁業者の立場からすれば、魚の価格を度外視した低価格が続いている状況だ。原油価格の上昇で漁船の燃料代は相当上がっている。採算が合わないから漁獲量を増やそうとし、資源が枯渇するという悪循環が進んでいることも知ってほしい。

　――水産物資源を維持するのは大変では？

　「養殖事業にも力を入れる。温暖化の影響で日本近海の海水温が上昇し、宮崎県や長崎県の沖合いでもクロマグロ[6]の養殖ができるようになり、今年から始めた。ヨコワ（マグロの幼魚）を２～３年で２０～３０キロ程度に育てて出荷したい」

　「これまでは漁協単位の取引が中心だったが、品質が均一にならない悩みがあった。これからは、意欲的な生産者と一緒になって漁場管理や品質管理を徹

底し、有名ブランドになるような商品を生み出したい」

——東京・築地市場と比べ、大阪の市場は目立ちません。

「昔は瀬戸内海の豊富な魚介類が水揚げされ、大阪が水産物取引の中心地だった。計画的な出荷が可能なハマチ[7]やタイ[8]の養殖が瀬戸内で増えると、スーパーなどとの直接取引きが拡大して、市場機能が低下してしまった。事業再編後は、関西だけでなく九州や関東などの生産者との取引にも力を入れたい」

(寺光太郎)

《朝日新聞》2007年8月18日

【注释】

[1] シーフード：海产品，海味。

[2] じわりと：副词。缓慢而着着实实地，稳步地。

[3] 仕入れ価格：买进价。

[4] 横ばい：(价格、行市等)稳定不变。

[5] メリット：①优点；②标准；③功绩。

[6] クロマグロ：(动物)黒鲔,金枪鱼。

[7] ハマチ：(动物)黄尾笛鲷,黄尾小姐鱼。

[8] タイ：(动物,俗称家鲫鱼、大头鱼)鲷,

十五、商業の話

1. 秘中の秘

　売れ筋商品[1]でも目玉特価のため、現金問屋での在庫が一週間位で完売になる商品情報を速報でお届けします。

　このような商品は、現金に相当する値打をもっています。それだけに店頭での回転率はよく、目玉商品として集客もやってくれる。これが本当の売れ筋商品なのですが、それではいかにこのような商品を激安に仕入れるか。この辺の情報のつかみ方、商品の手に入れ方、見切り方は一朝一夕にできるものではない。

　ご存知の通り、別にファミコンや有名メーカー品ばかりが売れ筋商品とは限らない。

　ふとん乾燥機、充電式ハンディクリーナー[2]、電子体温計・CDWラジカセ、コードレス電話、他々…地味ながら確実に売れる商品はある。

　またブランド[3]にこだわらなければ、まだまだ安いものは多い。下請工場が作ったブランド商品とまったく同じものを、ブランド名を付けずに、別の商品名を付けていることもよくある。聞いたことのないメーカーだからといって粗悪品と決めつけることはできない。ボールペン、万年筆、ゴルフクラブなどにもそういう例はある。素早く売れ筋をつかみ、あらゆる手を使ってその商品をかき集め、素早く売ってしまわないと、手元に「ババ」[4]が残ってしまう。卸

値の限界に挑戦する

　最近では、ディスカウントショップ[5]がセールの目玉として、有名メーカーのワープロやビデオを一掛、二掛で限定販売することがある。

　これを見て、ワープロやビデオもこの位の価格で仕入れたいという方がいる。そう聞かれた時、私はあなたにだってその価格で売ることができると説明する。

　つまり、利益を度外視したことなら、誰にでも出来るという意味なのである。そういう商品には限定数があり、赤字で売ってもいかに安売りしているかという集客のための宣伝費のようなものであるからだ。

　このように商品によっては、いくら安くても五掛から六掛位でしか入らないものもある。この程度の商品知識は必要であろう。

　他店と同じ方法で、他店と同じルートから漠然と仕入れるだけでなく、「もっと安くできないか」「もっと良いルートはないか」と常にハングリー[6]であることが仕入れの基本であろう。

　誰でも今、自分のほしい商品の入荷情報は、一分でも早くつかみたいものだ。

　ほんとうの売れ筋商品が目玉特価ででれば、問屋がいくら大量に在庫していても、一週間位で完売になるからである。

　同誌企画の「現物特価品コーナー」はこのような足の早い超目玉商品を速報する手段として生まれた。

《毎日新聞》1991年7月2日

【注釈】

[1] 売れ筋商品：畅销商品。

[2] ハンディクリーナー：轻便吸尘器。

[3] ブランド：商标。

[4] ババ：原意为"脏东西"，此处指（卖不出去的）滞销货。

[5] ディスカウントショップ：廉价商店。

[6] ハングリー：可望；饥饿。

2. 海産物

(1) サンマ[1]

　盆休みに台風と8月は市場にとって活気の無い時期となる。15日からの四連休も終わり市場は開いたがやはり入荷量は少ない。

　そんな中でサンマの入荷が順調に続きそうだ。現在は小型船の入船だけだが、月末にかけて中型船、9月初旬には大型船の入船が予定され、価格も先週キロ4000円もした物がキロ2000円（大型物）と安くなった。

　当然9月には大幅に安くなる。今年の群れは大型物が多いことも朗報の一つ。タップリ脂肪の乗ったサンマが味わえそうである。

　サンマは古くから庶民の味として親しまれているが、三代将軍家光公[2]が鷹狩りの帰りに食した「目黒のサンマ」は有名な話。

　おろしにスダチを添えてアツアツの塩焼きが一番。

（東京築地市場伊藤宏之）

《毎日新聞》1991年8月22日

【注釈】

[1] サンマ：竹刀鱼。

[2] 三代将軍家光公：指德川幕府的第三代将军德川家光（とくがわいえみつ）。「公」，表示对显贵的敬称。

(2) ハモ[1]

　ハモの語源は歯むであると言われる。その通り鋭い歯を持ち、上あごに二列、下あごに一列という特徴のある並び方をしており、一度かまれたら絶対にはずれない。

　非常に生命力が強く、首の部分を半ば切り落としてもなお、かみつくことは

珍しくない。

　市場へは毎年、5月の連休が終わると入荷が始まり、11月、マツタケと共に姿を消す。元来関西で多く料理に用いられており、京都の祇園祭り[2]をハモ祭りと呼んだり、京都名産のマツタケと合わせた「土瓶蒸し」等関東よりずっとなじみが深い。

　小骨が多く、骨切りをしないと食せないので、家庭での調理は難しい。

　上品な初夏の味覚は料理屋でどうぞ。キロ10000円前後（生きた物）。

（東京築地市場・伊藤宏之）

《毎日新聞》1991年5月16日

【注釈】

[1] ハモ：海鰻,狼牙鱔。

[2] 祇園祭り（ぎおんまつり）：京都市八坂神社的祭祀活動。祭日从7月17日到24日。但実際上是从7月1日开始。与大阪的天神祭、东京的神田祭统称为日本的三大祭祀活動。

(3) たたみイワシ[1]

　イワシの稚魚を海苔のようにすき、板状に乾燥させたもので、パリッとした口当たりと、香ばしさは古くから庶民の味として親しまれてきた。

　残念ながら近年はしらすイワシ[2]の漁獲量が少なく、品薄感も手伝い、高級し好品の様相を呈してきている。

　主要産地は、静岡、および湘南地区で、漁期は3月21日解禁になり翌年の1月までである。たたみイワシには味の良いカタクチイワシ[3]の稚魚が最も適しており、これからが漁の本番となる。

　制品は、目がしっかりつまった、まざりもの[4]のない色の白いものを選ぶと良い。卸売価格は小さい判で（10枚束）650円から600円、中判（5枚束）は700円から650円。

（東京築地市場・計良雅昭）

《毎日新聞》1991年5月23日

【注釈】

[1] たたみイワシ：干小沙丁鱼片、多用于下酒菜。

[2] しらすイワシ：沙丁鱼幼鱼。幼小沙丁鱼。

[3] カタクチワシ：日本鳀鱼（沙丁鱼的一种）。鳀海蜓。

[4] まざりもの：掺杂物,杂质。

(4) イシカレイ[1]

　梅雨明けも間近となり、ホシカレイ[2]、マコカレイ[3]などカレイ類がおいしい季節となった。

　イシカレイは磯香りの強いのが特徴で、特に死後硬直の段階で一段と強く感ずる。従って洗いにする時はもちろん、刺し身、薄造りなどには生きていることが条件。締まった場合には荒っぽく筒切りにして煮付け、空揚げ、塩焼きがよい。

　カレイの仲間でも肉厚の部類に属し、一を超す生きた大型物はキロ七、八千円と高いがそれだけの値打ちもある。

　常磐[4]、三陸が主産地であるが、内湾物（東京湾内）の四、五百グラムはキロ2500円くらいで手ごろ、脂肪もあって煮付け等には最適である。

　イシカレイにはウロコ[5]がなく、スベスベした肌に成長するに従って石のような骨板が並ぶのが特徴。

（東京築地市場・伊藤宏之）

《毎日新聞》1991年7月11日

【注釈】

[1] イシカレイ：石鲽鱼。

[2] ホシカレイ：星鲽鱼。

[3] マコカレイ：黄盖鲽。

[4] 常磐（じょうばん）：指茨城县与福島县交界的地方。历史上为常陆国和磐城国。

[5] ウロコ：(动物的)鳞。例如：魚のウロコ。/鱼鳞。

(5) 酒　盗[1]

　かつおの内臓を塩漬けにしたもので、酒を盗んでも食したいほどの肴と言われるところから、この名がつけられたとされている。香りと旨味は、酒の肴に、また総菜としても古くから賞味されているものです。

　秋にとれる脂ののった下りかつおより、夏場にとれる脂の少ないものほど油焼（酸化）が起きにくく、良質の酒盗になる。漬け込み後約半年で熟成も進み、生くささも抜け最良のものが出来る。

　主要産地はかつおの漁業基地となっている土佐[2]・高知が有名であり、ほかに鹿児島などがあげられる。現在では焼津での生産量も多くなってきている。卸売価格はキロ1800円。瓶詰心にしたものが中心に出回っており、塩分ひかえめの甘口ものが主力になっている。

（東京築地市場・計良雅昭）
《毎日新聞》1991年8月29日

【注釈】

[1] 酒盗（しゅとう）：用松魚内脏淹制的下酒菜。

[2] 土佐（とさ）：土佐市。高知県中部的一个市。

(6) スルメイカ[1]

　数あるイカ類の中で最も水揚げが多く、大衆的なのがスルメイカ。

　近年築地市場へは各種のイカが生きたまま入荷しているが、スルメイカだけは99％が氷を敷いた箱に20匹ずつ詰められている。

　茶褐色に輝き、目玉の黒々としたものが鮮度の良い物。中には指で強くはじくと色の変わるものもある。

　刺し身を筆頭に焼いたり、煮たり、揚げたりと料理もいろいろあるが、くれぐれも熱を通し過ぎないこと。スルメは硬くなり独特の甘みも半減する。

　干しスルメは日本古来からの伝統的な保存食であり、結納の品の中に加えられているが、近年では香港、マレーシアを中心に輸出もされている。北海道、

八戸[2]、境港[3]等から安定した入荷がありキロ六、七百円前後。

（東京築地市場・伊藤宏之）

《毎日新聞》1991年9月19日

【注釈】

[1] スルメイカ：枪乌贼。

[2] 八戸（はちのへ）：青森县东南部的一个市。是面对太平洋的一个水产工业都市。

[3] 境港（さかいみなと）：鸟取县西北端的一个港口城市。是日本渔业的一个根据地。

3. 果　物

(1) 巨　峰[1]

　　例年にない早さで、中国・朝鮮民主主義人民共和国（北朝鮮）産のマツタケが潤沢に入荷して[2]お買い得となっている。今年は暑さのピークが早まったため、「秋の味覚」がいつもより早く出回っている[3]。

　　ブドウも秋を代表する果物の一つ。中でも大粒の巨峰は、コクのある[4]甘さと豊かな香りで人気が高く、数年後には、栽培面積がデラウエア[5]と入れ替わり、一位になる見込み。「ピオーネ[6]」「高尾[7]」なども巨峰の血を引いている。

　　今年は全体に作柄が良く、今週に入って露地ものが急増したため、価格が急落した。現在の卸売価格はキロ800円前後。今は山梨が中心だが、9月に入ると長野が中心となり、量が多いのは10月上旬まで。黒々として、ブルーム（白い果粉）がよく乗っているものが良品。

（東京大田市場・橘立邦子）

《毎日新聞》1991年8月22日

【注釈】

[1] 巨峰（きょほう）：葡萄的一个品种。

[2] 潤沢に入荷して：大量进货。「潤沢（じゅんたく）」此处为"丰富"的意思。

[3] いつもより早く出回っている：比任何时候上市都早。「いつもより」＝比任何时候都……。

[4] コクのある：味浓的。

[5] デラウエア：特拉华葡萄（美国特拉华州出产的一种小粒葡萄）。

[6] 「ピオーネ」：葡萄的一个品种。

[7] 「高尾（たかお）」：葡萄的一个品种。

(2) ミカン

8月に記録的な入荷量となった輸入物のマツタケ[1]は、その後量が減り、例年の最盛期である今週も増えず周囲を心配させている。一方、果物はナシ、ブドウを中心に安値が続いていたが、徐々に値上がりしてきた。その中で、昨年より安値となっているものに、ミカンがある。

オレンジ色[2]のハウスミカン[3]が夏の間から出回っているが、果皮が黄緑色の極早生ミカンは今ごろから来月上旬にかけて各産地がそろう。極早生は酸抜けが早い系統でこの時期においしく食べられる。皮をむくとよい香りが漂うのも魅力である。

今年は表年だが、生産量は昨年を若干上回る程度。ただし極早生の生産量は増えているので、早い時期は潤沢に出回る見込み[4]。現在の卸売価格はキロ300円前後。

（東京大田市場・橘立邦子）

《毎日新聞》1991年9月19日

【注释】

[1] マツタケ：松蘑。

[2] オレンジ色：橙黄色。

[3] ハウスミカン：大棚蜜橘,温室蜜橘。

[4] 見込み：名词。预定，估计，预料。例如：彼女は本年六月卒業の見込みだ。/她将在今年六月毕业。

(3) モモ

　お盆前に、ハウスミカン、ブドウ、プラム[1]類など多くの果物がそろっている。その中で、スイカと並んで入荷の中心となっているのがモモ。

　モモと一口に言っても[2]様々な品種があり、今は早生の「八幡白鳳[3]」が主体で中生の「白鳳」が出始めたところ。来週後半から山梨産「白鳳」のピーク、その後「浅間白桃」など白桃系が出回る。産地も南から北へ、平たん地から高冷地へと移っていくため、モモ全体としては8月いっぱいまで楽しめる。

　今年は6、7月と天候に恵まれ、作柄は良く生育も早かった昨年並みまで進んでいる。現在の卸価格[4]は前年並みのキロ500円、中玉1個120円くらい。モモは食べる部分によって糖度が違い、頭のところが最も甘く、軸や縫合線の周りは甘味が少ない。

（東京大田市場・橋立邦子）
《毎日新聞》1991年7月11日

【注釈】

[1] プラム：李子，梅子。
[2] 一口に言っても：一句话，简单地说。
[3] 八幡白鳳（はちまんはくほう）：桃子的一个品种。
[4] 卸価格：批发价。

(4) アンデスメロン[1]

　イチゴ・晩カン[2]類が終わり、ビワ・サクランボが始まる前のこの時期、一番のメーン商品[3]はメロンとスイカである。春先の全国的な日照不足の影響で、メロン・スイカとも出回りが例年よりかなり少ない。

　だが、メロンの主力品種アンデスについては、今週に入って入荷が回復してきた。アンデスは、甘味が強く、とろけるような味で人気が高く、市場へも一年中といっていいほど長期間入荷するが、圧倒的に量が増えるのは5—7月。今は熊本が中心だが、茨城も出始め、この後東北地方まで産地が移動していく。

現在の卸売価格は、キロ550円前後、1個450円くらいと、前年と同じ水準まで値下がりした。果実のおしりの部分にわずかに軟らかさを感じる程度まで待ち、冷蔵庫で2、3時間冷やしてどうぞ。

（東京大田市場・橘立邦子）

《毎日新聞》1991年5月16日

【注釈】

[1] アンデスメロン：安第斯白兰瓜。

[2] 晩カン：晩柑。

[3] 一番のメーン商品：最主要的商品。

4. 野　菜

(1) レタス[1]

　野菜市況は入荷増から、ようやく下げ気配が目立ってきた[2]。なかでもダイコンは北海道産増から急落、キロ110円、前年比二割安。キュウリも一時の品薄急騰も落ち着き、キロ200円の安値が続いている。ナスは栃木、埼玉産の入荷順調からキロ170円台が続く模様。ホウレンソウは200グラム束100〜150円と前年の半値。北海道産タマネギが出荷開始となり、日々増量となる。

　サラダ料理に欠かせないのがレタスである。一年中出回っているが、8〜9月の主産地は長野、岩手。なかでも高原レタスで人気のある長野産は、東京市場入荷量の約八割を占める。現在の卸売価格[3]はキロ150円、前年比半値。長野産の作柄順調から、今後とも安値が続く模様。買う時は切り口が新鮮で、巻きが丸くよくしまっているものを選ぶ。

（東京大田市場・工藤徹男）

《毎日新聞》1991年8月29日

【注釈】

[1] レタス：萵苣，包心生菜。

[2] 下げ気配が目立ってきた：降价趋势越来越明显。

[3] 卸売価格（おろしうりかかく）：批发价。

(2) エダマメ[1]

　野菜市況は不安定な気象条件から、品目別騰落が目立っている。そのなかでキャベツは入荷増からキロ55円の安値、ナガイモ[2]は前年比半値同200円、過去三ヵ年最安値。トマトは入荷減価格高が上旬いっぱい続く模様。ナスも主力関東産の入荷減から品薄高が持続。ミョウガ、葉ショウガが出回り増となっているが、買いやすくなるのは中旬以降。

　この時期、人気の高いエダマメは出回り量が最も多く、価格も安くなるのは7—8月である。主産地は群馬、千葉、埼玉。秋田、岩手、新潟産は8月中心の出回り。現在の卸売価格は300グラムネット200—280円、今後入荷増となっても大幅下げはない模様。枝付き500グラム束、枝付き袋詰め300グラムと、それぞれ容量、価格差があるので、料理用途に応じ購入するとよい。

（東京大田市場・工藤徹男）

《毎日新聞》1991年7月4日

【注釈】

[1] エダマメ：毛豆，青豆。

[2] ナガイモ：家山药。日本人多用来作山药汁。

5. 電気製品

(1) 電動自転車

　ペダル[1]をこぐ動きを電動モーターで手助けし上り坂や向かい風でも運転しやすくした「電動補助自転車」の販売が、順調に拡大している。電池のパワーアッ

プ[2]や軽量化、充電時間の短縮化など性能を向上させて消費者の支持を集めているためだ。国内自転車市場は中国、台湾からの格安輸入車が速にシェア[3]を拡大しており、国内勢が生き残りをかけて高付加価値の電動補助自転車に力を入れている面もある。

　電動補助自転車大手のヤマハ発動機によると、同社も含めたメーカー各社の05年の国内販売台数は約25万2000台。第1号が市場に出た直後の94年の約3万5000台から着実に販売台数を伸ばしており、00年の15万台に比べ5年で約1.7倍に拡大した。06年に入ってからも前年比1割程度は販売台数が増えている模様だ。

　電動補助自転車の当初の利用者は中高年者層が中心だった。しかし最近では、性能アップや7万円台の廉価版が投入されたこともあって、オフィスビル[4]の維持管理会社や郵便配達、健康飲料販売といった業務用に使われる例が増加。また幼児連れの主婦層や通勤通学の利用者も広がっているという。10日にはヤマハ発動機がデザイン重視の小型車を発売、若者層の市場を開拓する動きも出始めている。

　国内の自転車市場は過去5年間、1100万台前後でほぼ横ばいだが、輸入車は00年に国産を逆転して以降も着実に増え、05年には国内市場の84％を占めた。輸入車は1台7000〜8000円程度と安価が売り物で、「耐久消費財から消耗品へと自転車に対する消費者の意識を変えてしまった」（ブリヂストンサイクル）。

　このため、国内メーカーは「高付加価値商品で勝負する」（ナショナル[5]自転車工業）道を選択。電動補助自転車は現在、自転車全体の2〜3％程度だが、メーカー各社は差別化の重要な柱に位置付けている。

（岩崎誠）

《毎日新聞》2006年5月21日

【注釈】

[1] ペダル：(自行车)脚踏。

[2] パワーアップ：提高功率。

[3] シェア：市场占有率。

[4] オフィスビル：办公大楼。

[5] ナショナル：国民的，民族的。

(2) 自動車・電気好調

　今回の日銀短観では、個人消費の回復や好調な輸出の恩恵を受ける業界と、原油高など原材料価格高騰の直撃を受ける業界との差がくっきりと表れた。景気回復の先導役だった素材関連産業の景況感が相対的に悪化した一方、自動車やIT関連業界は絶好調だ。

　自動車業界は、好調な海外販売が国内生産を活気付ける好循環が生まれつつある。トヨタ自動車は2月の輸出が前年同月比16.4％増の19万台余と、同月としては過去最高。中でも北米が3割近い伸びで、ガソリン高でゼネラル・モーターズやフォード・モーターがシェアを落としたのを尻目に[1]「『サイオン』などのコンパクトカー[2]が売れている」（トヨタ）。

　マツダも欧州でディーゼル車[3]の販売を始めたり、新車攻勢で2月の輸出は同53.6％増。ホンダは埼玉県で、30年ぶりの国内工場新設に動く。

　一方、電機業界も個人消費の回復が売り上げ増加につながっている。春商戦の薄型テレビの販売台数は前年比40％増と好調。加えて「お荷物扱い」（家電メーカー）だった冷蔵庫や洗濯機などの白物家電も昨年半ばから復調傾向が強まった。

　家電量販大手のヨドバシカメラでは、今春の引っ越しシーズンにまとめ買いする客の単価が大幅に上がった。「これまでは多くて70万円程度だったが、今年は白物家電も加えて100万～120万円もざら」という。20万円以上する大容量冷蔵庫が「計画の1.5倍」（三菱電機）など高価格商品の売れ行きが伸びている。

　一方、素材産業では景況感が軒並み[4]悪化。「原油など原材料価格の高騰を販売価格に転嫁できていない」（後藤康雄・三菱総研主任研究員）ことが背景だ。ただ、競争環境などの違いで、業種は明暗が分かれている。

　紙・パルプ[5]では、王子製紙が06年3月期の連結経常利益を前期比25億円少ない780億円と見込むが、減益要因287億円のうち239億円は原料・燃料高騰が原因だ。

化学業界では、石油化学製品の原料となるナフサ（粗製ガソリン）価格の高騰が収益を圧迫。各社はポリェチレン[6]やポリプロピレン[7]を値上げしたが、それを上回る勢いで原料高が進んでいる。価格転嫁は「川下」ほど難しく、ビニール袋や包装フィルムなどのメーカーも業績面では厳しい。

(岩崎誠)

《毎日新聞》2006年4月4日

【注釈】

[1] を尻目に：不把……作为问题，不介意……。
[2] コンパクトカー：小型经济汽车；(美国)中型汽车。
[3] ディーゼル車：柴油汽车。
[4] 軒並み：副词。全都，哪个都不例外。与「どれもこれも」意义相同。
[5] パルプ：纸浆。
[6] ポリェチレン：(化学)聚乙烯。
[7] ポリプロピレン：(化学)聚丙烯。

6. 商　法

(1) 引っかかりやすい人

「悪徳商法[1]？私は大丈夫、引っかからないワ」と思っていても、セールスマンに言葉巧みに誘われて契約してしまい、泣き寝入りするケースが後を絶たない。では、どんな性格の人がどんな商法に引っかかりやすいか、タイプごとにまとめた小冊子が財団法人[2]・日本消費者協会[3]から発行された。

「ストップ・ザ・悪徳商法チャート式性格診断編」がそれで、同協会に相談のあった悪徳商法の手口、被害実態を、日本心理センター研究委員の林幸範さんが分析した。

構成は、「あなたはだまされやすいタイプか」という質問で始まり、順次イエス、ノーで答えて読者自身の性格を見極める。その結果、次の五つのだまさ

れやすいタイプに分けられる仕組み。

　1.【イヤと言えないお人よしタイプ】気だてがよくて、だれからも好かれ、友達が多い半面、他人に利用されやすい。友人や知人を通して持ち込まれる<u>マルチ（まがい）商法</u>[4]に弱く、きっぱり断れない性格からキャッチセールス商法にもつけ込まれやすい。

　2.【制服に弱い慎重派タイプ】ふだんは慎重すぎるといわれるが、内面はもろく、安易に信じ込みやすい。消防や白衣、電話、電力会社などの制服の権威に弱く、消火器などのかたり商法に引っかかりやすい。もっともらしい名称や有名人に弱く、電話を使った<u>アポイントメント商法</u>[5]にも注意が必要。

　3.【何かに頼りたい劣等感タイプ】何をするにも自信がない。その分、何かのきっかけで自信をつけたいと思っており、占いや霊感をキャッチフレーズにした霊感商法、「あなただけ」「選ばれた」という言葉で優越感を持たせるアポイントメント商法、エステティックなどの格安体験商法に引っかかりやすい。

　4.【恋人が欲しいさびしんぼタイプ】友達を持ちたいという気持ちが強く、異性と出会うきっかけを探しでいる。恋人や結婚相手を紹介すると言って入会金をだまし取る相性診断商法や、恋人を装って商品を買わせるデート商法に弱い。サークル感覚で誘われやすいマルチ（まがい）商法にも注意を。

　5.【危険がいっぱい平凡タイプ】先に挙げたタイプの特徴をまんべんなく持っている人。キャッチセールス商法、<u>かたり商法</u>[6]、マルチ（まがい）商法など常に悪徳商法に狙われていると警戒した方がいい。

　では、どんな心構えをすれば、悪徳商法に引っかからないか。林さんは「昔は利殖目当てに手を出し、失敗する自業自得の面があったが、今はごく普通の人が被害者になっている。それだけ手口が巧妙になった。私は大丈夫と思っている人ほど危ない。最上の自衛策は悪徳商法の手口を熟知すること」という。

《毎日新聞》1991年10月29日

【注釈】

　[1] 悪徳商法（あくとくしょうほう）：不道徳的商品推销方法。

[2] 財団法人（ざいだんほうじん）：指为某种目标而组成的财产集团。只服务于公益事业的社会组织。

[3] 日本消費者協会：成立于1961年，宗旨是向消费者提供情报，进行启蒙教育。

[4] マルチ商法：伪装式的商品推销方法。

[5] アポイントメント商法：欺骗、引诱式的商品推销方法。

[6] かたり商法：敲诈式的商品推销方法。

(2) 若い女性に恋人商法

　東京・赤坂に事務所をもつ弁護士の安彦和子さんは若者の消費者問題に熱心な弁護士として知られる。そして、被害者の若者が被告として訴えられた訴訟をいくつも手がけてきた。安彦さんは次のようなケースを紹介してくれた。

　その青年は一昨年、地方の国立大学を卒業し東京で就職した。4月早々、勤務先にセールスマンから電話がかかり、実印、銀行印、認め印の印鑑三点セットを36万円で買わないかと持ちかけられた。

　その夜、喫茶店で3時間ほど説得され、契約書にサインしてしまった。深夜、アパートに帰った彼は、実家の母に電話。「高すぎやしない？」といわれ、翌日、口頭でキャンセルを申し出た。

　ところが、印鑑会社は「クーリングオフ[1]は受けていない（この場合、8日以内に書面で行う）」と契約の履行を求めて提訴してきた。だが、青年は「口頭だったが、きちんとキャンセルした」と主張、裁判を受けて立った。

　このケースでは、その他の事情もあって、「口頭」でのキャンセルが認められたが、「書面」で行っていれば、問題なかったともいえる。

　最近は、若い女性が詐欺まがいの「恋人商法」で被害にあうケースも目立っている。ある日、同総会名簿で知ったと若い男性から電話がかかる。何回かの電話で親しくなると、「一度会いたい」とデートに誘い、和服、装身具、毛皮、宝石など高額商品を買わせてしまう手口だ。

　若い女性の被害といえば、駅や繁華街の路上で「アンケートに答えて」「モニター[2]になりませんか」と呼び止め、化粧品セットやエステテイックサロン[3]、タレント・モデル[4]養成講座、健康食品などの契約を結ばせてしまうキャッチセ

221

ールス[5]も後を絶たない。

　この業界には「ぽっと出を狙え」という言葉があるという。街を目的もなく歩いている女性や二、三人連れがキャッチされやすい。悪徳商法被害者対策委員会会長の次夫さんは、「警戒心のないところを狙われる。だれもが被害にあう時代です。相手は悪徳商法のプロ。うまい話には裏があることを知っておくことも大切です」という。

《毎日新聞》1991年5月11日

【注释】

[1] クーリングオフ：愿意为「冷却」、「冷静下来」的意思。此处指消、售双方在一定的期限内可以撤回或解除订购合同的制度。

[2] モニター：提出参考性意见的评论员。商品鉴定人。

[3] エステティックサロン：全身美容店。全身美容沙龙。「エステティック」：审美，美学。指从精神与肉体两方面考虑的全身美容（トータルビューティー）。

[4] クレント・モデル：（电视、电影、广播等的）演员模特儿。

[5] キャッチセールス：指在街头等地方用甜言蜜语把人招引到茶馆，向其兜售健康食品、化妆品、英语会话教材等的行为。大学新生往往被当作其兜售的对象。

十六、動物の話

1. カラス[1]と人間

　近年、東京を中心とした首都圏では、生ゴミを食い散らしたり、人やペットを襲うなどのカラスの被害が生じ、社会問題の一つになっています。その原因は結論から言えば、この20年間に首都圏でカラスが急増したことによります。個体数がそれほど多くなかった時代、多少の被害があっても、それは許容範囲であって問題化しませんでした。

　カラスが急増した最大の理由は、都市に氾濫する生ゴミの存在です。高タンパク、高脂肪といったカロリーの高い生ゴミが容易に得られる環境が、カラスの個体数を押し上げたと言われています。さらに、都心部には、明治神宮などをはじめ、カラスが「ねぐら[2]」とする広い緑地が点在することも大きな理由です。都市部では、ねぐらが確保され、餌になる生ゴミがあふれている——そうしたことがカラスの数を急増させ、人間との摩擦を生むことになったのです。

　こうしたカラスと人間の摩擦を減らすには[3]どうすればよいのか、そもそも[4]カラスはどのような暮らしをしているのか。そうした問題意識から、国立科学博物館（実施機関：附属自然教育園）では、環境省の委託を受けて平成7年度から䇓年度にかけて、都市に生息するカラスの生態調査を行ってきました。カラスは身近な鳥でありながら、その生態、暮らしぶりは、これまで詳しい調査は

それほどなされていません。今回の調査を通じ、その行動域や視覚能力などが少しずつ明らかになってきました。

　私たちが調査したカラスは、都市部で急増したハシブトガラス[5]ですが、一定期間の最大移動距離を調べた結果、ほとんどの個体が10す以内におさまっていることがわかりました。さらに、ねぐらと採餌場との距離は平均で1す弱。これらからカラスが意外に移動しない鳥であることが分かりました。

　さらに、人間の目では判別できない本物と偽物の餌を見分ける視覚をもっていること、異質なものへの対応から、カラスの記憶力や学習能力などが高いことが分かってきました。また、これは推測の域をでませんが、巣を人通りのある街路樹などによくつくることから、人の力を借りて卵やヒナを猫などの天敵から守っているのではないかとも思えます。

　このようなカラスとのトラブルを減らすためには、カラスが急増する都市環境を見直し、その個体数を減少させるための方策がまず必要です。しかし、カラスのねぐらとなっている緑地は、人間にとっても大切な空間であり、これをなくすことはできません。となると、最も効果的と考えられるのは、カラスに生ゴミを餌として利用させないための対策です。しかしカラスが他の鳥と比較しても学習能力が高いことを考えると、その対策は小手先のものではなく、生ゴミ自体を減らすことが最も現実的な方法でしょう。したがって、今必要なことは私たちのライフスタイル[6]を見直していくことです。

　実は、これはカラスだけの問題ではありません。国内の野生動物と人間との間で起きているトラブルすべてにつながっています。すべての野生動物に対する私たち人間のつき合いかたを深く考え直す時がきているといえるのかもしれません。国立科学博物館（東京・上野公園）では、このような調査結果のほか、これまでカラスについて研究してきた専門家の研究成果をもとに、さまざまな面からカラスの生態や人間とのかかわりについて紹介する企画展「カラスと人間」を、現在開催しています。同展を通し、カラスの被害を減らすためにできる私たちの生活スタイルについて考えていただければと思っています。

（自然教育園主任研究官・久居宣夫）

《聖教新聞》2005年10月20日

【注釈】

[1] カラス：(动物)乌鸦。

[2] ねぐら：鸟窝,鸟巢。

[3] には：接动词连体形后。表示行为、动作的目的。例如：あの村に行くには険しい山を越えなければならない。/要去那个村庄，就必须翻越一座险峻的大山。

[4] そもそも：接续词。究竟。

[5] ハシブトガラス：乌鸦的一种。粗嘴乌鸦。

[6] ライフスタイル：生活方式。

2. 珍鳥の発見に興奮

　タンチョウ[1]の監視員をしていた1970年12月のことである。釧路教育局（タンチョウ保護の役所）から、阿寒町の給餌場に煤けて汚れたタンチョウが現れたので、調べてほしいとの連絡を受けた。

　当時、釧路地方の暖房はストーブ[2]で石炭を燃やし暖を取っていた。その煤が風で飛び散りツル[3]に付着したのだろうと推測し、私は様子を見に出かけて行った。

　給餌場には約20羽のタンチョウが集まっていたが、煤けたツルらしきものは見当たらなかった。30分ぐらいの間に10羽増えたが見つからず、煤の汚れが落ちたのではないかと考えていた時、4羽が一群になって飛んでくるのが見えた。しんがり[4]のツルの色が灰色である。餌を食べに近づいてきた灰色のそのツルを双眼鏡で見ると、タンチョウに比べ身体が小さく、目の色が金色をしていた。黒っぽい色をしているタンチョウとは明らかに違う。それまで北海道に飛来したことがない珍鳥のクロヅル[5]だった。珍鳥の発見に興奮し、撮影するのを忘れるところだったが、あわててカメラを構えシャッターを切った。

　クロヅルは全長110センチ強。体は灰色で、顔の下部から首までが黒く、頭頂部が赤い。ヨーロッパ、アジア大陸の北部で繁殖する。越冬地はヨーロッパ南部、アフリカ北部、アジアの南部である。生息数も多く、約27万羽強で、ヨ

ーロッパクロヅルとアジアクロヅルの2亜種に分けられる。

　ヨーロッパでツルというとクロヅルをさす。私はこのツルを2004年1月、最近見つけられた越冬地、エチオピア[6]のアルシ州ズワイ湖付近で撮影した。外国人としては初めてである。

　アジアクロヅルは、灰色だが、ヨーロッパのツルより淡い。日本では鹿児島県出水市に少数飛来する。出水市で見られるクロヅルのなかにはナベヅル[7]と交雑して生まれた幼鳥を連れているものもいる。どのように求愛され、異種間でペアを形成したのか不明であり、ツルの生態の謎として研究者の間で話題になっている。

（写真家・林田恒夫）

《聖教新聞》2005年10月20日

【注释】

[1] タンチョウ：(动物)丹顶鹤。

[2] ストーブ：火炉，暖炉。

[3] ツル：(动物)鹤。

[4] しんがり：最后，末尾。

[5] クロヅル：(动物)鹤的一种,黑鹤。淡灰色，头顶裸出且为红色，脚为黑色。

[6] エチオピア：(国名)埃塞俄比亚。

[7] ナベヅル：(动物)鹤的一种,锅鹤。比丹顶鹤体形小，灰黑色，颈部以上为白色，额头和头顶无毛且为红色。

3. アンデスヤマネコ[1]

　夜行性の動物、深い熱帯雨林内の動物は見にくい。森林地のヤマネコは、めったに見られないものの一つだ。南アメルカの熱帯雨林のヤマネコの中では、特に目につかない種の一つがアンデスヤマネコだろう。アルゼンチン[2]、ボルビア[3]、チリ、ペルーの四つの国にまたがる南緯14〜24度の高地にすみ、分布

も限られている。数がどのくらいなのかは全くわかっていないし、飼育されてもいない。つまり動物園でも見られないのだ。数は少ないはずだ。

　特徴を調べてみると毛が厚く、尾はまるで円筒のようで、その上ヤマネコの斑点は多くが黒いのに、このヤマネコは錆色（さびいろ）だといわれていた。アンデスヤマネコのその特徴的な毛衣は、博物館でもなかなか見られないと思っていた。

　数年前、アルゼンチンのブエノスアイレス博物館で標本庫内の棚を見たら、ヤマネコ類や野生イヌ類（南米キツネとか南米ジャッカル[4]とも呼ぶ）の毛皮標本がたくさん積み重ねられている中に、銀色のヤマネコの反仮剝制[5]が見えた。

　豊富な標本が整理されることなく積まれているのにも驚いたが、めったに見られない珍しい種類も、その中にいくつもあるのにはびっくりした。その銀色の仮剝制がアンデスヤマネコだった。

　アンデスヤマネコは、ほとんど生態もわかっていない。高地の、岩が多くて半ば乾いている高原地帯でコロニーを成して[6]くらしているヤマビスカチャをよくえものにしているらしい。小鳥もとらえる。

　太い尾とがんじょうな四つ足を持ち、その足うらには大きな肉球（ネコの足うらにある）がある。岩を動きまわってビスカチャをとらえるのに、すべり止めになるのだろう。また、太い尾は鳥をとらえるジャンプ[7]のときに、バランスをとるのに役に立つ。だが、だれもアンデスヤマネコの行動をきちんと記録していない。

　☆食肉目ネコ科／頭胴長60センチ／尾長35センチくらい。

（女子営養大学教授―動物学）

《毎日新聞》1991年10月27日

【 注釈 】

[1] アンデスヤマネコ：安第斯山猫。

[2] アルゼンチン：（国名）阿根廷。

[3] ボリビア：（国名）玻利維亚。

[4] ジャッカル：胡狼，豺。

[5] 仮剥制（かりはくせい）：临时剥制标本，试剥标本。

[6] コロニーを成して：集群，形成群落。

[7] ジャンプ：跳跃。

4. 水族館

巨大水槽とトンネル

海中の臨場感、ダイビング[1]気分

　水族館が変わった。暗くてじめじめしたイメージから、清潔でファンタスチック[2]な空間へ[3]。いま、若い女性が一番行きたがる場所。お年寄り、子供にまで人気が高まる。何が変わったのか。その魅力の周辺を探った。

　「以前は汽車窓式と呼ばれる小さなガラス水槽しかなかった。今はアクリル樹脂の発達で巨大な水槽が可能になり、より自然な形で魚の生態を見せることができるようになった」と、東海大学海洋科学博物館の鈴木克美副館長は言う。

　海遊館[4]は建物の中央、四階分をぶち抜く深さ9メートル、水量5400トンの世界最大の水槽が目玉[5]。体長4メートルのジンベイザメ[6]、2000匹のアジ[7]など76種、約4800トンの魚が群遊する。大水槽の周りを、環太平洋各地の魚や水生動物を収容した十三の水槽が取り巻く。

　来館者は最上階から入り、大水槽と十三の水槽の間の通路をらせん状に四周して下る。水辺から海底まで魚たちの生態を観察できる。天井からは水中の音や動物たちの声。大水槽のアクリルガラスは厚さ30センチあるが、厚みを感じさせないほどリアル[8]だ。

　通路の所々にあるベンチは若いカップル[9]が占領している。ただボーッと眺めているだけ。「ダイビングしている気分。あんなに自由に泳げたら……」と彼女連れの会社員は言う。

　最近できた水族館は、この大水槽とトンネル付きの水槽を備えている。東京都江戸川区の「葛西臨海水族園」はマグロ700匹が回遊する大水槽、新潟市の「マリンピア日本海[10]」は日本海を模した大水槽と海底トンネル、三重

県鳥羽市の鳥羽水族館は水槽中に突き出した観覧席がそれぞれ呼び物になっている。

熱帯魚飼育ブーム将来は国際問題にも

水族館で見た熱帯魚の美しさにひかれ、家庭や職場、飲食店などで飼育ブームが起きている。

日本動物園水族館協会の小森厚事務局長は「将来日本人の熱帯魚あさり[11]が国際的な問題になりそう。いかに自然保護の意識を植えつけていくか、これも水族館に課せられた使命。できれば熱帯魚は水族館で見るだけにしてほしい」と話している。

《毎日新聞》1991年9月15日

自然な状態で生きてる姿を

現役の水族館長として、36年間のもっとも長いキャルア[12]をもつ鳥羽水族館の中村幸昭館長に水族館のあり方を聞いた。

巨大な水槽が各地に造られているが、水族館の魅力は、飼われている動物たちがいかに自然な状態で生きているかを見せるところにある。今の水族館は「ラッコ[13]がかわいい」とブームになると、どこもかしこも[14]ラッコばかり。これではマンネル化[15]していくだけ。

個々の水族館がオリジナリティーを築く[16]には、水族館自体の学術的な価値を高めていかなければならない。しかし、全国百近くある水族館の中で飼育係や調査員に十分な研究費を与えている水族館はいくつあるだろうか。水族館の外にまで活動の場を広げている館はいくつあるだろうか。個性的な水族館づくりが今、一番大切だ。　（談）

《毎日新聞》1991年7月15日

【注釈】

[1] ダイビング：潜水。

[2] ファンタスチック：奇异的，古怪有趣的。

[3] 空間へ：后面省略了「変わった」。

[4] 海遊館（かいゆうかん）：海洋生物游览馆。

[5] 目玉（めだま）：（为招徕游客而设的）热点游览物。后面省略了「である」。

[6] ジンベイザメ：(动物)鲸鲨。

[7] アジ：(动物)竹夹鱼。

[8] ルアル：真实感。

[9] カップル：夫妇，一对儿，情侣。

[10] 「マリンピア日本海」：新潟市的一个水族馆名。

[11] あさり：此处为"为弄到手而到处搜寻"的意思。

[12] キャリア：经历，履历。

[13] ラッコ：海龙。一种海兽。毛皮贵重，体长1.1米，昼行性。

[14] どこもかしこも：全都，任何地方都。

[15] マンネリ化：千篇一律化。

[16] オリジナリティーを築く：有创造性，独出心裁。

5. カマキリ[1]牧場

　除草剤や殺虫剤などの農薬を使っているのに無農薬と偽る[2]、あやしげな無農薬野菜が出回っているそうだが、小さいながらも我が家の畑は完全な無農薬。その証拠に畑はいつも虫たちの天国だ。

　キャベツやブロッコリー[3]を作れば、さっそくモンシロチョウ[4]がやってきて卵を産みつける。ミツバ[5]にはキアゲハ[6]がやってくる。カボチャやエンドウマメ[7]にもそれぞれの幼虫がいて、せっせと葉っぱを食べている。

　夏から秋にかけてはトンボたちがたくさんやってくる。アキアカネの大群がくると、ピーマンの支柱の先や、トウガラシの葉の先や、オクラの花のつぼみの先や、畑の中の先っぽという先っぽは[8]トンボたちで満席になってしまう。席があくのを空中に浮かんで待っているトンボもいる。

　秋一番目につくのは、なんといってもカマキリたちだ。我が家の畑はカマキ

リたちの牧場かと思うくらいだ。夏の間何回も脱皮をくり返し、「おとな」になったカマキリたちは、食欲旺曹虞甚になる。畑のあちこちでたくましい狩りの場面を見せてくれる。

　オオカマキリの場合、擬態とはいわないのだろうけれど、狩りの場の植物たちに自分を似せようと演技しているように私には見える。

　<u>アカジソ</u>[9]の葉の上を忍び足で歩いているカマキリは、背中の色を<u>シソ</u>[10]の葉の赤にして、「あたしはシソよ」という顔をしている。畑のはずれの<u>カヤ</u>[11]の葉で獲物を待っているカマキリはカヤの葉そっくりに緑色の体を反らして、カヤの葉といっしょに風に揺れている。

　カマキリは、チョウやトンボやバッタ、アルや<u>ハムシ</u>[12]やコオロギ、アブラゼミであろうと<u>スズメバチ</u>[13]であろうと、畑にくる虫はなんでも食べてしまう。<u>アマガエル</u>[14]を食べているのを見たという人もいる。

　ナスの根元で同じくらいの大きさの二ひきのカマキリが格闘していた。見ていると、ついに一ぴきがもう一ぴきの胴体を二本のカマでしっかりと押さえつけた。それから、相手の胸をペロペロなめるように食べはじめた。動きがにぶくなると頭を食いちぎり、片方のカマで胴体を持ったまま、もう片方で頭を持って、目玉を食べ頭を食べた。それから胸を食べ腹を食べ、四時間ほどかけて、羽だけ残してきれいに平らげた。

　ドジョウインゲンの竹の支柱の先に陣取っているカマキリがいた。鳥に襲われやすい危険な場所ではと思ったが、実はそこは格好の狩りの場。黙って待っていれば、真っ赤になったおいしいアカトンボがいくらでもやってくる。

　一ぴき捕まえてほおばっていると、もう別のトンボがきてとまってくれている。

　のんきなトンボは、次は自分の番とも知らず、目の前で仲間が食べられているのを、人事のように目玉をくりくりと動かして見ている。

《毎日新聞》1991年10月20日

【注釈】

[1] カマキリ：螳螂。

[2] ……と偽る（いつわる）：伪装成……。

[3] ブロッコリー：硬花甘蓝。

[4] モンシロチョウ：纹白蝶，白粉蝶（元白菜等的害虫）。

[5] ミツバ：鸭儿芹。

[6] キアゲハ：金凤蝶。

[7] エンドウマメ：豌豆粒。

[8] ……という……は：所有的……，一切……。例：昨夜の大風で、花という花はみな散ってしまった。／由于昨晚的大风，所有的花都凋谢了。

[9] アカジソ：(植物)红紫苏。

[10] シソ：(植物)紫苏。

[11] カヤ：(植物)芒草，芭茅。

[12] ハムシ：金花虫。

[13] スズメバチ：大胡蜂，马蜂。

[14] アマガエル：雨蛙。

6. カモシカ受難

数増え、交通事故死相次ぐ

山形市[1]内で、ニホンカモシカ[2]（国の特別天然記念物）が列車や車にけねられ死ぬケースが目立って増えている。カモシカの総数が増えたのが背景にあるとみられるが、個体数調整（射殺）の申請にも影響がありそう。事故死か射殺か、カモシカにとってはどっちも迷惑な話。農作物への食害をもたらすとされるカモシカは常に"間引き[3]"との絡みで話題になる。

今月15日には山形市山寺のJR仙山線で5歳ぐらいのオス（体長120センチ、体重50キロ）が死んでいるのが見つかった。同線での事故死は、今月5日に次いで今年度五頭目。昨年度一年間の総数（4頭）を、半年余りで突破した。

同市新山の高速道路「山形自動車道」でも9月中旬、はねられ死亡。これを含め道路での事故死は今年度2頭。鉄道と合わせ7頭を数える。10年前には、

1頭あるかないかだったので多大な犠牲といえる。山形市教委文化室で処理した縄張り争い[4]によるケガや病死を含めた総数も今年度25頭と昨年度の実績（22頭）を上回っている。

　相次ぐカモシカの死に芽原浄盛・同室室長は「カモシカの生息圏の広がりと生息密度が高くなったことが、事故死急増の原因ではないか」と話す。

　同市内には、蔵王山ろく、山寺周辺など奥羽山系に628頭が生息していると推定され（昨年度）、10年前の生息数（データ不明）より増加しているという。

　同市は今年末までに、市内の生息数と実態の調査をまとめ、来年早々にも山形県を通じて同（文化庁）に個体数調整の申請をする方向。市は昨年度27頭を射殺したが、今年度はさらに増やす含みがあるという。その根拠には、事故死急増にみられる個体数増加──食害の拡大の図式がありそうで、カモシカにとって「悪い年」になる雲行きだ。

《毎日新聞》1991年10月16日

【注釈】

[1] 山形市（やまがたし）：山形県東部的一个市。县厅所在地。

[2] ニホンカモシカ：日本羚羊。

[3] 間引き（まびき）：原意为给农作物间抜、疏苗。此处转意为杀死老弱羚羊，控制其数量。

[4] 縄張り争い（なわばりあらそい）：争夺地盘。

7. トガリネズミ[1]

　絵本などで動物たちを擬人化する場合、彼らの生き方暮らしぶりなどをよく知った上で書くべきだ、このごろそう自戒しながら制作に取り組んでいる。

　それは、さまざまな生きものたちと人間が、これから先いつまでも共に暮らしていくために重要なことだと思うからだ。それに、動物たちの個性をしっかり見ることで、キャラクター[2]が生き生きしてくるし物語もふくらんでくる。

トガリネズミを主人公にして、山登りの話を書こうと思いはじめたのは、もう18年も前のことだ。長い間思い続けてきたから、トガリネズミのこととなると、まるで家族や親戚みたいな親しみを覚える。

　今まで絵本や童話に登場してくることがほとんどなかったトガルネズミを、なぜ主人公にする気になったか。そもそもの理由は単純で、その名前が気に入ったからなのである。「トガリ」という語感に素朴さやなつかしさを感じるし、高い山の峰を連想させるひびきがある。純朴な田舎の若者が、冒険心と好奇心に胸をふくらませて[3]、天につきささっているといわれる不思議な山のてっぺんめざして登っていく、そんな物語の主人公にぴったりと思ったのだ。

　トガリネズミについて書いてある資料は少ないが、彼らのことが少しずつわかってくるにつれ、我が主人公にますます惚れこんでいった。

　ネズミといっても、モグラ[4]の仲間の食虫目だ。ミミズ[5]やカタツムリ[6]や昆虫を食べて暮らしている。体長はわずか5、6センチ、最小の哺乳類だ。彼らの外見上の特徴はその名のとおり口先と鼻がとがっていることだ。歯の先が赤いというのもめずらしい。コウモリたちのように超音波を使って、もののありかをさぐることもできるという。

　5年ほど前、都留文科大学の今泉吉晴教授の研究室にモグラを見に行ったとき、初めてトガルネズミに出会った。

　飼育ケースの前にしゃがみこんで、私はあこがれのトガリネズミに見入った。飼育ケースの中には落ち葉が敷かれている。むこうの隅の落ち葉がモコモコと動いたかと思うと、こっちの落ち葉の下からひょっこり顔を出す。落ち葉の上で鼻をヒクヒク動かし[7]たかと思うと[8]もう落ち葉の下にもぐりこんでいる。できればスケッチ[9]したいのだけれど、ちっともじっとしていてくれない。

　「落ちつかないヤツだな」私が文句をいう[10]と、「のんびりしたヤツだな」とトガリネズミがいい返した。

　彼らの心搏数は600から1200、活動は2、3時間おきに寝起きを繰り返すというパターン、寿命も1年とか1年半とかいわれている。トガリネズミと人間とでは、持っている時間がまるで違うのだ。人間みたいにのんびりしていたら、彼らの一生はあっという間に終わってしまうというわけだ。

主人公のトガリネズミは、体長5センチの目の高さでものを見、さまざまな生き方の動物たちと出会い、「干しミミズ」をリュック[11]につめて山を登っていく。

《毎日新聞》1991年8月11日

【注釈】

[1] トガリネズミ：(动物)鼩鼱。

[2] キャラクター：（剧中的）角色、人物。

[3] ……に胸をふくらませて：满怀着……。

[4] モグラ：(动物)鼹鼠。

[5] ミミズ：蚯蚓。

[6] カタツムリ：蜗牛。

[7] 鼻をヒクヒク動かし：抽动鼻子。

[8] ……かと思うと：刚一……就……。例：教室を出たかと思うと、なきだした。／刚一出教室就哭起来了。

[9] スケッチ（する）：写生。

[10] 文句を言う：发牢骚。

[11] リュック：「リュックサック」的简略说法。（旅行登山用）帆布背包。

8. パンダ[1]の性別、取り違え

東京・上野動物園の人気者、ジャイアント[2]パンダの「トントン」（4歳11ヵ月）と「ユウユウ」（2歳10ヵ月）の性別が動物園が公表していたのと逆で、「トントン」がメス[3]、「ユウユウ」がオス[4]であることが16日わかった。検査ミスに動物園は困惑しながらも成獣に近い「トントン」がメスだったことで、「繁殖計画は予定より早まりそう」と、早速「トントン」の人工授精の検討を始めた。

「トントン」は1986年6月1日、「ユウユウ」は88年6月23日生まれ。ともに

父「フェイフェイ」（推定23歳）、母「ホアンホアン」（同18歳）の間に生まれた人工授精児。上野動物園は、昨年6月、「トントン」について「尿中に精子が見つかった」としてオスと断定、「ユウユウ」は生殖器の形から「メスの可能性が高い」と発表した。

　ところが昨秋、「トントン」が、おしりを水につけたり、甲高い鳴き声[5]を上げるメス特有の発情行動をみせた。今年四月から精神安定剤で落ち着かせて、生殖器の形状を観察したところメスであることがわかった。

　一方メスと考えられていた「ユウユウ」も、昨年12月、後足をねんざした[6]際、外部生殖器にオスの特徴があることが判明。じっくり観察すると、金綱に尿をかけるにおいつけなどオス特有の行動をとっていることがわかった。まだ幼くて、生殖器の確認が難しく、白黒がつくのはまだ数ヵ月かかるものの、オスの可能性が極めて高くなったという。判定を誤ったことについて、同園では、「パンダは生殖器が体内に隠れており、猛獣でもあるため性別の判定は難しい」と説明。

　一方、斎藤勝飼育課長は「トントンが発情していたことがわかった。チャンスを生かしたい」と、先月米国から取り寄せたパンダの凍結精子を若い「トントン」に用いることを検討している。「トントン」がメスと判明したことで、同動物園は、国際動物園長協会の国際血統登録の訂正を申請するが名前は変えない。

《毎日新聞》1991年5月17日

【注释】

[1] パンダ：熊猫

[2] ジャイアント：大名星，大英雄。

[3] メス：(动物)雌性。

[4] オス：(动物)雄性。

[5] 甲高（かんだか）い鳴き声（なきごえ）：尖锐的叫声，高亢的叫声。

[6] 後足（うしろあし）をねんざした：扭伤了后腿。

9. コゲラ[1]

都会にもキツツキ[2]がいるよ！

　君はキツツキを見たことがあるかな？思っているより案外身近なところにいるんだよ！

　自然がなくなった都会でも元気に暮らしているコゲラ。なぜかというと、街路樹や都市公園の木が切られずに成長して、コゲラにとって恰好の生息場所になったからなんだ。

　それに、他のキツツキと比べて小型のコゲラは小さな穴で巣を作れるし、小さな虫も食べるから、大きな森でなくても巣を作ったり、餌を食べたりできる。また、巣が小さいから、カラスがクチバシ[3]を入れても卵やヒナ[4]が捕れないんだ。

　もちろん都会でなくても、全国的に山や林に生息している。♪鳥くん（永井真人）は新宿や渋谷で何度もコゲラを見たことがあるよ。君もがんばって、都会でたくましく[5]生きるコゲラを探してみよう。

（永井真人）

（未来をつくる、地球をつくる！子どもの科学　2007年1月号　通巻第849号）

【注釈】

[1] コゲラ：（动物）小啄木鸟（日本产啄木鸟类中最小的留鸟）。

[2] キツツキ：（动物）啄木鸟。

[3] クチバシ：鸟嘴，喙。

[4] ヒナ：雏鸟。

[5] たくましく：坚强地。

10. ジンベエザメ[1]

　大きな体で悠々と水槽の中を泳ぐのは、世界の最大の魚類、ジンベエザメだ。大阪の海遊館にいるジンベエザメの「遊ちゃん」は、毎年11月1日の計量記念日に、全長の計測を行っているよ。遊ちゃんにじっとしてもらうワケにもいかない[2]ので、ダイバー[3]の持った1ｍの基準尺と遊ちゃんをカメラでそれぞれ撮影し、その画像を元にコンピューター上で計測するんだ。その結果、全長は5ｍ37cm、推定体重は1.9tと、去年の計測よりも全長で14cm、体重では200kgも成長したことがわかったのだ！これからも元気に成長して、もっともっと大きくなってほしいね。

ジンベエザメってどんなサカナ？

　ジンベエザメは、温帯から熱帯の海に住む大型のサメ[4]で、世界最大の魚類といわれています。英語ではWhale shark（クジラのようなサメ）と呼ばれていますが、れっきとしたサメの仲間です。大きなものでは10~12ｍにもなり、さらに大きく成長する可能性もあると考えられています。体はとても大きいのですが、エサは小さなプランクトン[5]。口を大きく開けて海水と一緒に吸いこみ、鰓耙[6]と呼ばれるエラでプランクトンだけをこしとって食べます。余計な海水はエラ孔[7]から吐き出します。日本近海にも、春から秋にかけて黒潮に乗ってやってきますが、繁殖方法や寿命など、詳しい生態はまだわかっていません。

（塩野祐樹）

（未来をつくる、地球をつくる！子どもの科学　2007年1月号　通巻第849号）

【注釈】

[1] ジンベエザメ：(动物)鲸鲨。

[2] ワケにもいかない：慣用型。表示从情理,经验等客观情况考虑,不应该或者不可能做某件事情。例如：社長の勧めだから、この酒を飲まないわけにもいかない。/是经理让喝的, 所以, 这酒我不能不喝。

[3] ダイバー：潜水员。

[4] サメ：鲨鱼。

[5] プランクトン：浮游生物。

[6] 鰓耙（さいは）：鳃耙。

[7] エラ孔（あな）：鳃孔。

十七、植物の話

1. 木守りの女性「口がさっぱり」

　「酸っぱい夏みかんが食べたい」。そんな言葉が「オメデタ[1]」のシグナル[2]だった時代がある。夏みかん誕生の地ではどうだったのだろうか。

　約270年前の原樹が今も残る山口県・青海島（長門市）を訪ねると、所有者で木守りを務める西本ヒサエさん(81)が目を輝かせて、こう言った。「不思議ですね。私もそうでした。口がさっぱりするんです。嫁いできたころは、夏みかんの木も元気で、いっぱいの実をならせていました」。

　青海島は荻市から車で1時間。本土と島をつなぐ橋を渡り、バス停わきの「夏みかん原樹」の案内板にそって階段状の小道を50メートルほど下ると、視線の先に6本の支柱に支えられた夏みかんの木が見えた。植わっているのは住宅の庭先。「史跡及天然記念物　大日比夏蜜柑原樹」の石碑がなければ、普通の夏みかんと見分けがつかないほど、控えめに[3]立っていた。樹高は4メートルちょっと。枝張りは3〜4メートルで、28個の実がなっていた。「一昨年、主人が亡くなった年は、葉も次々と落ちて。枯らしたら大変と思い、青い実をたたいておとしたものです」。今年も約80個の実がなったが、木を弱らせないために半分ほどはもいで[4]しまったという。

　木肌を見るとカミキリムシ[5]に食われた跡があり、半分空洞となった幹の下部2メートルほどには防腐剤が塗られている。荻市職員で樹木医の草野隆司さん

(49)は「かんきつ類[6]は寒さに弱い。青海島の原樹は裏に山があり、冷たい北西の風を受けないことが幸いして生き残った。樹勢を回復させるためにも、根接ぎ[7]治療の時期に来ている」と話す。

　縁側に新聞スクラップ[8]や写真を広げて「夏みかん」の由来を話し始めると、西本さんの顔が一気に若返る。

　「先祖代々、大切に守ってきた夏みかんですから『枯らさないように』と気を使います。どんな味か？なんと表現したらいいのか。ただ酸っぱいのでなく、甘みがにじみでてくるような感じ。さっぱりしていて、鮮やかな味なんです」

　帰り際、「お土産に」と枝からもいだ夏みかんを、1個もらった。270年の歴史を伝える味。もったいなくて、まだ食べていない。

《毎日新聞》2006年4月5日

【注释】

[1] オメデタ：「めでたいこと」的尊敬或者礼貌的说法，多用于结婚，怀孕，分娩等喜庆的场合。喜庆事。

[2] シグナル：信号。

[3] 控（ひか）えめに：谨慎地；客气地；保守地。

[4] もいで：「もぐ」=揪下，扭下，拧掉。

[5] カミキリムシ：(动物)天牛。

[6] かんきつ類：(植物)柑橘类。

[7] 根接（ねつ）ぎ：原意为用新木头接在已经腐烂了的柱子的根部。此处指将已经腐朽了的树干根部去掉，用新鲜树干接在上面。

[8] 新聞スクラップ：剪报。

2. 野の花に親しむ

　残暑が終わると、長雨がやってきます。日照が少なく、何日も雨に降られると、枯れたり弱ったりする植物も出てきます。サボテン、デンドロビウム[1]、

ウチョウランなどは軒下か、雨よけのある場所に移しましょう。

　9月は台風のシーズンでもあります。葉の繁り過ぎた庭木は刈り込みが必要です。鉢植えのユリなど背丈の高い草は支柱を立てて、強風で茎が折れないようにします。

　この時期、郊外の道端や薮の中にツユクサを見かけます。小さなしゃれた花ですが、面白い性質を持っています。

　正面から見ると花の下側から糸状の棒が三本伸びて、それぞれ反転しています。両側の二本が雄しべで花粉がついています。真ん中の棒だけなのが雌しべです。その背後に、黄色と暗紫色に彩られた小さな器官が四つ見えます。これらは雄しべですが、花粉を出しません。生殖能力を欠くので「仮雄しべ」と呼ばれ、昆虫たちを引きつける飾りになっているようです。

　花は半日ほどでしおれます。すると、雄しべも雌しべもぜんまいのように巻き込んで、雄しべの花粉が雌しべの柱頭につきます。

　ツユクサは蜜を出さないので、仮雄しべがあっても昆虫はほとんどやってきません。そのため確実に自家受粉して種子を残すわけです。

　近年、若い世代の中に、ソユクサの仮雄しべのような男性が目立ちませんか。着飾って引きつけるだけで、ちっとも誠意を見せないような……。

　◇今月のQ&A

　Q：イチジク[2]の苗を露地植えしました。実をならせるには[3]。

　A：丈夫な木なので放っておいても成木になると実がなります。早く育ててならせたいときは、晩秋から冬の間に根の周囲をドーナツ状に掘り、腐葉土を4キログラムのほか、骨粉と発酵油かすを各200グラムずつ入れて庭土と混ぜます。さらに2月から3月に込み合った枝や長く伸び過ぎた枝などを剪定します。

　Q：ノウゼンカズラ[4]の苗を7号鉢に植えています。早く花を咲かせるには。

　A：日当たりに置き、冬から早春にかけて骨粉や草木灰を各大さじ2杯ずつ用土に混ぜます。冬の間に幹の中途から伸びた枝や根元から伸びた細い茎などを切り取ります。つる状の茎が長く伸びてその先に花をたくさんつけますので、できれば庭木やフエンスにまとわりつかせて咲かせたいものです。

《毎日新聞》1991年8月28日

【注釈】

[1] デンドロビウム：石斛。观赏用多年生草本植物，3～5月份开花。

[2] イチジク：无花果。

[3] 実をならせるには：后面省略了「どうすればいいか」

[4] ノウゼンカズラ：凌霄花，紫葳。

3. 謎の草

植物愛好家が発見

　野草の観察を続けている江東区東陽一、公務員、渡辺ヨシノさん（52）が、名前の分からない二種類の野草を臨海部で見つけた。専門家も首をひねる謎（なぞ）の植物だ。外国船が通ることも多く、積み荷にまぎれ込んだ帰化植物が見つかるウオーターフロント。日本になかった植物の可能性もあり、渡辺さんも「異国から流れ着いた新種では」と期待している。

　渡辺さんは江東植物愛好会（70人）を主宰。東京湾岸の埋め立て地を中心に月一回フィールド調査[1]を続けている。

　名前が分からない野草は昨年7月から同年10月にかけて採取したもの。

　ひとつは隣接区の江戸川区臨海町六の道端で発見。枝に鋭いとげがあり、小さな葉はビロード[2]のような綿毛に包まれている。葉と茎の接点に2ミリほどの小さな花をつける。マメ科らしいがはっきりしない。

　もうひとつは江東区新木場四の道端で見つけた。杉の葉のように葉がとがっている。花は葉に密着するようについていた。

　渡辺さんは、手持ちの2冊の植物図鑑で調べても名前が見つからず、知り合いの複数の大学の研究者にも見てもらったが、「分からない」という回答。同区教育センターで7日まで開かれた「江東区の野草展」にも押し花にして展示、情報提供を呼びかけたが不明で、依然謎のままだ。

　江東区の臨海部は外国船の積み荷や船員が種を運んできたり、新木場の貯木場の材木についていた種が落ちたりして帰化植物[3]がよく発見される。

《毎日新聞》1991年8月9日

【注释】

[1] フィールド調査：实地调查。

[2] ビロード：天鹅绒。

[3] 帰化植物（きかしょくぶつ）：由外国引进而且已经服本地水土的植物。归化植物。

4. サギソウ[1]

白い翼の後ろに"密の尻尾"

花の形が飛ぶ白鷺を連想させます。よく見れば見るほど、似ているものだと感心してしまいます。

このサギソウ、前から見ると白い翼を広げた格好をしていますが、背後にはJ字型の長い尻尾のようなものがぶら下がっています。これは距といって、中側は空洞になっています。この管の中には蜜を出す部分があって距の中に蜜がたまります。この蜜は透明な液体で、とても甘いのです。

サギソウはこの蜜で昆虫を誘い花粉を媒介してもらうわけです。晴天の暑い日が続くほど、距の中の蜜が増えます。そんな蜜を狙ってか[2]、蟻たちもやってきます。ときには、蜜の中でおぼれているどじ[3]な蟻もいます。

栽培のサギソウの花は、撮影が終わりますと、早めに摘みとります。そうすると、翌年の球根がいっそう増えるためです。

昨年夏は、晴天が続きました。そのため、距の中に蜜のたくさんたまった花が目立ちました。撮影の終わった花をしごいて、3つほど選び、距をそろえて口に入れました。甘い液体が口に広がったと感じた瞬間、下唇に棘のささったような痛みを覚えました。あわてて口の中にくわえていた花を吐き出しましたら、蟻が距にへばりついていました。

蟻にやられたか……。憎き蟻め！と思いましたが、お盆も近いので放免しました。あの蟻は巣へ戻って、女王蟻へこんな報告をしているかも[4]。「われらの探した蜜を横取りしようとした奴がいましたので、思い切り噛みつきました。かなりどじな男でありました」と。

サギソウは東北地方から九州までの湿地にたくさん自生していましたが、今ではほとんど見られなくなってしまいました。人間による乱獲と環境の変化のためです。とくに、湿地の乾燥化などにより大型な草が入り込んでサギソウが絶滅していった例が少なくありません。

☆育て方のポイント

日がよく当たって、通風のいい場所で育てます。水もちのよい用土（水ごけ、鹿沼土、赤玉土など）で植えこみ、水やりを十分やって、乾燥させないことです。浅い発泡スチロール[5]の箱に生きた水ごけで、チガヤ[6]、エノコログサ[7]などと混植しますと、比較的よくできます。毎年、冬の間に新しい用土（水ごけなど）で植え替えます。

《毎日新聞》1991年8月7日

【注釈】

[1] サギソウ：鷺草。观赏用多年生草本植物。8月份开花．花为白色，花形象展翅飞翔的白鹭。

[2] 狙ってか：「狙っているのか」的省略的说法。

[3] どじ：失策，失败。

[4] 報告をしているかも：后面省略了「しれない」。

[5] スチロール：(化学)苯乙烯。

[6] チガヤ：(植物)白茅。

[7] エノコログサ：(植物)狗尾草。

5. 復興支えた針葉樹

北海道釧路市から北東に約50キロの厚岸町[1]と標茶町[2]にまたがる1万ヘクタールの丘陵地に、樹齢50年のカラマツ[3]林が広がる。高さ20メートルの望楼に立つと、見渡す限りの森だ。広さは下流に広がるラムサール条約の登録湿地、厚岸湖[4]・別寒辺牛[5]湿原を上回る。

太平洋戦争後、野火や過度の伐採でほとんど木のない原野だったが、56年か

ら国が延べ60万人の作業員と最新の機械を投入してカラマツを植え、森に育てた。近隣の実験農場にちなみ[6]、「パイロットフォレスト」と名付けられた。今年は植林を始めて50年。関連イベントも予定されている。

　パイロットフォレストの成功に続き、全国でスギやヒノキなどの針葉樹を植える森づくりが広がった。成長がよく、戦後の復興に欠かせない住宅用の建築材として高値で取引されていたからだ。ブナ[7]やナラなどもともとあった森を切って金になる針葉樹に植え替える「拡大造林」が進み、現在では全国の森の4割を人工林の針葉樹が占める。

　人工林の年間成長量はおよそ9000万立方メートルで、数字の上では国内消費量を賄える。ところが、60年代以降に木材輸入が自由化され、北米や東南アジアなどから安い木材が押し寄せた。割高の国産材は売れなくなり、人工林は放置されるように。間伐せず日が差さない人工林は「土砂災害が起きやすい」などの指摘があり、最近は花粉症が社会問題となっている。

　森づくりの担い手不足に危機感を持つ林野庁は、国産材の利用拡大を目指し、関係学会や業界団体とともに「木づかい運動」に取り組んでいる。「木づかいのススメ」と題した提言書は「花粉症の拡大でスギなどの人工林への批判は強いが、木材の循環的利用を図るべきだ」と主張している。

(山本建)

《毎日新聞》1991年7月3日

【注释】

[1] 厚岸町（あつけしまち）：位于北海道东部，面临厚岸湾的一个城镇。

[2] 標茶町（しべちゃまち）：位于北海道东部，「釧路川（くしろがわ）」中游的一个牧业城镇。

[3] カラマツ：(植物)落叶松。

[4] 厚岸湖：位于厚岸湾东北部的一个湖。

[5] 別寒辺牛（べがんべうし）：湿草原的名字。

[6] ちなみ：「因む」＝"与……有关联"，"由来于……"。所关联的对象用格助词「に」来表示。

[7] ブナ：(植物)山毛榉。

十八、食生活の話

1. 日本料理事物起源

桃山[1]までは卵を食べなかった？

徹底した実証主義ないし文献主義による食物史研究である。たとえばこんな調子。

江戸時代以前の日本の本には食べ物としての鶏と鶏卵が出て来ない。天の岩戸の昔から鶏は飼っていたが、食べなかったのか。『日本霊異記』[2]（9世紀）に「今の身に鶏の子を焼き煮る者は、死して灰河地獄に堕つ」とある。この仏教的禁忌が桃山時代まで民間に滲透していたのか。あるいは、鶏は時刻を告げる者として大事にされていたのか。というのは、鶏卵料理か。というのは、鶏卵料理の初出は1626（寛永3）年、三代将軍家光の妹和子姫の入内[3]祝宴の献立に見える「玉子ふわふわ」だから。これはやわらかいオムレツ[4]のようなもので、作り方は43（寛永20）年の『料理物語』その他に。同じ料理は31（寛永8）年、松屋久重の茶会記に出ているし、94（元禄7）年には朝日重章が同僚から「玉子ふかふか」を御馳走になったと『鸚鵡籠中記』に書き留める。玉子貝焼[5]や茶碗蒸しが出来るのはこれ以後のこと。

著者は、鶏肉料理は『料理物語』に「鶏。汁、いり鳥[6]、さしみ、飯にも」とあるのが最初と思っていた。「飯にも」とは鶏めしのこと。そして料理書にこうある以上、鶏や卵を食べる話は公然とはしなかったが、内々[7]かなりやっ

ていたのでは、と慎重に推測していたところ、果して1587（天正15）年に「鶏の味噌焼」とあるのを発見し、これは鶏肉料理をずいぶん体験した者の書きぶり「とも見られる」とじれったい口調[8]で言う。前まえからよく食べたに決ってるとわたしが思うのは、小説家の無責任な態度か。学究的で信頼できると著者に脱帽するのが正しいかもしれないけれど。

　日本の文献で豆腐の最も古い記録は1183（寿永2）年の『奈良春日若宮神主中臣祐重日記』の「唐符」。次に出て来るのは1280（弘安3）年の日蓮の手紙の「すりだうふ」。

　あぶらげの初出は1586（天正14）年の『宗湛茶会献立日記』の「あげたうふ」。1850(嘉永3）年の『皇都午睡』によると、もと関西では「胡麻揚げ」だったし、あぶらげは江戸言葉で、宝暦年間（1751～64）の江戸では子供たちが手提げ籠に入れて「あぶらげ、あぶらげ」と連呼して売り歩いた由。（後略）

川上行蔵著、小出昌洋編（岩波書店2万9400円）

（丸谷才一評）

《毎日新聞》2006年4月2日

【注释】

[1] 桃山（ももやま）：＝「桃山時代」。指16世纪后半期,丰臣秀吉握有政权的约20年的期间。

[2] 『日本霊異記（にほんりょういき）』：日本最古老的佛教说话集,共有三卷。成书于822年(日本弘仁13年)。原名《日本国现报善恶灵异记》。由僧人景戒模仿中国的《冥报记》和《般若验记》著成。

[3] 入内（じゅだい）：指中宫、皇后、皇太子妃等在正式册立之前进入大内之事。

[4] オムレツ：(烹饪)软煎蛋卷。

[5] 玉子貝焼（たまごかいやき）：(烹饪)贝烤蛋。

[6] いり鳥（とり）：烧鸡。

[7] 内々（ないない）：副词。暗地,秘密地。

[8] じれったい口調（くちょう）：令人焦急的语调,令人不耐烦的腔调。

2. 美味しさ宅配便

キムチ[1]の味もいい

　冷麺（れいめん）のルーツ[2]は朝鮮半島の北西、平壌。米のとれにくい寒い地方では、そばは頼りになる作物。このそば粉に、でんぷんや小麦粉を加えて麺にしたのが、冷麺である。涼やかな味わいは、大陸の蒸し暑い夏にぴったり[3]、と言いたいところだが、実は冬の食べ物。床暖房のオンドル[4]で暖まった部屋で、食べるのが習わし[5]とか。

　この冬、ソウル[6]で「昔風」と呼ばれている冷麺を食べた。さぞかし、弾力のある麺だろうと思っていたら、さにあらず[7]。そば粉100％で、麺も細め。シコシコ[8]感はなく、軟らかいのだ。だけど北朝鮮出身のお年寄りたちは、この食感に郷愁を覚えるのだと聞かされた。

　ところ変わって日本の冷麺。その始まりは平壌とほぼ同じ北緯に位置する盛岡である。数[9]ある「盛岡冷麺」の中でも、弾力性があってツルッとしたのど越し[10]の麺と、コク[11]のあるスープで定評のあるのが「ぴょんぴょん舎」。セットに入っているキムチの味もいい。キムチの酸味と辛みがスープに溶けて、さっぱりした味になる。

（消費生活アドバイザー　鳥居美砂）
《毎日新聞》2006年4月5日

【注釈】

[1] キムチ：朝鲜冷面。

[2] ルーツ：起源；始祖。

[3] ぴったり：正合适。

[4] オンドル：火炕。

[5] 習（なら）わし：风习,习慣。

[6] ソウル：（韩国首都）首尔。

[7] さにあらず：＝「そうではない」。

[8] シコシコ：(食物)劲嚼,筋豆。

[9] 数（かず）：此处表示"数量多"。

[10] のど越し：饮料或食物通过喉咙时的感觉。

[11] コク：(食物的味道)浓厚。例如：コクのある料理。/有厚味的菜肴。

3. おいしいのは黒いタケノコ[1]

　春はタケノコ。秋はマツタケ[2]。むかしもいまも、変わらぬ季節の王者、といってよい。

　さきの稿で、マツタケはもうなくなった、とかいた。人が山へ行かなくなって、赤松林に、マツタケはでてこないのだ。

　ところが、タケノコは逆である。人が山へこないことをよいことにして、赤松の山へも杉の山へも、どんどん生えてくる。倒しても倒しても、タケノコの藪[3]はひろがってゆく。

　タケノコというのは、山の下から上へ上へとひろがってゆく。とても元気がよくて、マツタケとえらいちがいや[4]。そういう山のタケノコは、黒い。クマみたいな色をして、見た目には、すこぶるよくない。

　タケノコを専門にとるための藪は、手入れがゆきとどいて、でてくるタケノコも、品がよい。それほど黒くもなく、美しい。そういうタケノコは、味も品がよい。野性味にかけるので、わたしにはいささか物足らないのだが。

　それにくらべて、黒い姿のクマ色のタケノコをわたしは好む。味は、かなり野性味をもっていて、歯ごたえ[5]も舌ざわり[6]も、強烈である。それがよい。でも、風貌がよくないので、八百屋の店頭にはならばない。

　娘は、お茶を教えている。若い町の子ばかりで、その山のタケノコが出はじめると、山へタケノコをとりにつれていく。その娘さんは、口をそろえて、山の野性のタケノコを——あんなおいしいタケノコ、はじめてよ——と言ったので、それから毎年、山へ一緒にいって、たくさん持って帰るそうだ。

　おいしいといわれる山のタケノコを、わたしは何度も絵にかいた。クマ色の

そのタケノコは、絵にしても、クマはクマ。絵は、どこへいったのか残っていないが、ここ数年かいてはいない。

ところが、先日じつに美しいタケノコを送ってくれる人がいた。タケノコは、京部のタケノコで、色はまったく薄い土色。ムード[7]はやさしく香りも品がよい。

わたしは、さっそくアトリエ[8]へ連れこんで、描くことにした。色も姿も、やさしくやさしくと思いながら、ゆっくりゆっくり描きはじめた。

墨で描く線だって、細くしなやかに、そしてやさしく、おだやかに。もうこれ以上、ほんのりと[9]かけないぞ、と自分にいいきかせながら、タケノコを描いていった。色だってほんのりと、のせていった。

やっとできあがったのを女房がみて、「ほんものよりも、おいしそう」と、つぶやいた。そのつぶやきを耳にして、わたしはうれしかった。

さて、そのかたわらへ、みじかい言葉をかき添えなくてはならない。やっと考えたのは、白イホノカナ香リニミチテ[10]であった。それを頬杖をついて[11]、眺めているこの気分のよさよ。

（榊莫山）（畫冢）

《毎日新聞》2006年4月16日

【注釈】

[1] タケノコ：竹笋。

[2] マツタケ：松蕈。

[3] 藪(やぶ)：草丛；灌木丛；竹丛。此处指簇生的竹笋。

[4] えらいちがいや：真是大不同啊!「えらい」＝很大的；「や」＝终助词。接用言终止形或体言后，表示感叹。

[5] 歯ごたえ：咬东西时的牙齿的一种感觉,咬头。

[6] 舌ざわり：吃东西时的舌头的触觉。

[7] ムード：样式。

[8] アトリエ：画室。

[9] ほんのりと：副詞。微微，稍微。

[10] 白イホノカナ香リニミチテ：充满了一股清淡的香气。

[11] 頬杖（ほおづえ）をついて：(两肘垫在桌子上,以两手)托腮。

4. 美味巡礼の旅

　熊本県南部、人吉盆地[1]の中心にあり、まわりは九州山地の山々に囲まれて、清流球磨川に臨んでいるのが人吉市である。

　歴史も古く、鎌倉時代から明治初年まで相良氏の支配の下で栄えた。球磨川河畔には人吉源泉があり、川霧に包まれた周囲の山々を湯舟[2]に浸かりながら望む気分は、まさに殿様である。

　古くから球磨川を利用した産業として木材業や伏流水[3]を使った球磨焼酎などが有名になった。ほかにも、椎茸[4]や茶の生産、アユの加工、釣り竿の製造などもよく知られている。

　とにかく、山深い川のある街なので、料理屋に入ると出される料理のほとんどは近場からの調達である。

　最も有名なのは何と言っても球磨川で捕れたアユである。吾が輩が味わった初夏の稚アユの塩焼きは絶品だった。秋に訪れた時の落ちアユの味噌焼きも美味であった。

　アユの土産品も多く、甘露煮や焼き干し等一般的だが、吾が輩のごとき酒飲みはいつも珍品の「うるか」を買ってくる。「うるか」はアユの臓物の塩辛[5]のことで、酒の肴[6]になるだけでなく、熱い飯のおかずにしても喜ばれるものだ。

　「苦うるか[7]」は臓腑のみの塩辛、「白うるか」又は「子うるか」は真子（卵巣）と白子（精巣）を混ぜて塩辛にしたものである。どちらも球磨川産のものはとても美味しいから、土産に買ってくると喜ばれることだろう。

　ところでこの冬、久しぶりでこの人吉市に行った。そして夜の食事にキジ[8]料理を食べたが、美味しかった。

　はじめに出された「キジ肉の炭火焼き」はとても歯応えがあって、噛むとシ

コシコとしながら、そこから濃厚なうま味がチュルル、チュルルと湧き出て美味であった。

　その時、感じたのは、キジという野鳥肉にはとても香りがあるものだ、ということである。それが炭火で焼かれて少し焦げると、とたんに今度は香ばしくなるのには感心した。

　キジ鍋は、豆腐や季節の野菜と共にキジ肉のうま味がしっかりと付いていて、その熱々のものにフーフーと息を吹いて食べると、体の隅々まで<u>温もった</u>[9]。最後に出された「キジ肉の炊き込み飯」とそれに付いてきた「キジの吸いもの」も、しっかりとキジのうま味やコクのある味が出ていて大いに気に入った。

　人吉市の料理屋では冬季はこれまた美味しい<u>猪</u>[10]料理も出してくれるということを聞いたので、次の冬に行くことがあったら、今度はそれにしようと思っている。

小泉武夫（東京農大教授）
《毎日新聞》2006年5月20日

【注释】

[1] 人吉盆地（ひとよしぼんち）：日本熊本县南部的断层角盆地。盛产烟草，烧酒；牧业发达。

[2] 湯舟（ゆぶね）：澡盆,澡桶；此处指日本古时候收费供人们沐浴用的"沐浴船"。

[3] 伏流水（ふくりゅうずい）：地下水，暗河水。指地表河流在某个地段渗入地下,成为地下河流。

[4] 椎茸（しいたけ）：冬菇。

[5] 塩辛（しおから）：腌制的(鱼、肉、蛋、肠等酒菜)。

[6] 肴（さかな）：下酒菜。

[7] 苦うるか：盐腌香鱼内脏。

[8] キジ：野鸡。

[9] 温（ぬく）もった：发暖，温暖起来。

[10] 猪（いのしし）：野猪。

5. 30分でおいしい赤飯[1]

　お祝い事[2]があるときに炊く赤飯や、旬の具材が入った炊き込みご飯[3]などは日本の伝統食として親しまれてきた。だが、食生活の変化とともに、家で作る事が少なくなったのも事実。もっと気軽に赤飯や炊き込みご飯を家で作れたら…。そんな思いを持つ人々に注目されているのが、アルファー食品(株・島根県出雲市大社町)のアルファ化[4]米食品シリーズだ。

　数多くのラインアップ[5]がある同シリーズの中で、特に人気なのが、小豆の最高級品・丹波大納言小豆を使った「丹波大納言小豆の赤飯」。和食の料理人が作るのと同じ味わいを持つ赤飯が、炊飯器の早炊きスイッチ一つで簡単に再現できるとあって、画期的な加工米技術が注目され、今話題を呼んでいる。

　炊飯器に「丹波大納言小豆の赤飯」のアルファ化米と丹波大納言小豆、そして水を入れ、早炊きスイッチを押して待つこと約三十分。ふたを開けると、立ち上がる湯気とともに、ほのかに甘い香りが漂う。ふっくらと[6]色鮮やかに炊き上がったご飯に、つやつやと輝く大粒の小豆が美しい。食べると、小豆の自然な甘みが広がり、ぜいたくささえ感じられる。

　作りたての赤飯のほくほくとした食味はどこか懐かしく、ほっとさせてくれる。そして、これほど簡単に本格的な味わいを家庭で作れるのはなんといっても驚きだ。

　赤飯やおこわなどは、古くから、祝い事や祭りにはつきもの[7]だった。赤飯の赤い色は、邪気を払い、厄除けの力を持つと信じられていたことから、全国に広まったとも言われている。また、小豆には健康にいい成分があるとされ、滋養食としても重宝されてきた。

　昔は、祝い事があると、前日から小豆を煮て、その煮汁にもち米を漬け込み、翌朝早くからセイロで赤飯を蒸していたものだ。近頃、そんな光景が少なくなったのは、やはり、生活の変化に伴い、手間ひまのかかるものを作る機会が減ってきたからだろう。とはいえ、何かお祝い事があるときには、本当に美味しい赤飯を家族で食べたいと思う人も多いのではないだろうか。

そこで「家庭で赤飯や炊き込みご飯を手軽に美味しく」とのコンセプト[8]で、アルファー食品が開発したのが、アルファ化米シリーズ「丹波大納言小豆の赤飯」だ。

《毎日新聞》2006年4月5日

【注釈】

[1] 赤飯（せきはん）：(用于喜庆事时的糯米加小豆做的)小豆饭。
[2] お祝（いわ）い事（ごと）：喜庆事。
[3] 炊（た）き込（こ）みご飯：加入鱼、贝、肉或者蔬菜等,调好味道煮出来的饭。
[4] アルファ化：α化。
[5] ラインアップ：阵容。此处指种类众多的系列。
[6] ふっくらと：柔软而膨胀的样子。
[7] つきもの：离不开的东西，少不了的东西。
[8] コンセプト：概念。

6. 東西で食パンの厚み違うの？

私は関東地方の出身なのですが、結婚後、転勤族となって気づいたことがあります。それは食パンの切り方が、西の方では厚めだということ。東京のスーパーでよくみかけた8枚切りの食パンは、西日本ではあまり見かけたことがありません。東西で好みの違いでもあるのでしようか。

関東薄く関西厚め

食卓でおなじみの角形食パン。まず、1枚当たりの厚さを山崎製パン（東京）に聞いたでザル。

5枚切りは約23ミリ、6枚切り約19ミリ、8枚切り約14ミリだって。結構違いがあるんだね。

「枚数の好みは、特に関東と関西で分かれますね」。こう教えてくれたのは

フジパン（名古屋）マーケティング部[1]の増田稔さん。

関東地方の売れ行きトップは6枚がダントツ[2]で全体の55%。8枚が22%。5枚はわずか6%だけとか。

一方、関西地方は厚め志向。5枚が35%、6枚がほぼ同じで33%。8枚はほとんどないそう。

ちなみに中部地方は6枚50%、5枚22%、8枚11%といかにも東西の中間。コンビニ[3]のセブン-イレブンも、関西の店舗だけは5、6枚の品ぞろえ。関西以外は6、8枚だって。

さて、関東は8枚が、関西は5枚が独自に健闘。6枚切りは両方で好まれているという感じだが、知りたいのはその序列の理由。

複数のパンメーカーから返ってきた答えは、どれも「うどんのほか、たこ焼きやお好み焼きなどの『粉モノ』文化のある関西は、軟らかさや、もっちり感を好むからではないか」という仮説だったのでござるよ。

確かに8枚切りの食パンはトースト[4]したら水分が飛んでカリカリになる。その点、確かにわかりやすいお話ではある。

ちなみに最近は、少子化や高齢化で世帯あたりの家族の人数が減少。3枚だけ入ったハーフパックもお店で目立ってきたよ。この厚さも6枚切り相当が多いのだとか。ここまで6枚が広がった理由って何だろう。

販売戦略で6枚に

「こんな理由もあると思うんです」と話すのは全大阪パン協同組合の専務理事、高木潔さん。大阪のメーカー、神戸屋のOBだ。

高木さんによると、角形食パンは敗戦後、日本を占領した米軍がパン会社につくらせたのが最初で、製法や厚さも米軍指定。それがサンドイッチ[5]用にもできる8枚切りだった。だから8枚は当時の標準。これを「並切り」と呼んだメーカーもあったほどだ。

では、なぜ関西で8枚は消えたのか。高木さんによると、神戸屋の販売戦略の影響らしい。

高度成長期の60年代は、工場から届いたパンを、お店の人が手動のスライサ

—[6]で切ることが多かった。「当時は食パン需要が急増。私も小さな店の試食会を手伝って、1日で900斤分切りました。労力は大変なものだったんです」

　ということは、「8枚に切るより、6枚の方が作業が早い。しかも3人家族が2枚ずつ食べたら1日で1斤消費される。そこで、軟らかい6枚を薦めようという話になったのです」。

　その後、工場での6枚スライス[7]が一般化、同社は進出先の東京でも6枚切りの製造をはじめた。それが関東でも広がったみたい。

　実は、パン職人の技能検定でも、審査するパンの厚さは20ミリと6枚切り相当。「これは20年以上前東京のメーカーの人たちが話し合って決めた厚さです。既に6枚が標準化してたんでしょうか」と高木さん。

　おまけに、メーカー各社がもっちり感を競う今は、関東などでさらに厚いパンを広める動きもあるんだ。

　フジパンは最近、店頭でピザ[8]やバタートースト[9]など5枚切り食パンのおいしさをアピール[10]しはじめた。

　背景にあるのは、頭打ち傾向が続く食パン消費への危機感。小麦の使用量は変わらないのに、パンの種類は多様化。少子化や朝食をとらない人の増加など、業界には逆風が吹きつける。

　切り方を厚くして消費を広げる。その発想は、昔も今も同じかもしれないね。

（岡山市　主婦　50歳）

《朝日新聞》2007年9月3日

【注释】

[1] マーケティング部：市场销售部。

[2] ダントツ：遥遥领先。

[3] コンビニ：(长时间营业的,主要经营食品和日用品的)小商店；便利店；夫妻商店；小型日用品超市。

[4] トースト：烤(面包)。

[5] サンドイッチ：三明治，火腿面包，夹心面包片。

[6] スライサー：(切水果,面包等用的)薄切器。

[7] スライス：切片，薄片。

[8] ピザ：(意大利)比萨饼。

[9] バタートースト：黄油吐司。

[10] アピール：呼吁；吸引人们的视线。

7. 食卓の野菜の花

　食卓に上る身近な野菜や果物のことを知らない子どものために、全国農業協同組合連合会（JA全農）がCD―ROM「野菜・果実の花図鑑」を制作した。花と実を対にするクイズ[1]もあり食育教材としても活用できそう。JA全農によると、農業体験ツアーに参加した小学生にカボチャ[2]の絵を描いてもらったところ、木にぶら下がっていたり、土に埋まっているカボチャを描く子が多くいたという。調理した野菜しか見たことがないためで、JA全農は「農家が一生懸命作っていることを含め、農業のことをもっと知ってほしい」と図鑑CDを作ることにした。ネギ[3]やキャベツ[4]、イチゴ[5]など野菜、果実、穀物など110種の写真を解説付きでCDに収録。花や実の写真を集めた図鑑は非常に珍しいという。

　撮影した映像制作企画会社は開花時期や場所を調べるのに1年を費やし、撮影に更に2年かかった。撮影は早朝が勝負で、スタッフ[6]は開花の知らせとともに、北海道から沖縄までを駆け回った。難しかったのは、花がほとんど咲かないサツマイモ[7]で、鹿児島県でようやく見つけたという。

　CDでは野菜や果物と、その花を対にするクイズ形式のゲームなども楽しめる。市販はしないが、全国の全小、中学校と全公立図書館に寄贈した。

（串村美奈子）

《朝日新聞》2007年9月3日

【注釈】

[1] クイズ：难题对答游戏，猜谜游戏。

[2] カボチャ：(蔬菜)南瓜，倭瓜。

[3] ネギ：(蔬菜)葱。

[4] キャベツ：(蔬菜)圆白菜；卷心菜；甘蓝。

[5] イチゴ：(水果)草莓；杨梅。

[6] スタッフ：职员；成员。

[7] サツマイモ：白薯，红薯，甘薯，地瓜。

8. おいしさ発見

　よく食べられる中華料理のひとつが餃子ではないでしょうか。餃子の味は、<u>皮が決め手</u>[1]。夏休み中のお子さんと一緒に、皮から作りませんか。中の具を準備している間にできてしまいますよ。

　今回は鍋貼餃子（グオティエジャオヅ）、焼き餃子です。薄力粉を多めにした麦粉に分量の熱湯を回しかけ、菜ばしでぐるぐるとかき混ぜます。水を少々加え、粉っぽさがなくなったら、手でまとめて器に入れ、<u>ラップ</u>[2]でふたをします。そのまま約20分。

　一方、水餃子を作る時は強力粉を多めにし、水で混ぜます。ゆでる時に皮が破れないように、<u>グルテン</u>[3]を利かせたいからです。どちらにせよ、手でこねた作りたての皮が一番おいしいと思います。<u>皮をねかせ</u>[4]ている間に、具を作ります。ひき肉は塩をふって練り、酒やしょうゆなどの調味料を加え、再びよく練ります。野菜は白菜とニラ。白菜は<u>みじん切りにして</u>[5]塩と<u>ゴマ油</u>[6]をふって絞り、みじん切りした他の材料と一緒に練り合わせます。夏は白菜の代わりに、ウリ類に塩をふり、絞って入れてもいいです。

　<u>打ち粉</u>[7]をした台に皮の<u>タネ</u>[8]を棒状にのばします。10グラムぐらいずつちぎり、手のひらで平らにつぶし、<u>めん棒</u>[9]で直径8〜9センチの円形に伸ばしたら、<u>具</u>[10]を包みます。

　名の通り「鍋」に「貼」りつけるようにぱりっと焼くのがこつ。熱した鍋に油を入れ、餃子を並べ、熱湯を注いだらふたをして、強火で焦げ目がつくまで焼き上げます。

店のまかない用[11]に、と毎週のように餃子を作っていた担当の従業員は、すっかり名人になりました。ご家庭でも同じ。何度も作ってみてください。

（「竹爐山房」主人）（料理人　山本豊）

《朝日新聞》2007年8月22日

【注釈】

[1] 決め手：关键。起决定的作用。

[2] ラップ：塑料膜；保鲜膜。

[3] グルテン：谷朊,面筋。

[4] 皮をねかせ：醒饺子皮面。

[5] みじん切りにして：切成碎末,剁成碎末。

[6] ゴマ油：芝麻香油。

[7] 打（う）ち粉（こ）：做饺子皮时,为了防止粘连而撒上的少许面粉。

[8] タネ：材料。

[9] めん棒：擀面杖。

[10] 具（ぐ）：原意为加在汤或炒饭等里面的菜码。此处指饺子馅。

[11] 店のまかない用：供商店用。

9. 鍋貼餃子の作り方

皮（薄力粉1.5カップ、強力粉0.5カップ、塩少々、ラード[1]または油大さじ1、熱湯約130cc、水少々）

具（豚ひき肉200グラム、白菜250グラム、ニラみじん切り20グラム、ネギみじん切り大さじ2、ショウガみじん切り小さじ2、塩小さじ半分、酒大さじ1、しょうゆ大さじ1、コショウ[2]少々、ゴマ油大さじ1）、打ち粉適量

①　ボウルに粉と塩、ラードを入れ、熱湯を入れ、菜ばしでかき混ぜる。水少々を加えてよく混ぜ、まとまってきたら[3]手でまとめ、器に入れてラップをしておく。

②　豚ひき肉に塩をふり、手でよく練る。酒、しょうゆ、コショウ、ゴマ油を加えてさらに練る。白菜はみじん切りにして、塩とゴマ油各少々（分量外）をふってよく絞り、ニラ、ネギ、ショウガと一緒に肉に合わせ、よく練っておく。

③　台に打ち粉をして、①のタネを少し練ってから棒状に伸ばし、28～30個にちぎる。それを手のひらでつぶして、めん棒で直径8～9センチにのばす。

④　皮に大さじ1程度の具をのせ、二つ折りにして[4]、ひだを寄せる[5]ように包む。

⑤　熱した鍋に油（分量外）を入れて餃子を並べる。餃子の高さの半分ほどまで熱湯を入れたら、ふたをして強火で一気に焼く。びっしり並べるよりもすき間があった方が蒸れやすい。水が蒸発し、焦げ目が付いたら、皿に盛る。たれは好みで。酢か黒酢にしょうゆを少々加え、ラー油[6]や山椒（サンショウ）油、おろしニンニク[7]などを合わせる。

《朝日新聞》2007年8月22日

【注釈】

[1] ラード：猪油。

[2] コショウ：胡椒。

[3] まとまってきたら：原意为"集中起来"。此处指"成型以后"，"成团以后"。

[4] 二つ折りにして：折叠，对折起来。

[5] ひだを寄せる：捏上褶。

[6] ラー油：辣椒油。

[7] おろしニンニク：蒜末。

十九、健康の話

1. 最高の医療を漢方で

——家庭用品事業の業績が回復していますね。

◆ 入浴剤の「バスクリン」が好調でした。この冬は気温が低く、皆さんが「お風呂で温まりたい」

——家庭用品事業の業績が回復していますね。

◆ この冬は気温が低く、皆さんが「お風呂で温まりたい」といった季節要因のほか、「お茶の香り」など消費者ニーズの変化に対応した新製品を投入したことで売り上げが伸びました。

——業績回復の家庭用品事業を、なぜ「分社化」するのですか。

◆ 経営資源を医療用漢方薬に集中するためです。医療用漢方薬の売り上げは約650億円で、当社の売り上げの約8割を占める主力事業です。全く業態が異なる家庭用品と一緒に、設備やヒトを増強していくのは無理があります。価格競争が激しい家庭用品を分社化して、状況に応じて独自に経営判断できるようにした方が、家庭用品自体の利益も確保できると考えました。

——主力の医療用漢方薬の取り組みは。

◆ 国内の医療用医薬品に占める漢方薬の売り上げは1％強に過ぎず、まだ小さな市場です。薬効の解明が進み、科学的データがそろうなか、漢方を使う医師は増えています。当社の医療用漢方薬の販売数量も年率7％と好調に伸びてい

ます。大学の医学部では、漢方医学の授業を充実させており、一層の伸びを期待しています。

——漢方薬を使うメリット[1]は何ですか。

◆ 治療の選択肢が広がることです。西洋医学は病気の原因を見つけ、薬の投与や外科手術で悪い部分を取り除きます。一方、漢方は患者さんの体力や回復状況に合わせて、薬を選び治療する、いわばオーダーメード[2]の医療といえます。今後は両医学の融合が欠かせません。

——具体的な事業展開を聞かせてください。

◆ 米国で更年期障害による、のぼせ[3]を対象にした漢方薬の開発に取り組んでいます。順調に進めば2010年ごろ、米国で販売が出来るようになります。

患者さんに自覚症状があっても、検査結果が正常なため「精神的なもの」と片付けられているような場合もあります。新薬による治療が難しい患者さんに漢方薬を上手に組み合わせることで、最高の医療が実現できると考えています。

（よしい・じゅんいち）

《毎日新聞》2006年4月3日

【注釈】

[1] メリット：优点，价值。

[2] オーダーメード：原意为"定做的货物"，此处指有针对性的治疗。

[3] のぼせ：上火。

2. 肥満対策

(1)

肥満の原因の多くは食べ過ぎである。摂取ネルギーが消費エネルギーより多ければ、余った熱が体内に脂肪として蓄積されるからだ。しかし、同じように食べても太らない人がいる。不公平ではないか。

欧米の学者がこの問題を追究しているうちに、褐色脂肪細胞という聞きなれ

ない脂肪が浮かび上がってきた。日本の研究者は数人。臨床面から研究しているのは京都府立医科大第一内科の吉田俊秀講師だけだ。「アメリカ留学中に面白いなと思って首を突っ込んだ[1]のが始まり」という吉田講師の説明は…。

皮下脂肪や内臓脂肪が白いのに対して褐色に近い色をしている。マウス[2]の実験では、この褐色脂肪細胞の働きが悪いと肥満のネズミになってしまう。働きというのは熱の放出作業。自動車のラジエーター[3]のような役割をしているのだ。

問題は人間でも同じ働きをするのかということだ。「まだ世界的に不明だ」そうだが、吉田講師は人間も同じという手応えを得ている[4]。

まず、ヒトも褐色脂肪細胞を持っている。

「暖かい部屋から寒い外に出た時に体がブルブルと震えるでしょ。あれは褐色脂肪細胞のサーモゲニンと呼ばれるたんぱく質が働いて、脂肪や糖を公解して熱を放出し、体を守る働きをしているのです。母親の胎内にいるときは100グラム程度ある。ところが、温かい胎内から気温の低いこの世に生まれ出たときに体を守ったら、後は用なしでぐっと減る」

生後1ヵ月もすると50グラム程度に減るが、それでもパワーは300ワットの電球を30分つけているのと同じくらいあるという。この働きが悪くなれば、熱の放出が減り脂肪がたまる。全く機能しないと一年に25キロも太る計算になるそうだ。全エネルギー消費の10〜15％も貢献するとの研究もある。

吉田講師らは、この褐色脂肪細胞が太りやすい体質と関係しているのではないかと、ダイエットクラブ[5]の107人の肥満女性に協力を求めた。

コーヒーに含まれるカフェインが褐色脂肪細胞の機能を亢進させるというマウスの実験を基に、カフェインテスト[6]をしたところ、84人（79％）が反応し、残り23人が反応しなかった。

その後、全員に減量食と1日に7千〜1万歩の運動療法を試みた。1ヵ月後から反応群に効果が出始め、2ヵ月後には体重が平均3.55減、BMI（体格指数）が平均1.6減、体脂肪率が2.3％減、ウエスト[7]が7センチ減、ヒップ[8]も3センチ減少した。

さらに、総コレステロール[9]、中性脂肪の減少が見られ、HDL[10]（善玉）コレ

ステロールは変化しなかった。

これに対し、非反応群は2ヵ月後も中性脂肪の減少以外は効果が見られなかったという。

「この結果から、ヒトでも褐色脂肪細胞の機能低下が、肥満と大きなかかわりがあると思います。わきの下、じん蔵の周辺、背中にあることは分かっていますが、生体内での機能評価ができないため不明の点が多い」と吉田講師は話している。

《毎日新聞》1991年6月1日

【注釈】

[1] 首を突っ込んだ：投身到……里，参与……，插手……。例：芸能界に首を突っ込む。/投身艺术界。

[2] マウス：老鼠。

[3] ラジエーター：(汽车)散热器。

[4] 手応えを得ている：得到效应。

[5] ダイエットクラブ：节食俱乐部。

[6] カフェインテスト：咖啡因测试。

[7] ウエスト：腰部,腰围。

[8] ヒップ：臀部。

[9] コレステロール：胆固醇。

[10] HDL：高密度脂蛋白质。

(2)

前回、様々な標准体重を紹介したが、満足な結果になりましたか？数字を弾き出して気になるのは、どの程度オーバー[1]したら「肥満」になるかということだ。

現在、国際的にも国内の専門医の間でも通用している体格指数のBMI（ボディー・マス・インデックス＝計算方法別項）では男が20〜25、女が19〜24の数値ならば許容範囲とされている。

大阪大学第二内科の松沢佑次講師は、さらに五千人の健康診断から、最も病気の少ないBMI数値は22であると発表、これを基に疾病率の最も低い理想体重の算出法（別項）を提唱した。さちに、この数値より20％以上オーバーすると、糖尿病や高血圧などの成人病になる確率が大きいため、「20％超[2]を肥満」と定義している。

　20％に近付いたら「要注意！」となるが、同講師は「肥満になっても必ず病気があるとは言えない。問題は肥満の中身だ」という。

　臨床面から肥満の研究に取り組んできた松沢講師らは、エックス線CT[3]を用いて体内の脂肪分布を調べてみた。すると同じ肥満度、同じようなエストでもお腹の中の脂肪の付き具合が全く違っていた。

　お腹を輪切りにした映像を見ると、皮下脂肪の厚い皮下脂肪タイプと、皮下脂肪は薄いが、内蔵に脂肪がたっぷり蓄積している内蔵脂肪タイプに分類できる。

　通常、体内の脂肪量を計るのは、水の中に潜って体密度から割り出す水中体重法、キャリパー[4]と言われる計測器で腕や背中の皮下脂肪を挟んで推計する方法、近赤外線や弱い電流を用いての測定法など、体の表面からなぞる方法だ。計測数値には違いがあり、誤差もある。それに比べると、CTはお腹の中をエックス線でのぞくため、一歩前進といえるわけだ。

　CTの映像は鮮明だった。大相撲の若手力士の場合、お腹が出ているのに内蔵脂肪タイプはほとんど見られず、皮下脂肪タイプが圧倒的に多かった。しかも、同程度の内蔵脂肪の肥満者に比べると、成人病の頻度が少ないのだ。

　「これが一つのヒントになり、両者の間に幾つかの違いのあることがわかりました」と松沢講師は話す。

　まず内蔵脂肪型は糖尿病や高血圧、高脂血症になりやすく、高齢者や男性に多く見られる。女性では更年期以後に増えることから、高齢化やホルモン[5]が影響していると思われる。脂肪細胞が大きく、力士の例から運動をすることで脂肪の蓄積を予防することができる。

　一方、皮下脂肪タイプは女性に多く合併症は少ない。脂肪細胞は小さいが数が多く、一度たまると減らすのに苦労する。

　気になる方は、お腹を摘んで薄ければ内蔵脂肪型、厚ければ皮下脂肪型と考

えるのも一法だ。

　もう一つの分類方法は上半身肥満と下半身肥満。ウエスト・ヒップ比（別項）で判断するが欧米では0.85以上を上半身肥満、未満を下半身肥満としている。

　上半身肥満は糖尿病や高血圧、高脂血症、虚血性心疾患の発症率が高いと報告されいる。

　松沢講師は「は内蔵脂肪タイプと上半身肥満はよく似ている。ただ欧米ではウエスト・ヒップ比の目安を0.85にしているが、日本人は体形が<u>ずんどう型</u>[6]のため男性は1、女性は0.9を超えたときに上半身肥満といった方がよいでしょう」と話している。

《毎日新聞》1991年5月25日

【注释】

[1] オーバー：超过。

[2] 20％超：超过20%。「超」＝构词成分，"超过……"。

[3] CT：电子计算机断层摄影法。是1973年英国研制的X线诊断用装置的一种。此装置从各种角度把X光线对准人体的一个横断平面，用计算机把它重新构成，并使之影像化。

[4] キャリパー：测径规，双脚规。

[5] ホルモン：荷尔蒙。

[6] ずんどう型：(身材)上下一般粗型。

3. がん

（1）がん早期発見

　「がん」が増え続けている。<u>厚生省</u>[1]推計によると、89年のがんによる死者は21万人を超え総死亡に占める割合は27％。心疾患や脳血管疾患を抑え死因のトップだ。年間患者数も15万人を突破し4半世紀で4倍強にもなった。この悪魔に対抗する手立ての一つが「早期発見・早期治療」と言われている。

　東京・広尾の日赤医療センター。竹中文良外科部長が話してくれた。

「数字は出していませんが、今年は大腸がんの手術が胃がんの手術数を超えている感じです」

大腸がんは、「直腸がん」と「結腸がん」の総称だが、外科だけでも年間、約600例の手術を手掛けるこの大病院で、大腸がんが胃がんを上回るというのはニュースである。

最新の87年厚生省患者調査では全がんの25％が胃がん。次いで大腸がん14％、肺がん11％の順だが、中でも大腸がんの増加が著しく、2000年には胃がんの死亡率を追い抜くだろうと予測されている。

東北大学の久道茂教授は「直腸がんと結腸がんに分けて考える必要がある。直腸がんは元々日本人に多かったが、それほど増えてはいない。増えているのは結腸がんで、この数年の間に直腸がんを超えた」と話す。

急激に増えた理由は、まだはっきりしてはいないが、食生活の欧米化説が有力である。

まず欧米に多い。日本では戦後、肉食主体の食事の普及に合わせ増加。脂肪摂取量が増え、食物繊維の摂取量が減ったことが考えられている。

さらに、がんは男性に多いものだが、大腸がんは女性にも増えている。

日本からハワイへ移民した日本人や、アフリカからアメリカへの移民は、本人を含め、2世、3世になるに従い、大腸がん患者が増えるという研究からも、欧米型食生活が影響していることは否めないようだ。

では、大腸がんは腸のどこに出来るのか。

大腸は盲腸から直腸まで長さが約1.5メートル。がんは全体に出来るが、8割が直腸とそれにつながるS状結腸に集中している。肛（こう）門から約30センチの範囲だ。

主な初期症状は別項のようなもので、久道教授によると、初期の初期は時々、腹痛や下痢をする程度の不定愁訴で特異的なものはないという。

痔（じ）の症状に似ているのも特徴だ。大腸がん体験者でもある竹中外科部長は「私自身、出血をてっきり痔の出血と思い込んでいた。日本人は痔持ちが多いので落とし穴。S状結腸でも鮮血が出る。血便が出たら自分で判断せずに検査を受けるべきです」とアドバイス[2]している。

自覚症状に気付く以前のチェック法[3]として免疫法の「便潜血反応検査」が急速に普及している。便の中の潜血を簡単に発見する「検便」で、弘前大学第一内科の斎藤博助手が83年に実用化に成功。86年ごろから全国的に集団検診や人間ドック[4]で取り入れられるようになった。

早期発見の効果があるが、意外な落とし穴もある。次回に紹介しよう。

直腸がん＝便が鉛筆程度の太さになる。便が出そうで出きらない「しぶり[5]」がある。便秘と下痢を繰り返す。出血し痔の症状と良く似ている。

結腸がん＝便は細くならないが腹痛を伴う。出血があり、痔と間違えやすい。

《毎日新聞》1991年7月6日

【注释】

[1] 厚生省（こうせいしょう）：隶属日本内阁的国家行政机关。主要负责社会福利、社会保障、公共卫生等方面的事务。

[2] アドバイス：忠告，劝告。

[3] チェック法：核对法，复核法。

[4] ドック：对接，连接。

[5] しぶり：＝「渋り腹（しぶりばら）」。像痢疾一样的症状，即想大便却又不畅的一种症状。

（2）肺がん

「肺がんはアメリカの後追いをするように増えている。」国立がんセンターの成毛韶夫・手術部長の説明だ。

肺がん死亡率の年次別グラフを見ると、日米とも急カーブ[1]で上昇。しかも日本がほぼ20年遅れでアメリカを追っているのだ。89年の肺がんの死亡は3万5447人。男性が73％を占め、「男のがん」とも思えるが、女性患者も増えている。

「日本男性の喫煙率は高く、ヘビースモーカー[2]の肺がん罹（り）患率はたばこを吸わない人の20倍から40倍。いずれは胃がんを抜き死亡率トップのがんになるでしょう。」成毛部長の挙げる数値は、愛煙家にとって聞きたくないものだが、喫煙しなくても肺がんにはなる。男性の8％、女性の72％は非喫煙者だ。

肺がんは偏平上皮がん、腺（せん）がん、大細胞がん、小細胞がんの4つに分けられる。喫煙と関係深いのは偏平上皮がんと小細胞がん。女性に多いのは腺がん。非喫煙者は腺がんがほとんどだ。

　それぞれの性質を見ると、偏平上皮がんは1ヵ所で大きくなり手術しやすい。腺がんは発育は遅いが転移しやすい。この二つでほぼ8割。問題は小細胞がんだ。

　「細胞が小さいために飛び火しやすい[3]。進行度が早い厄介者で、1年ごとの検診では間に合わないことが多く、手術できるのが3％程度。ところがアメリカでは全体の25％を占め、日本でも最近は14％にもなっている」

　話は暗い方向に流れるが、早期発見の方法はないのか。

　現在行われている方法はエックス線撮影と喀痰（かくたん）検査だ。

　10センチ四方のフィルムに写る肺の様子は2人の医師がチェックするが、見落としは避けられないという。理由は、血管助（ろっ）骨、鎖骨、心臓などの他の臓器と重なるために、わずかな影だと見えないことがある。

　喀痰検査は痰の中のがん細胞を発見するもの。血痰のあった者、喫煙指数（1日の喫煙本数×喫煙年数）が600以上、といった高危険群に対して行われる。

　東京医科大の伊藤健次郎教授は「日帰りドックの喀痰検査で、肺がんと分かったものの肺に影が出ず、場所不明で手術できないケースがあった。音3ヵ月ごとに気管支鏡やエックス線撮影で追いかけ、2年後にやっと小さい影を見つけて即座に手術。しかし転移していました」。まれな例にしろ厄介ながんなのだ。

　87年から老人保健法で40歳以上の肺がん検診が実施されている。果たして有効か。成毛部長を班長にした厚生省の研究班が追跡調査を行った。

　その結果、89年の受診者は120万人を超え、10万人当たり37.3人の肺がんを発見している。一期のがんが55％で、60％が手術を行った。さらに、毎年検診を受け続けると、肺がんでの死亡が28％減らせるいう結果も出た。

　成毛部長は「老人保健法での集団検診の目的は1期がんを50％以上見つけることと、手術を50％以上行うことだった。その意味では検診の効果はある。さらに毎年受診すると患者の4人に1人は救命できる」と語る。

　肺がんの術後5年生存率をみると、60年代には15〜20％だったが最近では

45％に。ごく早期ならば80％にまで伸びる。

　それだけ早期発見の価値は高いが、一方で、がんの疑いが出てから手術まで平均4ヵ月もかかっていることが分かった。「おれは違う」「怖い」といった逃避が遅れの大きな理由という。肺がんは進行度が速いだけに[4]残念なことだ。

《毎日新聞》1991年8月10日

【注釈】

[1] 急カーブ：急曲线。

[2] ヘビースモーカー：烟鬼。

[3] 飛び火しやすい：容易扩展，容易扩散。

[4] だけに：正因为。由副助词「だけ」和格助词「に」构成。表示前后项的对应关系。即表示后项是在前项的原因或条件下所产生的相应结果。例如：年をとっているだけに、母の病気は治りにくい。/正因为上了年纪，母亲的病才难以治愈。

（3）胃がん

　——先生、今日は、どうして40歳から65歳までの働き盛りの人に「胃がん」が多く発病するのか、その理由をうかがいたいのですけれど。

　榊原[1]：重要な質問ですね。わかりました。それについて、働き盛りの人たちの日常生活をもとにして説明しましょう。働き盛りといえば、日本社会ではただデスクワーク[2]だけをしていればよいというわけにはいきません。アフタファイブ[3]の接待や宴会を頻繁にこなすことが必須になっています。

　——ええ。職種によっては、帰宅が午前の1時、2時なんていうのは当たり前だったりしているみたいです。

　榊原：アフタファイブに多忙をきわめていても、自分のペース[4]で摂取する食事やアルコールを正しくコントロール[5]しているのであれば結構ですが、つい暴飲暴食になりがちです。

　——日本人はマイペース[6]を守るよりも、相手のペースに合わせることの方を、美徳と考える傾向がありますからね。

　榊原：そのようですね。その結果が健康を害したということであれば、やは

り、考え直す必要があると思います。

　暴飲暴食を続けると、胃の中が荒れ、胃炎になることがありますが、この胃炎が「胃がん」と関係しているのだと考えられています。アルコールによる過度の刺激は、胃の粘膜に<u>びらんをこしらえます</u>[7]。このびらんは、胃の粘膜の再生機能ですぐ治りますが、繰り返していくうちに治り方が腸上皮化成という状態になると「胃がん」と関係が深くなるんです。

　——腸上皮化成？

　榊原：治り方に過形成と、腸上皮化成の二通りがあります。腸上皮化成というのは、胃の粘膜にもかかわらず、腸の粘膜のような状態になってしまうんです。

　——なるほど、胃の粘膜が変わってしまうわけですね。

　榊原：「胃がん」の患者さんをみると、毎日、日本酒を大量に飲む人が多いことがわかります。「胃がん」の予防のためには、まず、酒のむちゃ飲みをやめることから始めて下さい。

　——でも、先生、だからといって、酒がいけないというわけではないですよね。いろいろな要素が重なってがんになる、と聞きますけれど。

　榊原：もちろんです。「胃がん」発生の原因の二つ目はたばこです。特に最近では<u>副流煙</u>[8]の問題が<u>クローズアップ</u>[9]されています。

　——副流煙というと？

　榊原：自分では吸わないけれど、喫煙者が<u>くゆらす</u>[10]たばこの煙を間接的に吸ってしまう、受け身の喫煙のことです。

　たばこの巻き紙が燃える時、煙の中に<u>ベンゾピレン</u>[11]という物資が発生しますが、これに発がん性があるといわれています。例えば、夫は健康を気遣って<u>フィルター</u>[12]を通して喫煙しているとします。しかし、そのフィルターを通らない煙は近くにいる妻が知らず知らずに吸ってしまいます。夫が20本以上吸えば、その70％の妻が5本以上、25％の妻が10本以上吸っていることになります。空中で薄まっているとはいえ、フィルターなしの状態の煙を。

　次回は、検査と診断についてお話を進めます。

（聞き手・千葉　節子）

《毎日新聞》1991年10月27日

【注释】

[1] 榊原（さかきばら）：日本人的姓氏之一。

[2] デスクワーク：科室工作。

[3] アフタファイブ：（美国用语）夜晚报。

[4] ペース：步调，速度。

[5] コントロール：节制，控制；调整。

[6] マイペース：适合自己的方法，适合自己的速度。

[7] びらんをこしらえます：造成糜烂。

[8] 副流煙：二手烟。

[9] クローズアップ：特别作为一个问题提出。

[10] くゆらす：吸(烟),抽(烟)。

[11] ベンゾピレン：苯并芘。

[12] フィルター：过滤嘴。

(4) がん放射線治療で活用目指す

　がんの放射線治療で副作用が出るかどうかを、患者の遺伝子を調べて予測するシステムを放射線医学総合研究所（千葉市）が開発した。副作用の出やすさには個人差があるが、事前に分かれば、放射線量を調節することで副作用を軽減できる。

　放射線治療では、がん細胞を狙って放射線を照射するが、周辺の正常な細胞もある程度傷つけてしまう。このため、皮膚の炎症や血尿、下痢などの副作用が起きる。副作用の程度には個人差があり、遺伝子の塩基配列の個人差（遺伝子多型）が関係している<u>とされる</u>[1]。

　放医研は01年から、大一学病院など30施設で放射線治療を受けているがん患者約2000人の協力を得て、遺伝子多型と副作用との関係を<u>データベース化</u>[2]した。その結果、乳がん、前立腺がん、子宮頸がんについて、放射線治療の副作用と関連している57種類の遺伝子多型が特定できた。

　新たに開発したシステムでは、患者の血液を採取してこれら57種類の遺伝子多型を調べ、データベースと比較して副作用を予測する。約3時間で結果が出る

という。

放医研の今井高志プロジェクトリーダー[3]は「患者のデータベースを約3000人に拡大して、副作用の予測精度を検証する。将来的には臨床の現場で活用したい」と話す。

(下桐実雅子)

《毎日新聞》2006年4月3日

【注釈】

[1] とされる：一般认为。

[2] データベース化：数据库化。

[3] プロジェクトリーダー：项目负责人，项目带头人。

4. 忍び寄る病魔

腎臓治療の現場

「腎（じん）臓病末期の腎不全。透析療法を覚悟して下さい」——千葉県佐倉市の会社員は、医師に言われて目の前が真っ暗になった。思いもよらぬ病名、突然の宣告。腎臓病はそれほど静かに進む。

腎臓の異常は、尿の検査で比較的発見しやすい。千葉市では、国立療養所下志津病院（同県四街道市）の森和夫院長らで「学校検尿判定委員会」がつくられ、腎疾患の早期発見、事後措置を実践している。幼児（三歳以上）や小、中学生はもう二十年ほど前から、最近では県立高校生も対象としている。

システムは、第一次、二次、三次と順を追い、三次検査（精密検査）で異常が認められると「腎臓観察手帳」が渡される。

幼児から高校生まで、一貫した腎臓の状態の把握、管理。小児腎疾患は早期に発見され、小児透析の減少という効果を上げている。さらに、小児時に腎臓に何らかの異常があった者の多くが高校、大学の思春期に腎不全に移行してい

ることも明らかに。このため、高校生に対しては腎臓専門医が参加する「腎臓病判定委員会」を設置、個々のケースで専門病院へ紹介している。

　このシステムに、地域の腎臓専門病院を軸として他の病院、診療所との<u>ネットワークをつくり</u>[1]、確実な診断、<u>フォローアップができる</u>[2]仕組みをプラスすればさらに強力、と森院長。そして千葉市にとどまらず、全国的に広がってくれれば、と提言する。

　<u>文部省</u>[3]は児童・生徒を、厚生省は主婦や老人を、労働省は職場で勤労者を対象に検診を進めている。しかし、主婦や老人の受検率は低く、大学生もまた、自主受検にまかせられ、率は低い。職場検診では肝疾患やがん検診が前面に出て、腎臓は後方に置かれがちだ。

　佐倉市ではこの10月、14万5千人の全市民を対象に一斉検尿を実施する。三省による検診の「ミゾ」を「一挙に埋めてしまおう」という試みである。

　検査項目は①たんぱく②糖③潜血の三つ。町会組織を通して試験紙を配布し、市民それぞれが自分で検査して結果を回答用紙に記入、回収する。検査で「少し変だな」となれば家庭医の診断を受ければよい。

　全市民一斉検尿は全国初の試み。市ではこれを機に、市民の「生涯検尿」の実施をめざしたいとしている。

　森院長は「残念ながら早期発見でも、一部を除き完全治癒は望めない。相手を知って上手に付き合う。一病息災です」と語る。

　「Quality of life」（病気を抱えながらも質の高い生活）への道である。

《毎日新聞》1991年7月6日

【注釈】

[1] ネットワークをつくり：组成（医疗）网。

[2] フォローアップができる：能进一步了解详情。

[3] 文部省（もんぶしょう）：日本负责教育，学术,文化等行政事务的国家行政机关。

5. 猛暑と熱中症

　40.9度。埼玉県熊谷市と岐阜県多治見市で、国内観測史上の最高気温を記録した。74年ぶりの[1]記録更新と聞いただけで、熱が出てきそうだ。

　8月に入り、猛暑が日本列島を襲っている。

　都市部ではさらに、コンクリート[2]に覆われた地面からの照り返し[3]や、冷房中のビルからの排熱もある。夜になっても、ビルが蓄えた熱が放出されて気温はなかなか下がらない。ヒートアイランド（熱の島）が人々を苦しめる。

　熱中症が増え、死者も相次いでいる。東京消防庁によれば、救急車で運ばれた熱中症患者は、今月に入って16日までに600人を超え、その半分以上が入院した。この10年、1ヵ月で500人を超したことはなく、記録的な数だ。

　熱中症は、字の通り、熱に中（あた）って起きる病気の総称だ。おなじみの熱射病や熱疲労、熱けいれんなどが含まれる。命にかかわることも少なくないが、幸い予防できる。命を守るすべを再確認しつつ[4]、命を脅かすこの暑さをなんとか和らげられないか、考えたい。

　生物としての私たちの身体は、じつは高温に弱い。人間を含む哺乳類は、脳や内臓が働くのに適した37度前後に常に体温を保っている恒温動物である。外の温度はたいてい体温より低いから、体内で熱を生み出す仕組みを備え、脂肪層で熱が逃げるのを防ぐなど、体温を下げない方法を発達させることで生き延びてきた。

　逆に、太陽に照らされたりたまったりした熱は、外に逃がさなければならない。しかし、皮膚に近い血管を広げて熱を逃すとか、汗を出して気化熱で冷やすとか、方法は限られる。

　湿度の高い日本は、水分が蒸発しにくい悪条件も抱えている。

　冷やし切れないと身体の機能が損なわれ、体温が42度にもなれば、脳が働かなくなって死に至る。高温が苦手なところは知恵と配慮で補いたい[5]。

　体温の調節機能がまだ不十分な子どもは、保護者が気を配る必要がある。熱を感じる力が落ち、体力が低下している高齢者も手遅れになりがちだから、とりわけ注意がいる。03年に記録的猛暑におそわれたフランスでは、熱中症で亡

十九、健康の話

くなった約1万5千人の大半が高齢者だった。

　35度を超えると患者は急増する。健康状態にもよるが、気温が高い日は激しい運動や外出を控え、水分をこまめに取ることを心がけたい。汗をたくさんかいたときは、塩分を補うことも大切だ。

　都市を冷やすことも真剣に考えたい。地球全体の平均気温はこの100年で0.7度上がったが、東京での上昇はその4倍以上、実に3度に達する。ビルの屋上や壁面を緑化する。いろいろな方法を試したい。技術開発も必要だろう。

　生物としての身体が発する悲鳴に耳を傾け、年のあり方を見直すときだ。

《朝日新聞》2007年8月17日

【注释】

[1] 74年ぶりの：时隔74年的……。

[2] コンクリート：水泥。

[3] 照り返し：反射。

[4] つつ：=「ながら」。

[5] たい：此处表示"希望……"。

6. 高熱時の対応は

　9ヵ月男児です。生まれてから初めて高い熱を出しました。夜中に39度以上に上がり、泣き続けるので、すぐ受診させた方がよいのか、それとも市販の解熱剤などを与えて熱を下げた方がよいのか、迷いました。眠ってしまったので結局、翌朝に受診しましたが、高熱が出たらすぐに病院に行った方がいいでしょうか？

（茨城県－　28歳女性）

　お母さんからもらった免疫の効果が切れてしまう生後半年を過ぎるころから、赤ちゃんも風邪をひいたり、熱を出したりするようになります。体温が高くなるにつれて、ぐったりしたり、顔が赤くなったりといった状態が見られ、見ているだけで心配になります。

「発熱」かどうか知るためにも、まずは「平熱」を知っておくことが大切です。赤ちゃんが元気な時に、おとなしくしている<u>タイミング</u>[1]を見計らって、熱を2～3回測り、その時の熱を平熱とします。熱が心配な時には、同じ方法で熱を測って平熱と比較し、差が1度以上あるのであれば発熱していると判断できます。

　体温が高めの赤ちゃんもいますが、37.5度以上の熱が続く場合も発熱と考えていいでしょう。ただし、熱が出る原因はさまざまで、熱が出たからすぐに下げる必要がある、というわけでもありません。

　熱を下げるかどうかは、熱の高さで判断するのではなく、全身の状態をみで判断します。つまり、熱は<u>低くとも</u>[2]、元気がなくぐったりしているとか、顔色や身体の色が悪い、などの状態が見られるようであれば、すぐに小児科医に相談して下さい。

　診察では、心配しているのはどんな症状か、平熱よりどのくらい高いのかなど、具体的に話して頂けると参考になります。

　発熱は、<u>ウイルス</u>[3]などの感染に対する体の防御反応の一つですので、解熱剤を使って熱を下げることはかえって経過を長引かせることになるとも言われています。最近ではすぐに薬を使うよりも、わきの下を市販の<u>熱冷まし用シート</u>[4]などで冷やしたり、水分補給を優先するようになりました。

（かべ・かずひこ）

《毎日新聞》1991年8月14日

【注釈】

[1] タイミング：适时的，合时机的；计时；定时。
[2] 低くとも：＝「低くても」。「とも」是接续助词,意义为"即使……也……"。例如：できなくともいい。/即使办不到也没关系。
[3] ウイルス：病毒。
[4] 熱冷まし用シート：降烧用被单。

7. ストレス[1]に弱い男たち

　血圧は、年齢によって正常範囲に多少の相違があります。若年者では大体最高血圧が120前後、最低が80前後と言われています。

　某生命保険会社で毎年200—300人の新入職員の健康診断を行っていますが、血圧で異常が認められるのは、ほとんど男子。女子に異常を認めることはまれです。一時的な血圧上昇の要因としては、健康診断時に不安を伴うストレスを敏感に感じ、交感神経の活動が高進する（俗に言うアドレナリン[2]の分泌過剰）結果、心拍数が増加し、動脈が収縮することが考えられます。

　健康診断程度の緊張でストレスを感じるとしたら、これからの厳しい会社生活で生き残っていけるのか、やや不安になります。若いうちから（特に男性は）ストレスを減らす工夫をする必要があるでしょう。

　緊張と休養のバランスの取れた生活を送るためには、余暇を上手に過ごすことです。読書や過度な運動、音楽鑑賞など、自分の好きなことを疲れない程度に行うことが肝要です。かけごと[3]はかえってストレスのもとになるので、お勧めできません。社会生活のスタート地点に立ったばかりの日本男子には、ストレスに負けないずぶとさ[4]をぜひ身に付けてほしいものです。

（川崎東田クリニック・古川智洋）
《毎日新聞》1991年8月14日

【注釈】

[1] ストレス：应急反应,精神处于紧张状态。

[2] アドレナリン：肾上腺激素。

[3] かけごと：赌博。

[4] ずぶとさ：「ずぶとい」的名词化。此处意为"胆量"、"勇气"。

8.「過換気症候群」について

　土奇赤坂：今日は、「過換気症候群」について取り上げましょう。
　——「過換気症候群」？ストレスが原因で発作的にハアハアと呼吸がはやくなって胸が締めつけられるような感じや動悸を訴えた揚げ句[1]、ついには手足がしびれて硬直するというあの症状のことですね。
　土奇赤坂：ええ。「過換気症候群」は発作的に過呼吸が起こり、過剰な炭酸ガスを呼出するために神経、筋肉系や呼吸・循環器系などの多彩な症状がみられる症候群であると定義されているものです。
　——若い女性に多いって聞いていますけど、子供にもみられる症状なんですか。
　土奇赤坂：「過換気症候群」は子供の心身症の中でも、「気管支喘息」に次いで多いんですよ。小児では10歳以上の年長児にみられ、性別では、ご存じの通り女の子に多いです。
　——原因はストレスですけれど、具体的には？
　土奇赤坂：最近5年間に埼玉医大で経験した18人（男8、女10人）の臨床的背景をまとめたものがあるのでおみせしましょう。
　——ふーん、男の子は長男、女の子は長女が多いんですね。家族構成でほかに目立つことは、母親がパート[2]に出ているという場合が四件ですか。
　土奇赤坂：「過換気症候群」の子供は、一人っ子を含む第一子が多いのが特徴の一つといえます。そして、手をかけられて育てられてきたけれど、母親のパート就職や学校内外のスポーツ活動など身近な環境の変化がきっかけで発症しています。
　——環境の大きな変化や集団生活に適応できないのかもしれませんね。治療はどのように……。
　土奇赤坂：まず、対症療法として、紙袋再呼吸法を用いながらリラックスする練習をします。
　——紙袋再呼吸法？
　土奇赤坂：「過換気症候群」は、心理的要因がきっかけになったとしても、結局は炭酸ガスが体からどんど呼出されることが原因ですから、発作の時に落

ち着かせて呼吸をととのえさせます。それでもおさまらない時は、紙袋を口と鼻にかぶせて、自分が吐いた炭酸ガスをまた吸いこむようにゆっくり呼吸すると発作がおさまるんです。このように、紙袋をうまく利用する方法を紙袋再呼吸法というんです。

　また、それと同時に並行して、直接的ないし間接的な発作の原因を明らかにし、具体的な解決方法を実施します。

　——というと……？

　土奇赤坂：言語を使わずに自己を表出する方法として、箱庭療法を併用することで治療効果を高めています。箱庭療法は、一定の大きさの箱の中の砂の上に人形、動物、植物、乗り物、建物、橋、サク、石などの玩具を置いて、内的なものを自由に表現させ、視覚化して心のうちを気づかせる心理療法です。心の状態を明らかにして、それをみつめることは治療には欠かせないのですよ。

（聞き手・千葉節子）

《毎日新聞》1991年8月15日

【注釈】

[1] 揚げ句（あげく）：接动词过去时或名司加「の」后，表示消极结果。最后……，结果……。例：長い苦労の揚げ句とうとう死んでしまった。／长期劳累，最后终于死了。

[2] パート：「パートタイム」的简称。"定时性的打工"，"（按时计酬）做零工"。这种打工的人被称为「パートタイマー」。

9. いびき

鼻づまりとアデノイド[1]が

　——いびきというと、大人だけのものかと思っていたんですが、疲れたりすると子供でもかくことがあるんですよね。

　堤：鼻がつまっていれば、大人、子供関係なくいびきはかきます。特に、子供で習慣的にいびきをかく子は、スデノイドの肥大が原凶となっていることが

よくあります。

　——スデノイド？

　堤：のどちんこの3センチほど後ろ上の壁にとびだしがあります。鼻の一番奥の突きあたり付近で、大きい人は、親指の頭ぐらいになったりします。<u>咽頭扁桃</u>[2]ともいわれます。この部分が大きくなると、のどの奥と、のどちんこの間がふさがってしまい、いびきをかいてしまいます。

　余談になりますが、原因がわからず子供が熱をだしたりする場合は、このアデノイドや、扁桃腺などの炎症がかくれていることもあります。

　——治療法を教えてください。

　堤：アデノイドの場合は、手術をして切り取るしかありませんね。これも鼻づまりの一つの症状として考えた方がいいですね。鼻づまりと関係しますが、鼻がどういう働きをしているか、ご存じですか。——生きていくのに必要な、呼吸をしているところですよね。

　堤：厳密にいえば、気道の一番、先端にあって呼吸を助けています。わかりやすくいえば、エアコンの役目を果たしています。吸い込んだ空気に加温、加湿し浄化してくれます。鼻の粘膜は温水暖房機の働きをし、空気を暖めます。

　例えば、5度の空気が鼻に入ってきたとします。するとのどに届く0.5秒後には、30度の温度にまで暖められ、どんなに乾燥している空気でも、95％まで加湿された状態になっています。ほこりがあったとしても、鼻の中の毛ででっかいゴミをひっかけ、小さいゴミはぬれた粘膜でくっつけてタンとして、外に出します。

　——単純なようにみえて、随分複雑な働きをしているんですね。

　堤：呼吸を5分間、止めたら死んでしまいます。鼻づまりがあると、この大切な呼吸が不十分になってくるわけです。また、鼻づまりのある子は、扁桃腺や中耳炎、蓄膿症になりやすいですし、特に子供では中耳炎を何度も繰り返します。

　——<u>たかが</u>[3]鼻づまりといって、済ませるわけにいきませんね。

　堤：まだあるんですよ。鼻づまりのため夜、口をあけて寝て、のどの粘膜か炎症をおこし、風邪をひくことも多いんですよ。しょっちゅう、風邪をひいているような子供は、これが原因だったりします。

――こういう子供はどうしたらいいんですか。

堤：ついつい、扁桃腺や中耳炎など、直接、体に出てくる症状に目が奪われ、その治療だけをしがちですが、原因となっている鼻づまりそのものを治すことの方が大切なんですよ。

（聞き手・小川　節子）

《毎日新聞》1991年8月18日

【注釈】

[1] アデノイド：増殖腺，腺样增殖体。
[2] 咽頭扁桃（いんとうへんとう）：咽喉扁桃体。
[3] たかが：充其量。与「せいぜい」意思相同。例：たかが50円ばかりのものだ。/至多也不过是五十来日元的东西。

10. お米と健康

　お米と日本人を繋ぐ歴史は長く、その起源は2千年前にさかのぼる。日本の食生活を支えて来たお米の成分や、ご飯食を中心にした食生活が見直され、最近では欧米でも健康食として注目されている。

　ご飯は生活に活力を生み出すエネルギー源の糖質が主成分。腹持ちも良く、野菜のビタミンや肉類に合まれるタンパク質と組み合わせれば、栄養素とカロリーをバランス良くとれる[1]。また、お米にはマグネシウムや亜鉛など微量ミネラル、食物繊維などが合まれ、これらの成分が健康を保つことに役立つことが近年の研究で明らかにされている。

　また、最近注目されている成分であるアミノ酸[2]の一種「ギャバ」（γ―アミノ酪酸）もお米、特に玄米には豊富に含まれている。ギャバは「癒し成分」とも言われ、脳に多く存在している重要成分。ストレスが多い現代社会では、特に多く取っておきたい成分でもある。ご飯を中心に、栄養バランスの良い食生活で美容と健康に心掛けたいものだ。

《毎日新聞》2006年4月5日

【注釈】

[1] バランス良くとれる：能够很好地取得平衡。

[2] アミノ酸：氨基酸。

11. ビタミンCが老化防ぐ？

　ビタミンCが不足したマウスは通常のマウスに比べ、4倍以上老化が速く進むことを東京医科歯科大と東京都老人総合研究所などの研究チームが突き止めた。「ビタミンCが、老化の予防に有効である可能性が高まった」としている[1]。4日付の米科学アカデミー[2]紀要の電子版に発表した。

　研究チームは、老化が進むと減る特定のたんぱく質を解析した結果、ビタミンCを合成する酵素と同一であることが分かった。このたんぱく質を持たないマウスを遺伝子操作で作り、飼育したところ、6ヶ月たつと、正常なマウスはすべて生きていたが、たんぱく質を持たないマウスは半数が老衰で死んだ。

　臓器や血中のビタミンC量を比べたところ、たんぱく質を持たないマウスは正常なマウスの10分の1。研究チームは「マウスは体内でビタミンCを合成するため、ビタミンC合成ができず、老化が急速に進んだようだ」と話す。

　今回の実験結果は直接、ヒトでもビタミンCが老化予防に有効と示すものではないが、たんぱく質を持たないマウスをヒトの老化に関する研究に活用することができるという。

（永山悦子）

《毎日新聞》2006年4月4日

【注釈】

[1] としている：人们认为。

[2] アカデミー：学会；科学院；研究所。

二十、文学の話

1. 夢の鈴をチリリと鳴らす身近な神さま

　川端康成の『掌の小説』に似た長さの、非リアリズム小説[1]が30篇。どれもやわやわとして明るい。ありえないことばかり起きるのに、人ごととは思えない身近さがある。

　登場する人物や出来事は、淡い色に縁どられ、重力を感じさせずにいつまでも記憶の中に漂っている。その漂い方もまた、ひっそりとして穏やかなのは、時空を越えて世界中どこにでも移動できそうな物語が、昔読んだ西洋の童話に似ているからだろうか。

　「大工さんの大半は宇宙人です——」で始まる原稿用紙に2枚ばかりの作品は、ひと筆描きで神さまを書けばこんなふうになるのか。

　大工たちは宇宙人だが、地球をのっとるとか電波で支配するとか、そういう悪い連中ではない。ただ家を建てている。とんかんとんかん、と釘をうつ音は、遠い母星への通信文になっていて、元気だ、とか、孫ができた、とか温泉へいった、とかふつうのことを母星に伝えているのだそうだ。

　彼らはいのちを失うとき、次元を破ってあっちへ行くらしい。

　棟梁が吐息をついて[2]話すには、彼の弟が梁の上で弁当を食べていたときカラスにまとわりつかれて、道具箱を落しそうになった。その家の前をランドセルを背負った女の子が歩いていて、かなづち[3]やかんな[4]が真上からふってく

る。弟は迷わず落下しかける道具類にとびついた。彼は「ぐにゃりとした[5]、なんだかわからないものに姿を変え、空中に舞い散る大工道具をさっとつかみました」女の子はきょとんと[6]真上をみあげているが、そこに弟の姿はない。道具ごと[7]次元を越えたのだ。

棟梁は煙草の煙をぷかりと吐き、「まあ、筋のとおった男だったよ。男とか女とか、おれたちほんとはないんだけど」と言う。そして最後にこんな一文が添えられる。

「このように彼らには立派な人物が少なくない。将来大工になりたい、とアンケートに書く子どもが多いのも、その辺のことを、うすうす感じているからなのかもしれません」

どこにでも在る、どうってことのないお話です、という素振りに素直に付き合って読むのがいい。するとふつうのことやうすうすという言葉が、マジック[8]で使う薄い布のように、別の意味を取り出す仕組みだとわかってくる。

次元を越えて消えたはずの棟梁の弟は、道具類にとびついたちょっと滑稽な輪郭のまま、善意の空洞になり、やがて一筆描きの神さまになる。それはまるで、棟梁がぷかりと吐いた煙のようだ。作者もぷかり。いやまあ、そんなことがあってもいいんじゃないんでしょうかねえ、と。

ええ、いいんです、ステキです、神さまなんてこんな出方や消え方がスマート[9]だと思います、と、同意したときはもう、次の作品が始まっている。何しろ30の物語がすべて、荒唐無稽なはずなのに1行目から堂々と存在を主張するものだから、あっけにとられて呑み込まれるしかない。

「コック[10]の宮川さん」は冷蔵庫にじっともぐりこんでいるし、「クリーニング屋[11]の麻田さん」はいきなり「こっちのこころがつぶれちまいそうな[12]服があるんですよ」などと呟く。彼らはみんな、自信にみちたいい顔をしている。いや主人公は、動物であったりポリバケツ[13]であったり街道でもあったりするわけだから、いい顔でなくていい姿か。それぞれが、こっそり身をやつした神さまなのだろう、それでようやく説明がつく。

人間の輪郭は、自我が他者とぶつかるときに初めてはっきりする。だが主人公たちは他者とぶつからず、すり抜ける。どこにも引っかからないのに、希有

な出会いとなる。行き過ぎたあとに、特別な人と出会った印象が残る。なんだか変だが、確かに存在していて、しかも胸のあたりを<u>うずうずと</u>[14]暖めてくれるのは神さまに違いないと、振り返って思う。

そういえば沢山の奇蹟も起きた。

「図書館司書のゆう子さん」は久しぶりに勤めている図書館から本を借りて帰る。昔読んだ本だ。午後の日差しがななめに差し込む八畳間にあぐらをかき、玄米茶をすすりすすり、薄いページをひらく。米をといだり風呂桶をみがいたりしたあとでまた、その本をひろいあげてページをめくったところ、52ページ目に、さっきは見落としていたらしい鉛筆で書いた7桁の数字を発見する。電話番号のようだ。その数字は彼女が幼い日を過でし、今は焼失してしまった懐しい家の、忘れかけていた電話番号だった。

この番号に電話をかけたら誰が出るだろうかとゆう子さんは想像する。10歳の自分か。死んだ母親か。しかしゆう子さんはかけない。灯りを消して目をつむる。

奇蹟は小さくささやかなまま、日常の片隅で終る。小さくささやかだからこそ、読む者の心にも容易に滑り込み、もしもそのようなことが起きたらどうしようと戸惑わせ上気させ、忘れていた夢の鈴をチリリと鳴らすのだ。

（他樹 のぶ子 評）

《毎日新聞》2006年4月2日

【注释】

[1] 非リアリズム小説：非现实主义小说，非写实主义小说。

[2] 吐息をついて：叹气。

[3] かなづち：铁锤，锤子。

[4] かんな：刨子。

[5] ぐにゃりとした：瘫软的。

[6] きょとんと：副词。呆然若失地。

[7] ごと：结尾词。此处意为"连前接词包含在内"的意思。例如：リンゴを皮ごと食べる。/带皮吃苹果。

[8] マジック：魔术，戏法。
[9] スマート：巧妙，灵巧。
[10] コック：厨师。
[11] クリーニング屋：洗衣店。
[12] つぶれちまいそうな：=「つぶれてしまいそうな」。
[13] ポリバケツ：合成树脂水桶。
[14] うずうずと：副词。总想干点儿什么的心情，跃跃欲试。

2.「坊っちゃん」を読んで漱石の問いを感じよう

　夏目漱石（1867～1916）の小説「坊っちゃん」が雑誌「ホトトギス」で初めて発表されてから4月で100年。小説の舞台とされる松山市で漱石研究を続ける「松山坊っちゃん会」は、国の重要文化財の道後温泉[1]本館（松山市）近くに記念碑を建てる。「国民文学の舞台としてPRしたい[2]」と意気込む。

　朝鮮半島で生まれ、幼少期を過ごした。寒さが厳しく、両親の故郷の愛媛県から届いたミカンが外気で凍るほど。母親から「松山はぬくい[3]。道後のお湯もあるよ」と聞き、思いを募らせた。終戦後の1946年、家族と引き揚げ、愛媛へ。翌年、映画館で初めて「坊っちやん」を見た。

　「赤シャツや、のだいこ[4]をやっつける場面が痛快だった。小説を読むと、自分と同じように主人公が方言に戸惑う姿に共感を覚えた」

　漱石が英語教師として在籍した尋常中学校を前身とする県立松山東高で86年から9年間、国語教師を務めた。在籍中の90年に「坊っちゃん会」に入会。漱石の足跡をたどり、松山との関係などを研究してきた。主人公の職場の人間関係など「現代にも通じるところがある」と思う。

　「坊っちゃん」はまちと、そこに住む人々を徹底的に批判し続ける。「なぜ悪口ばかりなのに、地元の人は怒らないのか」とよく聞かれる。フイクション[5]だからそんなに気にすることはない。むしろ松山を舞台にした小説が、発表100

年後の今も読まれていることを誇りに思いたい」

(高瀬　浩平)

《毎日新聞》2006年4月2日

【注釈】

[1] 道後温泉（どうごおんせん）：日本爱媛县松山市东部的一个温泉。是日本最古老的一个温泉，日本天皇，皇后曾多次在此沐浴。
[2] PRしたい：想开展广告宣传活动。
[3] ぬくい：形容词。温暖的，温和的。
[4] のだいこ：(卑称)没有任何技能，只是在游乐场合陪酒取乐的男人。帮闲。
[5] フイクション：虚构。

3. 今朝のうた（一）

　短歌や俳句は、もちろん「かたちの文芸」である。文体といっても小説やエッセー[1]とはまったく違う。定まった「かたち」の中でどのような緊張感を保ちつづけるか。たとえ字余り[2]であったとしても「かたち」を成していることが要求される。それは「様式の美」といってもいいのだが、ベテラン歌人[3]の稲葉享さんは、まさに「かたちの美学」にこだわる作家だ。

　稲葉さんの最新歌集『椿の館』（短歌研究社）に目を通していて、この作品に出合った。飛び回っていた白いチョウが動きを止め、ピタリと羽を休めて静止する。羽を合わせた瞬間に、「かたち」が決まる。「かたち」ばかりではない。短歌に特有の「律動」としか表現しようのない韻律も決まる。羽を静止させていても、決して休ませているわけではない。動の中に見られる一瞬の静止こそ、短歌作品の醍醐味[4]なのである。言葉の散漫、冗長は許されない。白いチョウの羽は、様式の美にあふれた詩の言葉を探して、羽ばたきつづけているかのようだ。

　『椿の館』には、酔うような「定型の律」の魅力がある。作者はいつの日か

らか自室を「椿の館」と名づけて、たとえば小さな窓から、桜の花びらが落ちていくのが見える日に、終日部屋にこもって空を眺める。決して広くはないその「館」は、研ぎ澄まされた言葉を生む「詩人の館」に変貌する。

　草花や樹木の生命と対話するこの歌集は、今年の詩歌文学館賞と前川佐美雄賞の二つの賞を獲得した。

（専門編集委員・酒井　佐忠）

《毎日新聞》2006年4月2日

【注释】

[1] エッセー：随笔，小品文。

[2] 字余り：和歌,俳句的字数多于规定的字数。

[3] ベテラン歌人（かじん）：资深歌人。「歌人」＝创作和歌的诗人。

[4] 醍醐味（だいごみ）：最妙之处,最高意境。

4．今朝のうた（二）

　5月になって初めて佐渡へ行った。島の北端にあるコテージ風[1]のホテルの部屋のカーテンを開けると、静止したような海が広がった。佐渡へ渡る折、海は土地の人が「まんぼう」と呼ぶ海霧に覆われていたが、夕暮れの海は物音一つたてずに静まり返り、今までに見たこともないほど大きな夕日が、その果てに沈んで行った。

　佐渡はさまざまな思いをかき立てる。中でも足利義教に疎んじられ[2]、老境に入って流された世阿弥を思う。華やぎから、やがて冷えた沈潜した美に向かった世阿弥の能は、この土地の人たちにどのように理解されたのか。没年は81歳といわれているが、定か[3]ではなく、佐渡から都に帰ったかどうかもわからない。

　北端にある歌人の久保田フミエさんの実家の土地は、「鶯山荘」と名づけ

られ、そこに80基近い歌碑が建てられた。すべてが私費である。近現代歌人のものがほとんどで、貴重な歌碑の里となり、「鴬山荘文学碑林」と呼ばれている。

　私が訪れた日、除幕式があったのが神作光一さんのこの歌。神作さんは古典和歌の研究者で日本歌人クラブ会長も務めるが、「能楽の島」佐渡の「能舞台」に静かな目を向けている。佐渡にはあちこちに「能舞台」が、残されている。それは特別なものでも何でもない。ごく自然なかたちで人々の暮らしに溶け込んでいる。能はまさに、多くの人たちの芸能なのだ。それを表現した視線の低さが好ましい。

　この日は歌人の島崎栄一さんの歌碑も除幕された。

（専門編集委員・酒井佐忠）

《毎日新聞》2006年5月28日

【注釈】

[1] コテージ風：小別墅式的；村舎式的。

[2] 疎（うと）んじられ：被疏远。

[3] 定（さだ）か：形容動詞。清楚，分明，明确。

5. 毎日俳壇

(1)

鷹羽　狩行・選

◎　急流にさしかかりたる花筏[1]　　　　　　　　藤枝市　山村昌宏

　【評】散った桜が筏のように流されてゆき、急流に直面したところ。危機感というものを具体化。

　春塵を払ひ遺影にほほゑまる　　　　　　　　中津川市　橋場きよ

　【評】強い風で埃が立ちやすい春。故人の写真の塵を拭うと、心なしかほほえみ返したよう思われた。

堀口　星眠・選

◎　わが父の一片の歌詞卒業歌　　　　　　　　　　　新潟市　小林一之
　【評】　父子そろって謙譲の詩才。

春愁やのろき歩みを称へられ　　　　　　　　　　　今治市　喜多川南子
　【評】せかせかしないで悠々と歩くのをほめられる。実は鈍くなった体力に愁いもある。

大峯　あきら・選

◎　一山の表も裏もほととぎす　　　　　　　　　　　前橋市　矢端桃園
　【評】神社か仏閣のある山に、さかんに時鳥[2]が鳴いているのである。「表も裏も」で、その山容が活写された。

薫風や畑の中を郵便夫　　　　　　　　　　　　　　宇都宮市　丸田守
　【評】薫風に吹かれる郵便屋さんは威勢のよいものだが、畑の中となるとなおさらである。「畑」の一字の力。

岡本　眸・選

◎　木瓜すでに葉深き花となりにけり　　　　　　　　奈良市　中村たもつ
　【評】木瓜は晩春、葉に先立って花をつける。春はいよいよ深く、酔うような甘い大気。

あたたかや今日も生命のありにける　　　　　　　　武蔵野市　穂積重正
　【評】作者は卒寿。〈今日も生命の…〉が心を打つ。季語に、作者の良き人柄が匂う。

　　　　　　　　　　　　　　　　　　　　《毎日新聞》2006年5月28日

（二）

大峯　あきら・選

◎　鳥雲に死なねば逢へぬ友ばかり　　　　　　　　　いわき市　坂本玄々
　【評】　親友たちの多くはすでに先立ってしまい、あの世でしか二度と逢うすべはない。鳥雲に入る頃の寂寥。

惜春や北へ流るる千曲川　　　　　　　　　　　さいたま市　藤井恵

　【評】千曲川は長野の盆地を北上して、新潟県で信濃川となって海に入る。北流する川辺に立った惜春の情である。

鷹羽　狩行・選

　◎ 囀り[3]に金鈴のこゑ加はりぬ　　　　　　　山崎市　佐藤ます子

　【評】雌を呼ぶ声がしきりの春の小鳥たち。その中に一際美しい声のライバルが加わった。

　摘まるるを待つ茶畑の盛り上り　　　　　　　　泉南市　松本洋子

　【評】晩春から初夏にかけての茶畑が、もう摘んで下さいといわんばかりにふくらんでいるという。

堀口　星眠・選

　◎ 徐ろに[4]仮面脱ぎ行く猫柳[5]　　　　　　熊谷市　鈴木忠雄

　【評】川やなぎの花穂の銀毛の変化を「仮面脱ぎゆく」と観察したひらめき。

　テロップ[6]に地震の知らせ竜天に　　　　　　奈良市　上中夕生江

　【評】毎日のように見る地震情報。「竜天に登る」は春の季語。

岡本　眸・選

　◎ 蒲公英[7]が咲き遠き日がそこにあり　　　　唐津市　梶山守

　【評】蒲公英の花の素朴な可憐さは、いつも私達を幼時に戻してくれる。懐かしい追憶のひととき。

　一念の吉野の花に来てゐたり　　　　　　　　小田原市　多田ミチイ

　【評】桜といえば吉野山[8]。一生に一度は行きたい。その思いが叶った。一句の弾んだ調子が楽しい。

　　　　　　　　　　　　　　　　　　　《毎日新聞》2006年5月21日

【注釈】

[1] 筏（いかだ）：木筏，筏子。

[2] 時鳥（ほととぎす）：(动物)杜鹃，郭公。

[3] 囀（さえず）り：（鸟)鸣,歌唱。

[4] 徐（おもむ）ろに：副词。慢慢地，徐徐地。

[5] 猫柳（ねこやなぎ）：(植物)水杨。

[6] テロップ：字幕机，自动反射式幻灯机。

[7] 蒲公英（たんぽぽ）：(植物)蒲公英。

[8] 吉野山（よしのやま）：奈良县中部的一座山。是著名的樱花观赏地。

二十一、みんなの広場の話

1.「母の日」に寄せて

(1) 母の強さに感服感謝する毎日

　私が学生時代のことです。大学のわきに家族連れの乗った車が止まり、親子の猫を2匹、外に放して帰ってしまいました。だれもが[1]拾て猫だとすぐに分かりました。最初は自分の境遇が分からないらしく、子猫は走り回っていましたが、いつしか秋風は、飼い猫にとっては厳しい冬の風へと変わり、学年末の試験のころ、2匹寄り添う姿をよく見かけました。そしてそんな光景を見るのもそれが最後でした。ようやく訪れた春を迎えることなく[2]、親猫は子猫を残し校舎裏に冷たく横たわっていました。

　私の母が肺をわずらって大手術をしたのは私が生まれて間もなくのことでした。手術をしても、もって5年と医者に言われたそうですが、子供がまだ小さいので少しでも生きなければと[3]、片肺を切除したそうです。肺が片方しかないことがどんなにつらいことかは全く分かりませんでしたが、子供心にも背中に残る手術の跡だけは焼き付きました。

　20年以上たった今、母は元気に暮らしています。今ではもう背中の跡も見ることはありませんが、それを思い出すたびに母親というものの強さに感服し、感謝する毎日です。

画家凧倉豪　25
（東京都三鷹市）

(2) 母が一番喜ぶ贈り物は何？

　テストで「氷」がとけたらの問いに「春」になると、答えた小学生がいたそうだ。「いいなあ」と、感じた人がたくさんいそうだ。この子の感性には遠く及ばないけれど、私にも小学校高学年のころ、テストで勘違いをした思い出がある。どのようなテストだったのか忘れてしまったが、たった一つ覚えている設問が「母の日に、何をプレゼントしたら、あなたのお母さんは一番喜んでくださると思いますか」。答えの選択肢の中の「鏡台」という文字が目に飛び込んできた。私のお母さんにはこれとばかり[4]自信をもって鏡台を選んだ。

　なぜか私の幼友達には第一子が多い。3番目の私の母より友の母はほぼ10歳若く、鏡台も10年新しい。私の母は少し塗りのはげた鏡台[5]を部屋のすみでそっと使う人だった。友の家でひとまわり大きな鏡台がピカピカと目立っているのに、魅了されていた。私の母にもあんな立派なのを使わせてあげたい。わくわくして選んだ答えだった。

　テストには「×」が付いて返ってきた。正解は「花」。「お母さんは高いものを喜ぶのではありません。心がこもっていることが大切です」と説く先生に恥ずかしい思いをした。テストは、それを作った人が答えてほしいと思っていることを答えなくてはいけないんだとその時気づいた。味気ない[6]小学生が一人誕生した。

主婦 山中和代 44
（千葉県松戸市）

(3) 母親はもっと素直になって

　お母さんたちの行動を見て、いろいろ考えることがあります[7]。例えば、自分の子供とよその子供を比べてあれこれ注意したり、礼儀を教えぬ母親には「どうして……」って思うことがよくあります。子供に自由がなかったり、考え方が創造的でなかったり。もっと母親が素直になったらいいと思う。

　私は結婚していないし、もちろん子供もいない。でもやがて母親になったら、あいさつや、たまに空を見上げること、素直に生きることなどは教えたい

です。街を汚すことなく、菓子袋を食べ歩きながら拾てることなく、良いこと悪いことの区別ができる、素直な子供に育てたいです。

会社員鈴木あゆみ 22

（水戸市）

（4）母と子で話し合っておこう

私は母との会話に「老」とか「死」とか、なかったように思う。62歳で死なれた時、もっと話をしておけばよかったと、どれほど涙を流し、後悔<u>をしたことか</u>[8]。私は娘に会う度に「私はいつかはいなくなる。あなたのこと、私のこと、たくさん話し合おうね」という。

娘も4歳と2歳の男の子の母親。ある日突然長男が「お母さん、人間だれでも死ぬの」と娘に聞いた。娘は即座に「そうよ。だから生きている間に、勉強も仕事も遊びも一生懸命やるのよ」「自殺ってなあに」「自分で自分の命を絶つの。これが一番悪いことよ。勇気のある強い人は絶対に自殺なんかしないの」。母と子の会話である。孫たちは<u>ケロッと</u>[9]忘れて、もう外でキャーキャー跳び回って遊んでいるそうだ。

でもいつかこうした会話が役に立つことがきっと来る。

無職市川多津江 71

（山口県下関市）

《毎日新聞》1991年5月11日

【注釈】

[1] だれもが：谁都会……，任何人都会……。「だれも」是「谁都……」的意思。多数情况与否定叙述呼应，肯定时一般用「だれでも」。「が」是主格助词。

[2] ……ことなく：接动词连体形后，表示「不……就……」的意思。例：彼はすこしもためらうことなく、その仕事を引き受けた。／他毫不犹豫地接受了这项工作任务。

[3] 生きなければと：本来的说法应为「生きなければならないと思って（考えて）」。

[4] これとばかり：就是这个了。「とばかり」表示决心，相当于中文的"认为（就是）……"、"心中暗想（就是）……"。

[5] 塗りのはげた鏡台（きょうだい）：脱了漆的化妆镜。

[6] 味気ない：乏味的，无聊的，没有乐趣的。

[7] ことがあります：接动词连体形后，表示时常或者有时会怎样。例如：僕は朝食をとらずに出勤することがある。/我有时不吃早饭就上班。

[8] どれほど……ことか：句型。以感叹的语气表示所叙述的事项的程度非常高。例如：とうとう成功した。この日を何年待っていたことか。/终于成功了。这一天我盼望了多少年了啊!

[9] ケロッと：副词。(忘得)一干二净。例如：今日は午後友だちが来ることになっていたのに、僕はケロッと忘れて外出してしまった。/约好了今天下午朋友要来的，我却忘得一干二净出门去了。

2. 自然葬

遺灰はこうしたい

「葬送の自由をすすめる会」（安田睦彦会長）が相模灘[1]で女性の遺灰をまいた「自然葬」が、話題を呼んでいる。法務省[2]も「社会的常識を越えない限り問題はない」との解釈を示した。これまで、刑法や墓地・埋葬法に触れるとの懸念が一部にあっただけに、同省の"お墨付き[3]"ともいえる見解によって葬送の自由を求める声は、ますます高まりそうだ。葬送に関心を持つ四人に自然葬について聞いた。

(1) 川や海にまいて自然に帰りたい

亡くなった方が（生前）希望しておれば、人目のつかないところでそっと遺灰をまいてもいいと思う。私だってそうしてもらいたいし、身内が望むならばぜひ、かなえてあげたい。約20年前、インドのガンジス川[4]で、水葬された死体が流れてくるのを見た。下流へ行くと、河畔に火葬場がある。屋外のコンクリートの上に、絶食して死を待つ人がいた。亡くなった人の遺体は、その火葬場で焼かれた後、人々が祈りをささげながら遺灰をすぐ下のガンジス川にまい

ていた。夕日がとても美しかったのを覚えています。地元の人に聞くと、最高の死に方だそうで、まさに自然に帰るという感じ。私の遺灰もできるなら聖なるガンジス川にまいてほしい。主人は好きな伊豆の海がいい、と言ってます。

神奈川県藤沢市亀井野、大学職員、鈴大藍さん（48）

（2）先祖の墓には入りたくない

遺灰をまくことは大賛成です。法律的にも問題ないとわかり、うれしくなりました。私は、どこかの海へ流してもらいたいですね。先の戦争で多くの方が亡くなられ、南の海に眠っています。海なら波に乗って南方にも行ける。先祖の墓はありますが、正直いって[5]入りたくない。いずれ子供にも書き残すつもりです。人間、生きている時が大切なのであって、死んでしまったらどうなってもいいですよ。

愛知県春日井市月見町、主婦、伊藤幸子さん（61）

（3）太平洋にまかれ世界一周の旅に

法務省の見解を歓迎したい。狭い国土で墓不足。（墓守りをする）子供たちにも負担がかかる。その点、遺灰をまくのは害が少ないのではないかしら。死んでから大事にしてもらっても意味がない。私は太平洋にまいてもらい世界一周の旅をしたいわ。それがだめなら、14年間、一緒に暮らしてきたペットの犬が眠る富士山の樹海にばらまいてほしい。どんなにのびのびと暮らせることでしょう[6]。

横浜市港南区港南台、主婦、加藤かなさん（56）

（4）海を汚さずに土中に埋めて

（遺灰を海にまくまで）やる必要はないと思う。したければしたらいいけど、まねることもない。まけば海や川だって汚れますよ。私は自称、ナチュラルスト[7]。動物は土から生まれ、土に帰ると考えています。だから遺灰は土中にうめてもらいたい。自宅庭に眠る犬の隣で十分です。墓標[8]なんていらない

し、親しくさせていただいた人たちの心の中に埋葬してもらえば満足なんです。ただ子供たちが実行してくれるかしら。

静岡県清水市村松、薬剤師、森光子さん（62）

《毎日新聞》1991年10月22日

【注釋】

[1] 灘（なだ）：波涛汹涌的海面。

[2] 法務省（ほうむしょう）：统管法律事务的政府机构。设有七个内局和三个外局（内局：直接受大臣管辖的司、局；外局：属总理府或各省管辖、处理特别事务的行政机关）。

[3] お墨付き（おすみつき）：原意为"下行公文上盖的黑色官印"。此处借用为"认可"、"许可"的意思。

[4] ガンジス川：恒河。

[5] 正直（しょうじき）いって：老实说。

[6] どんなに……でしょう：句型。表示对非眼前所见事物的感叹。"该多么……啊！"例如：母が生きていたら、どんなに喜んでくれたことでしょう。/母亲要是还活着,她该多么为我高兴啊!

[7] ナチュラリスト：自然主义者。

[8] 墓標（ぼひょう）：墓碑。

3. うちのペット事情

（1）花嫁募集中です

　横浜のマンション暮らしのペルちゃんは、下界に出たことがありません。主人の机の上から外を眺めるのが大好きです。特技は「おすわり」「チンチン[1]」「お手[2]」。いろいろ芸を披露して、疲れてお盆の上でひと休み。ペルシャ猫[3]とチンチラ[4]の血をひいた雄猫です。ただいま、花嫁募集中です。

横浜市中区田中美和子

（2）かくれんぼが大好き

　飼い始めて一年半の「ウチャくん」です。小学五年の私が世話しています。普段は庭先の小屋の中で飼っていますが、運動のため時々庭に出してやります。ところがすぐに物置の下や植え込み[5]の中に潜り込むので、捕まえるのに大騒ぎ。でも私の手足をペロペロ[6]なめるので、可愛くてたまりません。

静岡県清水市玉川元恵

（3）タイガースの一員です

　テレビが大好きな猫なんです。阪神タイガース[7]が優勝した年（1985年）に我が家の一員になったので、「タイガース」と名付けました。好きなテレビ番組は「わくわく動物ランド」とニュースです。画面に小動物が映ると、身を乗りだして見つめます。もちろんニュースの中身が分かるはずはなく動くものに興味をひかれるようです。

大阪府泉南市萱村善彦

（4）どこへ行くにも一緒です

　小桜インコ[8]の「ビビ」はどこへ行くにも私と一緒。買い物にも旅行にも必ずついてきます。商店街の人たちとも顔なじみになり、私の頭や肩にビビの姿が見えないと、「相棒はどうしたの？」と聞かれます。寂しがりで孤独にされるのが嫌いなようです。私が「好き好きしてごらん」と言うと、可愛い顔をすりつけてくるんです。

福岡県田川市　杉本エミコ

（5）ナルシストのコロです

　柴犬の「コロ」は鏡に映るわが身のりりしさにうっとりしています。鏡台の前に立ち、「ワンワン」とほえたり、裏に回って鏡に映っている犬（実は自分）を探したりします。時にはテレビの歌謡番組を家族と一緒に見ることもありますが、なぜか演歌が好きなんです。

宮城県桃生郡　米沢英二
《毎日新聞》1991年10月25日

【注釈】

[1] チンチン：拜拜。（伸直前腿用后腿站立起来的姿势。）
[2] お手：握手。（让猫狗等宠物抬起前腿放在人伸出的手上的动作。）
[3] ペルシャ猫：波斯猫。
[4] チンチラ：灰鼠；栗鼠。
[5] 植え込み：(庭院中的)树丛，灌木丛，花草丛。
[6] ペロペロ：用舌头舔的样子。
[7] タイガース：(日本中央棒球联合会所属的"阪神"队职业棒球队)"虎"队。
[8] インコ：(动物)鹦哥。

4. 後悔

　母は今年8月で97歳、要介護1です。3年前に老人ホーム[1]に入ってもらいました。97歳で1人暮らしのお母さまを老人ホームに入所させ、若いころに誰かと同居させて協調する知恵をつげてあげていれば、と悔いていらっしゃる畏谷川様（15日）と正反対の思いからです。

　母が66歳の時に、同居していた私が結婚。1人暮らしをしたことのない母は姉夫婦と暮らし始めました。それから26年、互いに年を取ると、我慢の限度を超えてくることが幾つも出てきます。最もつらいのがテレビの音量。もう一つは耳の遠い[2]母との会話、他人が聞いていたらけんかをしているのかと間違われそうです。

　これらのストレスに終わりはありません。姉たちの負担を少しでも減らせるように、母には1ヵ月ごとに[3]子供の間を渡り歩いてもらったこともありました。が、2年間続けた末に母の同意の下に老人ホームへの入居を決めました。しかし、姉は母を訪ねる度に「いつになったらまた帰れるの？」と問われるのです。

302

ホームも母が入ったころと様変わりして、車椅子の利用者が多数を占めるようになり、母にとっては場違いな所にいるように感じられるのかもしれません。

元気なうちに1人暮らしをしてもらっていたら、生活しづらくなった時点で自分から身の振り方を考えたのではないだろうかと、母を見る度に後悔しています。

神奈川県愛川町、三井　良子　無職・鵠歳

《毎日新聞》1991年10月25日

【注釈】

[1] 老人ホーム：养老院。

[2] 耳の遠い：耳朵聋,耳朵背。

[3] ごとに：毎……。「ごと」是結尾詞。例如：秋ごとに。/每到秋天。人ごとに意見を異（こと）にする/各人有各人的意见。

5. 自分のストレスサイン[1]を知る

私の提案する心のセルフケア[2]法「セルフサポートコーチング[3]」では、心を充電池に見立てます。ストレスがかかると心のエネルギーレベルが低下し、充電切れランプが点灯して心身に変化が起こります。これを私は「マイ・ストレスサイン[4]」と呼んでいます。

「マイ・ストレスサイン」は、人それぞれ違います。イライラや不安不眠などの精神面のサインが出る人もいれば、頭痛や肩こり、食欲の低下、便秘など身体面のサインが出る人もいます。また、酒やタバコ、コーヒーなどの量が増えたり、外出がおっくう[5]になるなど、行動面のサインが出る人もいます。これら三つの面から、自分自身の「マイ・ストレスサイン」を把握しておきましょう。過去のストレス状態を思い返すと「マイ・ストレスサイン」が見つかるはずです。

自分がストレスの渦中にあることに気付かず、一心の健康をしてしまう人が

意外と多いのです。「マイ・ストレスサイン」を自覚して、ストレス状態の早期発見・早期対応を心がけましょう。

（東京メディカルケアセンター精神科医、メディカル＆ライフサポートコーチ研究会代表・奥田　弘美）

《毎日新聞》2006年5月22日

【注释】

[1] サイン：信号。

[2] セルフケア：自我照顾，自我注意身体。

[3] セルフサポートコーチング：自立指导，独立生活指导。

[4] マイ・ストレスサイン：我的应激反映信号。

[5] おっくう：懒,不起劲,打不起精神。例如：僕は家に帰るともう出るのがおっくうになる。/我一回到家里就懒的出去了。

附 录

一、日本报刊简介

(一) 日本报刊

日本的报刊业相当发达。目前，全国性报刊及主要地方性报刊达百余种。发行份数达四千多万份。按这一数字计算，平均每户至少订一份以上报刊。能达到这样大的发行量，这与日本的经济发达，人民文化水平较高有关。去过日本的人大都深有感触。在大城市，到处设有报刊亭销售各种报刊。无论是外出活动或乘车的人们，总是要买一份报纸看。另外，各大报社为经营上的竞争，在各处设立销售点，主动服务，送报上门，赢得客户。像《朝日新闻》、《每日新闻》、《读卖新闻》、《经济新闻》及《产经新闻》这五大全国性报刊，年发行量占全国报刊发行总数的60%以上。这些报刊大多有上百年的历史。最近一些年来，甚至同一天同一种报纸内容也有所不同。

各报社之间，出版的截止时间是有协定的。早报的截止时间大体是晚上九点半、十一点半和第二天早上一点半；晚报推迟半天。版面越少的报纸截止时间越早。因此，离报社远的地区，由于送报所需的时间长，当天只能读到最早版面的报纸。而离报社近的地区则能读到登有最新消息的最终版面的报纸。

各大报在星期天还外加副刊。大体有以下内容的版面：综合版，社论、新闻解说、读者来信版、国际版、经济版、体育版、文化、科学版、家庭主妇、生活版、社会版、广告版等。

日本报社的机构比较庞大。编辑部门有编辑局，局下设若干部。

许多报社把撰写社论的"论说室"设在编辑局外，以便保障不同于报道文章的社论的撰写。

各大报的国内消息，除报社记者直接采访外，"记者俱乐部"为其消息的主要来源，约占60%到70%。国际消息，主要靠驻外记者发回的专电和外电。

报纸，是通过报社分设在各地和居民点的"贩卖店"进行发行的。各报社的"贩卖店"为了扩大订户，在征集新订户时赠送礼品。为了不失掉订户，逢年过节，还要向长期订户赠送小礼品。

另外，各"贩卖店"还想方设法给订户以服务周到的印象，以求保住订户，扩大自己的影响。例如遇到雨天，还用印有报社名字的塑料袋装好投进信箱。

报社的经济来源，一是靠报纸的征订费，二是靠广告费。广告费的计算标准，是根据报纸发行份数的多少来决定的。发行量越大，收的广告费越高。报纸的发行份数直接关系到广告收入。广告收入约占各报社收入的50%到60%。报社为了拉广告，极力讨好广告主。因此，报社无形中增强了对大企业的从属和依附关系。日本政府每年也拨出巨款，在报刊上登广告，宣传其主张和政策。

除订费和广告费外，各报社还兼营其他行业。

日本报纸的消息报道的最大特点是对国内外的大事件进行轰动性的、大规模的连续报道。各报纸利用许多版面连日报道同一事件，因而报纸的新闻性被削弱，许多报道具有报告文学的倾向。

日本各报社间的竞争非常激烈。为击败对手纷纷绞尽脑汁，使出种种招数。

全国性大报在地方扩大发行，对于地区性报纸构成严重威胁。地区性报纸只得采取种种措施加以"防御"。

(二) 报社与政界的关系

日本当局是通过有关的"记者俱乐部"发布新闻的。而俱乐部记者们则根据官方公布的材料编写消息。各报社的消息大部分都来自这种"记者俱乐部"的采访。因此，许多消息大同小异、缺乏特点。

当局除发布新闻外，还定期或不定期地在"记者俱乐部"举行"吹风会"，透露一些"不得公开报道"的内容。这些内容，在很多情况下，以不注明出处的

形式加以报道。实际上这是当局借以引导舆论的一种手段。

各大报社的政治部负责报道自民党活动的记者们，都与党内各派有密切联系。这些记者从有联系的国会议员处采访材料，而国会议员则通过他们了解有关情况。有时记者还需要与一个或几个国会议员进行深入的私交，以便能够采访到平时了解不到的较深入的内情。因此，政治部的记者基本上都带有一定的派系倾向。有的本身就是某政界人士的参谋、顾问；有的甚至成为首相或大臣的秘书。

报社的负责人与政府负责人也常有交往。其交往活动必定对一些重大问题的报道产生一定的影响。

(三) 日本报纸的种类

1. 从发行日期的角度看，有以下五种：

日报（日刊新聞）→分为"早报（朝刊）"和"晚报（夕刊）"

周报（週間新聞）

旬报（旬刊新聞）

月报（月間新聞）

晚报→不同于"日报"中的"晚报"，是一种专门的晚报。如：《产经新闻》的《富士晚报》。这种晚报以娱乐、拳击、摔跤、赛马、赛车等刺激性消息为主，夹杂一些黄色照片或文字。是一种内容较低级的报纸。主要对象是乘车回家的下班职工。

2. 从报纸性质的角度看，主要分为以下几种：

① 一般性报纸（一般紙）→是以不特定的读者为对象的报纸。其最大的特点就是各版面的报道内容有明显的区别。例如，「報道新聞」、「経済新聞」、「スポーツ新聞」、「娯楽新聞」等。

② 专业性报纸（特殊紙）→是以特定的读者为对象的报纸。这种报纸专业性较强，发行份数不多。主要有以下三个方面的报纸：

▲ 政党、工会、宗教团体等的机关报（機関紙），例如：

自民党的「自由新聞」（周刊）

社会党的「社会新聞」（三日刊）

共产党的「赤旗」（日刊）

公明党的「公明新聞」（日刊）

民社党的「民社新聞」（周刊）

日本工会总评议会的「総評新聞」

国铁工会的「国鉄新聞」

▲ 报道企业界同人共同关心的问题的企业报（業界紙），例如：

「日本工業新聞」

「日本海事新聞」

「日本繊維新聞」

▲ 以某个学校的学生为对象的学生报（学生新聞）

3. 从区域的角度看，主要有以下三种：

① 全国性报纸，有五大日报（五大日刊紙）：

《読売新聞》《朝日新聞》《毎日新聞》《日本経済新聞》《サンタイ新聞》。（其中读卖、朝日、每日又被称为三大全国报纸。）

《読売新聞》：1874年（明治7年）创刊。

《朝日新聞》：1879年（明治12年）在大阪创刊。

《毎日新聞》：1882：（明治15年）以《日本立宪政党新聞》创刊。1943年最后定为《每日新聞》。

《日本経済新聞》：1876年（明治9年）以《中外物价新报》创刊。1942年最后定为《日本経済新聞》。

《サンタイ新聞》：1933年（昭和8年）以《日本工業新聞》创刊。1958年最后定为《産経新聞》。

② 地区性报纸（ブロック紙），有三家：

《北海道新聞》：总社设在北海道的首府札幌，其主要对象是北海道一带的居民。

《中日新聞》：总社设在名古屋市，其主要对象是以名古屋为中心的中部日本地区的居民。是日本最大的地区性报纸。

《西日本新聞》：总社设在九州的福冈市，以九州和本州西南部的一部分地区的居民为主要对象。

③ 体育报：

主要有14种，如《报知新闻》、《日刊体育》、《体育日本》等。

④ 地方报纸（県紙）

47个都道府县都有一两个地方报社。例如：青森县的《東奧日報》，岩手县的《岩手日報》，官城县的《河北新報》，长野县的《信濃每日》，兵库县的《神戸新聞》。广岛的《中国新聞》，鹿儿岛的《南日本新聞》，京都的《京都新聞》，冲绳的《沖繩タイムス》等。

(四) 记者俱乐部

日本记者俱乐部是国家控制舆论的重要机构。各大报60%到70%的新闻报道来自全国的1000多个记者俱乐部。从政府的各中央机关、司法机关、警察局到地方政府，从大的经济团体到各主要党都设有记者俱乐部。

记者俱乐部分为政治部、社会部和经济部三种。例如：

1. 政治部记者俱乐部有：

内阁记者俱乐部（首相官邸内）

社会党记者俱乐部（众议院内）

众议院俱乐部（众议院内）

参议院记者俱乐部（参议院内）

霞俱乐部（外务省记者俱乐部）等。

2. 社会部记者俱乐部有：

"七社会"（朝日、读卖、每日、日经、产经、东京新闻、共同通信等七社共同组织的俱乐部）

"新闻电影记者会"（新闻电影各制片厂组织）

"司法记者俱乐部"（最高法院内）等。

3. 经济部记者俱乐部

又分为三个系统：官厅关系、民间关系和交易所关系。

① 官厅关系：官厅关系的记者称为财政记者，取材的重点是国家预算的制定及国家财政政策等。如：

"财政研究会"（设在大藏省的记者俱乐部）

② 民间关系：民间关系的记者称为民间经济记者，采访的重点是具体的企业

经济活动。但主要是对财界的采访。如：

"日本工业俱乐部"（一流财界人氏经常聚会的社交俱乐部）。

③ 交易所关系：交易所关系的记者称为证券记者，采访的重点是股票及商品的行情等。如：

"兜俱乐部"（东京证券交易所内）。

能够加入记者俱乐部的，通常是日本新闻协会加盟社的成员。地方的所谓市镇报纸（タウンペーパー）记者和外国记者不能加入。

另外，在政党，尤其是执政的自民党的国会议员的干部层里，还配备有「番记者」，他们的任务就是每天追踪特定的政治家，观察报道其动向。他们之间的关系处得如何会直接影响到报道的质和量，甚至丧失记者所必备的批评精神。因而，常遭到众多的非议。除了上述这种「番记者」的"定点取材"以外，各报社还设有被称作「遊軍（ゆうぐん）」的记者。这种记者可以自由取材，不受记者俱乐部框框的限制。

(五) 报纸文章的特点

报道事实的文章，根据版面的不同，分为柔和派和生硬派两种。例如：

柔和派文章：社会版、家庭版、体育版、艺能·娱乐版等的文章。

生硬派文章：政治版、经济版、国际版等的文章。

对同一件事的报道，根据所登版面的不同，写作手法也不一样。例如，对某一飞机事故的报道：

一版→事故概要、受灾状况、原因、行政对策等（以事故资料为中心）。

社会版→事故现场情况、遇难者·遇难者家属及目击者等有关人的谈话、航空公司的对策等（以情况描写为主）。

日本报纸新闻报道常采用逆三角形式，就是把结论放在最前面，然后概述事实，再陈述理由等。因为，在现实的竞争社会中，各报社间的竞争非常激烈，都想比其他报社早些把消息告诉读者。这是关系到报社盛衰的大事。版面十分紧张。采用逆三角的形式，后面无论删掉多少，对文章所要表达的主要意思都不会有所影响。

再者，人们每天工作、生活都很繁忙，一天中可用于读报的时间不多，且现

在的报纸页数又多。因而，就要求文章的重点突出，以便节省读者的时间。实际上很多人都是"标题读者"，只是快速地浏览一下标题而已。

(六) 报纸标题的特点

标题是有字数限制的，一般在7到20个字左右。若两行标题时，第一行（肩见出し）一般为7到8个字，第二行为10个字。这是一个最基本的标准。较长的文章也有三到四行标题的，但字数都不会有太大的出入。

下面让我们来分析一下报刊文章标题的基本构成形式。

1. 倒装的形式：为了加强对某个意思的提示，或者为了避免标题格式单调，有时采用倒装的形式。倒装包括主语与谓语的倒装、修饰语与被修饰语的倒装等各种形式。例如：

平叙文　→　倒置文

「さあ、中国京劇団が来るぞ」→「さあ来るぞ中国京劇団」

「首相の健康は極めて良好だ」→「極めて良好　首相の健康」

「イラン外相は戦争継続を表明した」→「戦争継続を表明イラン外相」

「陳情外交は通用せぬ」→「通用せぬ！陳情外交」

「五重塔が燃えつづける」→「燃えつづける　五重塔」

「竹下首相があいさつする」→「あいさつする竹下首相」

2. 文语的形式：报刊文章的标题虽然较少采用文语的形式，但是，文语与现代语比较，字数少，表现形式简洁。因此，往往会给人一种紧迫感，给读者留下较深刻的印象。例如：

① 「一匹狼」アルプスに消ゆ→「一匹狼」（一匹狼と呼ばれている一人の登山家）がアルプスに消える（遭難し、死んだ）。

△ 「消（き）ゆ」：文語ヤ行下二段活用动词，終止形。

② ハイデン強し、まず「金」1→ハイデン（アメリカの選手）が強い、まず金（メダル）を一つとった。

③ 風静かなれども空行く雲あり→風が静かだけれども空を行く雲がある。

△　「静かなれ」：文语形容动词「静かなり」的已然形。

「なり」：文语ラ行变格活用动词的终止形。

311

3. 谓语的省略形式：这里所说的谓语的省略是指谓语部分所省略的各种成份。包括动词、助动词及活用语词尾等。由于这种省略的关系，便构成了各种各样的结束句子的形式。

① サ变动词词干结句

日米首脳会談（した・する）

宝くじ変造男逮捕（した）

漁船転覆（し），僚船が7人収容（した）

② 名词结句

都山にニセ百円硬貨（が現れた）

社会党委員長選三氏が政見（を発表した）

③ 副词结句

防犯カメラに犯人バッチリ（と写っていた）

④ 形容动词词干结句

高裁へ差し戻し無罪ほぼ確実（だ）

⑤ 助词结句

李首相　インドネシアへ（出発した）

日韓協議　来週後半以降に（行われる）

行革論戦　きょうから参院で（始まる）

(七) 报纸文章的文体

报刊文章有各种各样的文体表现形式，而且比较灵活多样。根据文章的内容、种类及作者的个人爱好等，可以是敬体的形式，也可以是简体的形式，甚至也可以是两种以上的不同文体的形式并用。例如：

1. 敬体形式：

「お風呂タイム」を楽しく

暑い日が続きます。シャワーやおふろの恋しい季節です。そこで「おふろタイム」の楽しい過ごし方をご紹介しましょう。

まずは簡単な「海坊主」です。水面にタオルを浮かべ、タオルの下に両手を入れます。両手はタオルの幅の範囲で丸を描くように構えます。そのままタオ

ルを持ち上げ、空気を入れて水面に戻せば、ポッコリとタオルが持ち上がって「海坊主」が出現します。

絞り方によってキャンデーやメガネの形にもなります。

2. 敬体与名词结句形式：

毛深い人脱色で

若い人ばかりでなく、ミセスの間にもミニスカートが復活。夏に向かって、半袖やノースリーブを着る機会も増え、手足の露出度は増やすばかり。

この時期、欠かせないのが、むだ毛の処理。おしゃれ以前の女性としてのたしなみです。

むだ毛の処理方法としては、次の三通りがあるのをご存じですか？

a 脱毛　b 除毛　c 脱色。

3. 简体形式：

カエル式のマナー

百貨店に頼んで贈り物を送ってもらうことがある。さて品物が定まったとたん、店員が「のしはどうしましょうか」と問ってくる。

これはおかしい。「のし」は、おめでたい場合など慶事につけるしるしである。客が百貨店に頼むのは慶事ばかりとはかぎらないではないか。弔事もあるのである。

だから、「水引はどうしましょうか」とか、あるいはすでに慶事用水引や弔事用水引を印刷してある懸紙を指して「懸紙はどうしましょうか」とたずねるべきである。しかし大阪のどの百貨店もすべて「のしはどうしましょうか」である。

4. 简体与名词结句形式：

私の傘

私の傘はへんな外人にふさわしい番傘。ブルーの和紙に新聞から切り取った天気図の模様が入っている。見た目も美しいし、さして歩くと、ほのぼのした

あかりを浴びる感じがすてき。なにより雨のパタパタいう音が小気味いい。

二、都道府県県名索引

(1) 五十音図順

あ…あいちけん（愛知県）
　　あおもりけん（青森県）
　　あきたけん（秋田県）

い…いしかわけん（石川県）
　　いばらきけん（茨城県〕
　　いわてけん（岩手県）

え…えひめけん（愛媛県）

お…おおいたけん（大分県）
　　おおさかふ（大阪府）
　　おかやまけん（岡山県）
　　おきなわけん（沖縄県）

か…かがわけん（香川県）
　　かごしまけん（鹿児島県）
　　かながわけん（神奈川県）

き…ぎふけん（岐阜県）
　　きょうとふ（京都府）
く…くまもとけん（熊本県）

ぐんまけん（群馬県）

こ…こうちけん（高知県）

さ…さいたまけん（埼玉県）
　　　さがけん（佐賀県）

し…しがけん（滋賀県）
　　　しずおかけん（静岡県）
　　　しまねけん（島根県）

ち…ちばけん（千葉県）

と…とうきょうと（東京都）
　　　とくしまけん（徳島県）
　　　とちぎけん（栃木県）
　　　とっとりけん（鳥取県）
　　　とやまけん（富山県）

な…ながさきけん（長崎県）
　　　ながのけん（長野県）
　　　ならけん（奈良県）

に…にいがたけん（新潟県）

ひ…ひろしまけん（広島県）
　　　ひょうごけん（兵庫県）
ふ…ふくいけん（福井県）
　　　ふくおかけん（福岡県）

ふくしまけん（福島県）

　ほ…ほっかいどう（北海道）

　み…みえけん（三重県）
　　　みやぎけん（宮城県）
　　　みやざきけん（宮崎県）

　や…やまがたけん（山形県）
　　　やまぐちけん（山口県）
　　　やまなしけん（山梨県）

　わ…わかやまけん（和歌山県）

(2) 頭字の総画数順

　3…大分県（おおいたけん）
　　　大阪府（おおさかふ）
　　　千葉県（ちばけん）
　　　三重県（みえけん）
　　　山形県（やまがたけん）
　　　山口県（やまぐちけん）
　　　山梨県（やまなしけん）

　5…石川県（いしかわけん）
　　　広島県（ひろしまけん）
　　　北海道（ほっかいどう）

　7…沖縄県（おきなわけん）

岐阜県（ぎふけん〕
　　　佐賀県（さがけん）
　　　兵庫県（ひょうごけん）

8…青森県（あおもりけん）
　　　岩手県（いわてけん）
　　　岡山県（おかやまけん）
　　　京都府（きょうとふ）
　　　東京都（とうきょうと）
　　　和歌山県（わかやまけん）
　　　長崎県（ながさきけん）
　　　長野県（ながのけん）
　　　奈良県（ならけん）

9…秋田県（あきたけん）
　　　茨城県（いばらきけん）
　　　香川県（かがわけん）
　　　神奈川県（かながわけん）
　　　栃木県（とちぎけん）

10…高知県（こうちけん）
　　　島根県（しまねけん）
　　　宮城県（みやぎけん）
　　　宮崎県（みやざきけん）

11…鹿児島県（かごしまけん）
　　　埼玉県（さいたまけん）
　　　鳥取県（とっとりけん）
12…滋賀県（しがけん）

富山県（とやまけん）

13…愛知県（あいちけん）
　　愛媛県（えひめけん）
　　群馬県（ぐんまけん）
　　新潟県（にいがたけん）
　　福井県（ふくいけん）
　　福岡県（ふくおかけん）
　　福島県（ふくしまけん）

14…熊本県（くまもとけん）
　　静岡県（しずおかけん）
　　徳島県（とくしまけん）

三、都道府県与所属地区

1　ほっかいどう……………北海道地方
2　あおもりけん……………東北地方
3　いわてけん
4　みやぎけん
5　あきたけん
6　やまがたけん
7　ふくしまけん
8　いばらきけん…………関東地方
9　とちぎけん
10　ぐんまけん
11　さいたまけん
12　ちばけん

13　とうきょうと
14　かながわけん

15　にいがたけん…………中部地方
16　とやまけん
17　いしかわけん
18　ふくいけん
19　やまなしけん
20　ながのけん
21　ぎふけん
22　しずおかけん
23　あいちけん

24　みえけん…………近畿地方
25　しがけん
26　きょうとふ
27　おおさかふ
28　ひょうごけん
29　ならけん
30　わかやまけん

31　とっとりけん…………中国地方
32　しまねけん
33　おかやまけん
34　ひろしまけん
35　やまぐちけん

36　とくしまけん…………四国地方
37　かがわけん

38　えひめけん

39　こうちけん

40　ふくおかけん…………九州地方

41　さがけん

42　ながさきけん

43　くまもとけん

44　おおいたけん

45　みやざきけん

46　かごしまけん

47　おきなわけん……………沖縄地方

　　　　引用自日本事情シリーズ《日本人の一生》斉藤修一　日本語教育学会

四、县与县公署所在地

県名	県庁所在地
1　北海道（道）	札幌
2　青森	青森
3　岩手	盛岡
4　宮城	仙台
5　秋田	秋田
6　山形	山形
7　福島	福島
8　茨城	水戸
9　栃木	宇都宮
10　群馬	前橋

11	埼玉	浦和
12	千葉	千葉
13	東京（都）	東京
14	神奈川	横浜
15	新潟	新潟
16	富山	富山
17	石川	金沢
18	福井	福井
19	山梨	甲府
20	長野	長野
21	岐阜	岐阜
22	静岡	静岡
23	愛知	名古屋
24	三重	津
25	滋賀	大津
26	京都（府）	京都
27	大阪（府）	大阪
28	兵庫	神戸
29	奈良	奈良
30	和歌山	和歌山
31	鳥取	鳥取
32	島根	松江
33	岡山	岡山
34	広島	広島
35	山口	山口
36	徳島	徳島
37	香川	高松
38	愛媛	松山
39	高知	高知

40	福岡	福岡
41	佐賀	佐賀
42	長崎	長崎
43	熊本	熊本
44	大分	大分
45	宮崎	宮崎
46	鹿児島	鹿児島
47	沖縄	那覇

引用自日本事情シリーズ《日本の地理》日本語教育学会

主要参考文献

《実例で学ぶ日本語新聞の読み方》1991年小笠原信之著　専門教育出版（节选）
《日語教材 新聞閲読手引》（上・中）
北京外国语学院日语系日本问题教研室（附录参考）
《情報・知識imidas》1987年集英社
《現代用語の基礎知識》自由国民社版
《日语常用词语例解》1984年　田龙熙编　商务印书馆
《日语语法》1981年王曰和编　商务印书馆
《日汉科技词汇大全》1985年王同亿主编　原子能出版社
《日语外来语大词典》2004年田世昌主编　机械工业出版社
《desk大事典》講談社
《明鏡国語辞典》北原保雄编　大修館書店
《毎日新聞》2005年版
《毎日新聞》2006年版
《毎日新聞》2007年版
《朝日新聞》2007年版
《日本経済新聞》2007年版
《聖教新聞》2005年版
日本事情シリーズ《日本の地理》　日本語教育学会
日本事情シリーズ《日本人の一生》斉藤修一　日本語教育学会